Psychoanalyse der Geschlechterdifferenz

Herausgegeben von Ch. Rohde-Dachser und W. Mertens

R. M. Friedman L. Lerner (Hrsg.)

Zur Psychoanalyse des Mannes

Aus dem Amerikanischen übersetzt von
Franz J. Neyer

Springer-Verlag
Berlin Heidelberg New York
London Paris Tokyo
Hong Kong Barcelona
Budapest

Herausgeber

Leila Lerner
211 Central Park West
New York, NY 10024, USA

Robert M. Friedman
350 Central Park West
New York, NY 10025, USA

Übersetzer

Dipl.-Psych. Franz J. Neyer
Palmstraße 4
W-8000 München 5

Umschlagabbildung: Michelangelo, *David,* da dietro
Firenze Galleria dell'Accademia,
Florenz, Italien

ISBN 3-540-53975-1 Springer-Verlag Berlin Heidelberg New York

Dieses Buch ist erschienen unter dem Originaltitel: Toward a New Psychology of Men. Psychoanalytic and Social Perspectives. Edited by R. M. Friedman and L. Lerner

Satz: Reproduktionsfähige Vorlage vom Übersetzer
Druck und Einband: K. Triltsch, Würzburg
26/3140-543210 - Gedruckt auf säurefreiem Papier

Geleitwort

Fast scheint es, als sei die Psychoanalyse des Mannes zu einem Stiefkind der Theoriebildung geworden. Zwar wurde in der Vergangenheit oft bemängelt, daß viele klinische Theorien sich überwiegend mit der männlichen Psychodynamik beschäftigen und daß in der herkömmlichen psychoanalytischen Entwicklungspsychologie sehr häufig nur vom männlichen Kind die Rede ist, doch sind Monographien über das männliche Selbstverständnis in der modernen Psychoanalyse eher selten geworden und angesichts einer Fülle von kritischen Arbeiten über die weibliche psychosexuelle Entwicklung in den zurückliegenden zwanzig Jahren stillschweigend an den Rand der Theoriebildung gedrängt worden. Es ist nicht zuletzt ein Anliegen dieser Reihe *Psychoanalyse der Geschlechterdifferenz* Arbeiten zu veröffentlichen, die in ausgewogener Form Frauen und Männer als geschlechtliche Wesen und deren Beziehung zueinander berücksichtigen.

Wir haben uns aus diesem Grund entschlossen, den von Robert Friedman und Leila Lerner herausgegebenen Band über neue Perspektiven einer Psychoanalyse des Mannes in unsere Reihe aufzunehmen, um damit dem Leser einige neuere Forschungsthemen über die Entwicklung der männlichen Geschlechtsidentität, des Über-Ichs, des Erlebens von Väterlichkeit vorzustellen.

Ursprünglich in einer Sonderausgabe der renommierten Zeitschrift *The Psychoanalytic Review* erschienen, vermitteln diese Aufsätze in kompakter Form einen informativen und aktuellen Überblick über wichtige Themen männlicher Sexualität und Geschlechtsidentität.

Packende und spannende Problemstellungen werden in diesem Band erörtert: Wenn z. B. Friedman verdeutlichen kann, daß die bisherigen psychoanalytischen Auffassungen über die männliche Homosexualität immer noch an einem Psychopathologie-Modell orientiert sind; homosexuelle Männer werden zumeist als ichstrukturell gestört, narzißtisch oder gar als Borderline eingestuft. Eine kritische Betrachtung bisheriger Studien zeigt aber sehr bald, daß dieser Schluß nicht gerechtfertigt ist, genau so wenig wie die Postulierung einer bestimmten Familiendynamik (vereinnahmende Mutter, schwacher Vater), die von einigen wenigen Fällen ausgehend vorschnell generalisiert wurde. Vor allem die mangelnde Differenzierung von Geschlechtsrollenidentität und sexueller Partnerorientierung erzwang voreilige Rückschlüsse über die angeblich gestörte Geschlechtsidentität von Homosexuellen. Die Einbeziehung von Forschungsergebnissen aus Nachbardisziplinen verweist zwar auf die Revisionsbedürftigkeit psychoanalytischer Annahmen, zeigt aber andererseits auch, wie wenig wir insgesamt noch über die Entstehung der Homosexualität wissen.

Ein Blick in andere Kulturen, den Theodore und Ruth Lidz, zwei bekannte Ethnopsychoanalytiker vornehmen, verdeutlicht auf eindrucksvolle Weise, wie jenseits unseres Kulturkreises mit dem „Zwang zur Männlichkeit" und dem Aufgeben weiblicher Identifizierungen aus der frühen Mutter-Sohn-Beziehung umgegangen wird. Die unter die Haut gehenden Schilderungen von Initiationsriten bei den Papua in Neuguinea werfen erneut ein Licht auf die Wichtigkeit des Vaters für den kleinen Jungen in nordamerikanischen/westeuropäischen Sozialisationsverhältnissen. Die Konstellation der Mutter als häufig überwiegender Sozialisationsfigur in der frühen Kindheit führt auch bei vielen heranwachsenden Jungen unseres Kulturkreises immer noch zu einer heftigen Abwehr alles Weiblichen und im späteren Leben zu einer forcierten Phallizität, deren Auswirkungen z. B. auf die Beziehung der Geschlechter, aber auch auf soziokulturelle und gesellschaftliche Phänomene, wie z. B. ein verantwortungsloser Umgang mit der Natur, wir gerade erst zu erahnen beginnen.

Wie können ältere Männer mit ihren oftmals destruktiven und „laioshaften" Impulsen gegenüber ihren Söhnen so in die Kultur eingebunden werden, daß sie nicht nur Schaden anrichten, sondern wertvolle Beiträge für die Gemeinschaft leisten? Wie können die abnehmende Vitalität und sexuellen Einflußmöglichkeiten dergestalt kompensiert werden, daß Männer auch im Alter noch einen sinnvollen Platz in einer Gesellschaft finden, die häufig nur dem jungen und mittleren Erwachsenen narzißtische Anerkennung zollt?

Auch schulenübergreifende Themen kommen zur Sprache: z. B. wenn Satinover psychoanalytische Auffassungen narzißmustheoretischer Herkunft mit dem Jungianischen Konzept des männlichen Helden vergleicht, oder May Kritik an neueren psychoanalytischen Konzeptionen der Geschlechtsidentität übt und ausführt, wie hier ein offensichtlich typisch amerikanisches Problem, das der Identitätsfindung, genuin psychoanalytische Vorstellungen in ein Ordnungsraster zu zwingen versucht.

Ein Bericht über ein Symposium von Psychoanalytikerinnen und Sozialwissenschaftlerinnen zum Thema der Geschlechtsidentität und zum Wandel des Rollenverständnisses aus psychoanalytischer und soziologischer Sicht beendet diese Sammlung von Aufsätzen und verdeutlicht, daß wir erst am Anfang eines langen, aber auch hoffnungsvollen Weges zu einem neuen Verständnis von Männlichkeit und der Geschlechterdifferenz stehen.

Wolfgang Mertens und *Christa Rohde-Dachser*
München und Hannover, im Mai 1991

Vorwort

Während der letzten 25 Jahre haben die Wiederbelebung des Feminismus und die Neuformulierung einer psychoanalytischen Psychologie der Frau die parallel zu ihr verlaufende Neueinschätzung der Psychologie des Mannes überschattet. Diese Sonderausgabe der *Psychoanalytic Review* möchte jenes Ungleichgewicht beheben, indem es den neuesten Stand der Forschung und Theorie der männlichen Entwicklung aufzuzeigen versucht. Die interdisziplinäre Sichtweise der Herausgeber spiegelt die Tradition der *Psychoanalytic Review* als einer Zeitschrift der „psychoanalytischen Psychologie, die dem Verständnis von Verhalten und Kultur gewidmet ist", wider. Vor diesem HIntergrund wird die Psychoanalyse auch als ein Aspekt des sozialhistorischen Prozesses in kontinuierlicher Wechselwirkung mit dem kulturellen Werte- und Normensystem betrachtet.

Das Anliegen der Psychoanalyse, ihre Theorie der männnlichen Entwicklung zu überprüfen, fand seine Entsprechung in der Entwicklungspsychologie, der anthropologischen Feldforschung und der soziologischen Forschung und wurde im Gegenzug von diesen Disziplinen angeregt. Die folgenden Beiträge geben einen Überblick über die wichtigsten Forschungsansätze und ihre Beziehung zur klassischen Theorie der männlichen Entwicklung. In manchen Fällen führten diese zu einer Revision, in andereren zu einer Erweiterung der klassischen Theorie. Die Arbeit von klassischen Psychoanalytikern zur Triebentwicklung in der Kindheit wurde durch die zunehmende Beachtung des strukturellen Einflusses der Objektbeziehungen bereichert. Aber auch unsere Kenntnisse über die gesamte Lebenslaufspanne von der Kindheit zur Adoleszenz und vom Erwachsenen- bis hin ins hohe Alter haben unser Wissen erweitert.

Zu diesem Wandel meint Phyllis Tyson, daß die Sexualität und Aggression einige von vielen sich beeinflussenden Variablen und in Wechselwirkung befindenden Entwicklungslinien sind, die jedes Entwicklungsergebnis beeinflussen. Tyson betont ferner die derzeit bestehende Notwendigkeit organisatorischer Konzepte, mit denen die vielfachen Variablen in eine zeitgenössische Betrachtungsweise der männlichen Entwicklung integriert werden können. Die „Geschlechtsidentität" ist ein Beispiel für ein solches organisatorisches Konzept, das in den letzten 15 Jahren einige fruchtbare Forschungsansätze zu den Themen „Männlichkeit" und „Weiblichkeit" angeregt hat. Die derzeitige Theoriebildung wird hoffentlich weitere Konzepte mit gleichem heuristischen Wert hervorbringen.

Unter den vielen Themen, die in diesem Band behandelt werden, ragt besonders die Betrachtung der einzigartigen Rolle des Vaters in der Familie und seines Beitrags zur gesunden Anpassung seiner Söhne und Töchter hervor. Sein Einfluß und seine Bedeutung sind sowohl vor der klassischen ödipalen Zeit als auch in den Jahren danach äußerst wichtig. Diese Neueinschätzung hat uns auch zunehmend die positive und nicht abwehrhafte Identifikation des Jungen mit seinem ödipalen Vater ins Bewußtsein gerückt und damit die klassische Sichtweise ergänzt, die noch vorwiegend die Entstehung der Männlichkeit aus einer Abwehr beim Jungen betont hatte.

In dem Maße, wie die von der Mutterschaft unterschiedene Natur der Vaterschaft zur Kenntnis genommen wurde, begann man auch damit, die in unserer Kultur weit verbreitete Haltung, die Mütter für das Unglück ihrer Kinder verantwortlich zu machen, in Frage zu stellen. Die Zuschreibung der Sündenbockrolle an die Mütter, ist, wenn wir Stanley Cath folgen wollen, teilweise eine unbewußte Verschwörung beider Geschlechter. Diese Verschwörung bezieht sich auf das Bedürfnis von Kindern, deren Väter alles andere als optimal waren, eine nicht von Müttern beherrschte Welt zu erschaffen. Ein vielleicht unbeabsichtigter Aspekt der feministischen Bewegung war das auftauchende Bedürfnis zum Teil vieler Frauen, den oft schwachen Verbindungen zu ihren Vätern nachzuspüren. Eine unlängst erschienene Aufsatzsammlung von Frauen mit dem Titel *Fathers: Reflections by Daughters* (Owen 1983) bietet eindrucksvolle Beispiele zu diesem Thema.

Auf neuere Befunde der psychoanalytischen Entwicklungstheorie zurückgreifend, versucht Phyllis Tyson in ihrem Beitrag zur männlichen Geschlechtsidentität, triebtheoretische Konzepte mit Objektbeziehungsansätzen zu verbinden. Martin Silvermann illustriert in seinem Aufsatz über das männliche Über-Ich die subtile Spannung zwischen der infantilen narzißtischen Periode und den Themen des späteren Ödipuskomplexes. Michael Diamond befaßt sich mit dem vernachlässigten Vater während der Schwangerschaft und dessen Beziehung zu den Neugeborenen. Stanley Cath gibt einen umfassenden Überblick über die Vaterschaft in allen Phasen des Lebenszyklus.

Auf diese Beiträge folgt Robert Friedmans wissenschaftlicher und ausführlicher Überblick über empirische Forschungsbefunde zur Homosexualität. Diese Befunde untermauern die historische und theoretische Kritik des Autors am psychoanalytischen Modell der homosexuellen Pathologie.

Eine anthropologische Betrachtungsweise bieten zwei weitere Beiträge an. Der eine ist der bestechende Aufsatz von Theodore und Ruth Lidz über die Initiationsriten bei männlichen Heranwachsenden in Papua Neuguinea. Der andere ist David Gutmanns vergleichende Studie über den Ursprung ödipaler Macht älterer Männer. Es reflektiert das Entwicklungsthema dieses Sammelbands, wenn Gutmann schreibt, daß Männer im hohen Alter zu Hütern der Kultur werden, indem sie das menschliche Antlitz des Über-Ichs für die Gesellschaft als Ganzes, und insbesondere für die jüngeren Männer, repräsentieren.

In einem weiteren Beitrag deckt Jeffrey Satinover Jungianische Sichtweise von Männlichkeit eine überraschende Annäherung an die Freudsche Psychoanalyse auf, seit diese ihre Interessen und die präödipale Entwicklung und den normalen Narzißmus erweitert hat. Was die frühen Psychoanalytiker als präödipale Pathologie betrachteten, hat Jung, der seinen ursprünglichen Schwerpunkt auf die schweren Persönlichkeitsstörungen gelegt hatte, als eine begrüßenswerte Aufnahme des weiblichen in ein bislang hypertrophiert männliches Ich verstanden.

Heute stimmt Jungs Auffassung sowohl mit dem vorherrschenden psychoanalytischen Denken als auch mit der neuen Psychologie des Mannes überein. Beispielhaft wird dies deutlich in Phebe Cramers Untersuchung der Auswirkungen jüngster kultureller Veränderungen auf die Geschlechterrollen und die Beziehungen zwischen Männern und Frauen, wie dies in den Einstellungen von männlichen Collegestudenten Frauen gegenüber zum Ausdruck kommt. Sie untersucht Studien über die Phantasien männlicher Collegestudenten als Ausdruck ihrer Einstellungen Frauen gegenüber und vergleicht die Ergebnisse mit solchen, die vor 50 Jahren erhoben wurden. Es wurde zwar in den 80er wie in den früheren Jahren gefunden, daß einige Männer, sobald sie mit einem weiblichen Gegenpart konfrontiert wurden, weiterhin ihm die Sündenbockrolle zuschrieben bzw. an Selbstzerstörung und Affektisolierung litten oder sich zu einem Männerbund zusammenschlossen. Es zeigte sich jedoch bei anderen Männern ein deutlicher Zuwachs an Gefühlen und Einstellungen von gegenseitiger Abhängigkeit, Gemeinsamkeit und Respekt in der Beziehung zu Frauen.

Schließlich diskutiert Robert May Probleme, die sich bei der Entwicklung einer psychoanalytischen Theorie der Männlichkeit unter besonderer Berücksichtigung des Konzepts der Identität und

Geschlechtsidentität einstellen. Zuletzt präsentiert ein Symposium die Ansichten von 5 Psychoanalytikerinnen und Sozialwissenschaftlerinnen über die Beziehungen zwischen Männern und Frauen in der zeitgenössischen Gesellschaft.

Wir haben die 90er Jahre erreicht, und diese Aufsätze spiegeln die Jahrhunderte alte Debatte über die Natur des Menschen wider. Im 18. Jahrhundert sprach man vom Menschen als von einem vernunftbegabten Wesen. Im 19. Jahrhundert betrachtete man den Menschen als das Ergebnis der Evolution, dem ein dynamisches Unbewußtes eigen ist, das älter als sein bewußtes rationales Leben zu sein scheint. Diese Aufsätze sind ein Beitrag des 20. Jahrhunderts zur Lösung des Rätsels von der menschlichen Natur. Bestimmt sind wir sensibler geworden für den Einfluß sozialer Gepflogenheiten bei der Zuschreibung geschlechtsbezogener Einstellungen und Eigenschaften. Wir finden in unserer Kultur, besonders bei einem Teil der jungen Menschen, auch die Tendenz, jene tiefen und bleibenden Aspekte der menschlichen Erfahrung als wertvoll zu betrachten, die die extreme Polarisierung zwischen Männlichkeit und Weiblichkeit überbrücken. Im Sinne von Hans Loewald (1978) können wir vielleicht sagen, daß wir uns in die Richtung einer weniger rigiden, weniger kalten und menschlicheren Rationalität bewegen.

Leila Lerner

Literatur

Loewald H (1978) Psychoanalysis and the history of the individual. Yale Univ Press, New Haven

Owen U (ed) (1983) Fathers: Reflections by daughters. Pantheon, New York

Inhaltsverzeichnis

Männliche Geschlechtsidentität und ihre Wurzeln in der frühkindlichen Entwicklung

Phyllis Tyson

Einleitung

1905 entdeckte Freud die Existenz eines kindlichen Sexuallebens, das seinerseits Auswirkungen auf die sexuellen Einstellungen des Erwachsenen habe (Freud 1905d). Er wurde sich bald der Mängel und Unklarheiten seiner Theorie bewußt. So bekundete er im Vorwort zur 2. Auflage seiner *Drei Abhandlungen zur Sexualtheorie* den ernsthaften Wunsch, daß dieses Buch schnell altern werde und daß das, was einst neuartig war, allgemein akzeptiert, und das, was ungenügend war, durch etwas Besseres ersetzt werde. Obschon viele der Freudschen Theorien der Zeit standgehalten haben, hat es einige Revisionen, Verbesserungen und Erweiterungen, so wie es sich Freud erhofft hatte, gegeben. Eine der vielleicht wichtigsten Veränderungen besteht in der Aufgabe der ausschließlichen Betrachtung der Triebentwicklung zugunsten einer Sichtweise, nach der sexuelle und aggressive Regungen nur einige von einer Anzahl sich beeinflussender, variabler und ineinanderwirkender Entwicklungslinien sind (A. Freud 1963). Zusätzlich zur Beachtung sukzessiv aufeinanderfolgender Entwicklungsstadien müssen wir verstehen, wie die Triebe im Kontext wichtiger Beziehungen zu anderen strukturiert werden und was sie in Verbindung mit den Objektbeziehungen zur Bildung eines gesunden Selbstgefühls beitragen. Um die Entwicklung eines Kindes vollkommen nachvollziehen zu können, müssen folgende Aspekte berücksichtigt werden: das sich entwickelnde Über-Ich mit seinen moralischen Inhalten und idealistischen Bestrebungen, das Ich mit seinen synthetisierenden und organisierenden Funktionen sowie die sogenannten kognitiven Fähigkeiten, die es dem Kind erlauben, seine innere und äußere Welt seelisch zu repräsentieren sowie die Realität zu verstehen, zu prüfen und mit anderen zu kommunizieren.

In meinem Beitrag beschränke ich mich auf die Entstehung der Geschlechtsidentität und werde dabei jedoch, wann immer es möglich ist, die Bedeutung anderer Entwicklungslinien miteinbeziehen. In ihrem weitesten Sinne beinhaltet die Geschlechtsidentität ein Aufgebot von Eigenschaften, die durch biologische, psychologische, soziale und kulturelle Faktoren bestimmt werden. Diese tragen zur individuellen Mischung von Weiblichkeit und Männlichkeit in einem jeden bei (Stoller 1968). Ich habe früher das Konzept dreier miteinander verbundener Entwicklungslinien der Geschlechtsidentität vorgeschlagen, das zwischen einer Kerngeschlechtsidentität, einer Geschlechtsrollenidentität und der Wahl des Liebesobjekts unterscheidet (Tyson 1982).

Eine kurze Beschreibung dieser drei Entwicklungslinien soll das Verständnis des folgenden erleichtern:

1. *Kerngeschlechtsidentität* bedeutet das grundlegende, nicht konflikthafte, bewußte und unbewußte Wissen darum, zu dem einen und nicht zu dem anderen Geschlecht zu gehören (Stoller 1968). Sie entwickelt sich unter dem Einfluß einer Vielzahl biologischer, triebhafter und psychologischer Kräfte.

2. *Geschlechtsrollenidentität* meint die bewußten und unbewußten Interaktionen des einzelnen mit den anderen, die durch die Kerngeschlechtsidentität beeinflußt werden. Sie gründet sich auf die subtilen, bewußten und unbewußten Interaktionen zwischen Eltern und Kind und kann durch die elterlichen Einstellungen zum biologischen Geschlecht des Kindes beeinflußt werden. Sandler u. Sandler (1978) bemerkten, daß das Kind einhergehend mit der frühesten Bildung von Objekt- und Selbstrepräsentanzen ebenso Repräsentanzen von Interaktionen, Beziehungen und Dialogen zwischen sich und den Objekten abbildet. Diese Repräsentanzen der Rollenbeziehungen vereinigen sich mit anderen Aspekten des Bewußtseins vom eigenen Geschlecht, so daß die Selbstrepräsentanz möglicherweise bereits Elemente der eigenen Kerngeschlechtsidentität und der eigenen Rolle, die im Kontankt mit anderen eingenommen wird, enthält. Kohlberg (1966) geht davon aus, daß kognitive Fähigkeiten eine bedeutende Rolle beim Erwerb der Geschlechtsrollenidentität spielen. So dient die Wahrnehmung der biologischen Gegebenheiten als grundlegender Wegweiser für die Erfahrung des eigenen Geschlechts und führt das Kind dazu, sich ihm ähnliche Objekte als Rollenmodelle, mit denen es sich identifizieren kann, zu suchen. Wir können auch davon ausgehen, daß im Zuge der Reifung des Kindes seine Identifikationen mit ihm ähnlichen Objekten zusammen mit den Repräsentanzen seiner Rollenbeziehungen durch kulturelle und soziale Einflüsse berührt und gefärbt werden. Das Endprodukt ist schließlich das Ergebnis einer Interaktion zwischen der bereits etablierten intrapsychischen Struktur und dem kulturell bestimmten erlernten Verhalten.

3. *Sexuelle Partnerorientierung*, der dritte Aspekt bei der Entwicklung der Geschlechtsidentität, bezieht sich auf das Geschlecht des bevorzugten Liebesobjekts. Sie erfährt bereits früh im Leben ihr Fundament durch die Herstellung einer reziproken Beziehung zwischen Mutter und Kind. Ihre Beziehung kann bereits als ein Modell für die zukünftigen Liebesbeziehungen angesehen werden. Die Wünsche und die Konflikte mit den

Objekten während der phallischen Phase sowie deren Wiederbelebung und Auflösung in der Adoleszenz sind ebenso für die Bestimmung der sexuellen Partnerorientierung von Bedeutung.

Ich werde zu zeigen versuchen, wie nun diese drei Entwicklungslinien im einzelnen sowie in Verbindung miteinander einen Rahmen darstellen, innerhalb dessen wir die vielen Variablen, die zur Entstehung einer männlichen Geschlechtsidentität beitragen, verstehen können.

Die Kerngeschlechtsidentität

Die Geschlechtszuweisung bei der Geburt muß als erster Schritt für die Entstehung der Kerngeschlechtsidentität angesehen werden. Sodann beeinflußt sie den elterlichen Umgang und die frühesten Kommunikationen zwischen Mutter und Kind. Diese gestalten die "Anlage", auf die die Geschlechtsrollenidentität gebaut ist.

Nach der Geschlechtszuweisung besteht die erste Aufgabe des Jungen bei dem Erwerb seiner Kerngeschlechtsidentität in der Entdeckung seiner Geschlechtsteile. Er muß eine dauerhafte psychische Repräsentanz seines Penis und seiner Hoden bilden und diese in seine gesamte Körperrepräsentanz integrieren. Diese Aufgabe kann Schwierigkeiten bereiten, ist doch die Kastrationsangst ein ubiquitäres Thema in der männlichen Entwicklung. Der Junge muß seine Geschlechtsteile nicht allein entdekken, sondern ebenso lernen, seinen Penis und seine manchmal unvorhersehbare und offenbar unabhängige Beschaffenheit zu handhaben. Spontane Erektionen erscheinen dem kleinen Jungen oftmals mysteriös. Sie scheinen nicht mit sexuellen Impulsen oder anderen bewußten, kontrollierbaren Gedanken in Verbindung gebracht zu werden. Die Abschwellung kann in gleicher Weise als beunruhigend erlebt werden. Sie löst oft Ängste vor dem Verschwinden oder der Beschädigung des Penis aus. Bei den Bewältigungsversuchen solcher Ereignisse verhält sich der Junge zu seinem Penis oftmals so, als sei er getrennt von ihm selbst. Noch im Erwachsenenalter kann er als Mann dann das Gefühl haben, die Regungen seines Penis nicht zuverlässig vorhersagen und kontrollieren zu können. Dies ist noch beim erwachsenen Mann ein Ausdruck der Schwierigkeiten des ehemals kleinen Jungen, ein genital intaktes, ganzes Körperbild zu erleben.

Bedeutenden Fallgeschichten aus der Literatur zufolge beginnen die Entdeckung des Penis und der Hoden sowie die Integration dieser Wahrnehmungen in das Körperbild in der zweiten Hälfte des ersten Lebensjahres (Kleeman 1965, Loewenstein 1950, Roiphe u. Galenson 1981). Sie alle berichten von wiederholtem Experimentieren und Momenten der Unsicherheit, so daß Kleeman (1965) zu dem Schluß kommt, daß in diesem frühen Entwicklungsstadium das Kind noch nicht über eine psychische Repräsentanz seiner Geschlechtsteile verfügt und sie so wie andere Anhängsel (z.B. seinen Daumen oder seine Zehen) betrachtet.

Die Selbststimulation und die liebevolle Wechselseitigkeit mit der Mutter begleiten die Entdeckung der Genitalien (Kleeman 1965, Roiphe u. Galenson 1981). Beobachtern zufolge ist die Wechselseitigkeit zwischen Mutter und Kind ein bedeutendes Ingrediens im Prozeß der Festlegung von Körpergrenzen und der Gestaltung eines genitalen Bewußtseins (Francis u. Marcus 1975; Greenacre 1953; Kleeman 1965; Spitz 1962). Greenacre (1953) betonte die Wichtigkeit der Reziprozität zwischen Mutter und Kind für die Integration eines gesamten, intakten Körperbildes, als sie die entscheidende Bedeutung der ersten 18 Monate für die endgültige Geschlechtsidentität des Jungen hervorhob. Sie bemerkte, daß eine Störung in der Mutter-Kind-Beziehung, ein überwältigendes Trauma (wie etwa Verletzung oder Hospitalisierung) oder die wiederholte Konfrontation Jungen mit dem Anblick weiblicher Geschlechtsteile zu einem unsicheren oder unstabilen Körperbild führen können, die den kleinen Jungen für schwere Kastrationsreaktionen in späteren Entwicklungsstadien prädisponieren.

Als "übendes" Kleinkind (Mahler, Pine u. Bergman 1975) beginnt der Junge während des 2. Lebensjahres zunehmend Kontrolle und Stolz für jeden Aspekt seines körperlichen Funktionierens zu gewinnen. Weil der Spaß beim Urinieren oft in Verbindung mit einer sichtbaren genitalen Erregung und Erektion erscheint, wurde dieses Phänomen als Urethralerotik bezeichnet (Ferenczi 1924; Freud 1905d, 1915c; Kleeman 1966; Loewenstein 1935, 1950; Roiphe u. Galenson 1981). Fenichel (1945) meinte, daß der Spaß beim Urinieren dem Jungen zunächst den anatomischen Unterschied bewußt mache und dann erst die Kastrationsangst wegen des noch unstabilen Körperbildes auslöse. Kleeman (1965) berichtet von einem Jungen, der im Verlauf einer Phase erhöhter genitaler Bewußtheit und des Interesses für das Urinieren des Vaters damit begann, an seinem eigenen Penis zu ziehen und dabei "hinunter" und "kaputt" zu sagen. Gleichzeitig lernte er erstmalig, das Töpfchen zu benutzen. Daraufhin erschien er angesichts der anatomischen Unterschiede verwirrt zu sein, und diese Verwirrung erstreckte sich ebenso auf die Unterscheidung zwischen analer und genitaler Erregung. Nach Bell (1961, 1975), der die verschmelzende visuelle und kinästhetische Wahrnehmung des Hodensacks, der Testes und des Anus beschreibt, ist dies eine allgemein auftretende Konfusion.

Obwohl Freud gelegentlich von früher genitaler Erregung sprach, hinterläßt die klassische Theorie oft den Eindruck, daß genitale Impulse den Beginn der phallischen Phase anzeigen. Greenacre (1953, 1958) meint aber, daß die Geschlechtsteile eine Quelle des Interesses, der Freude und der Angst sind, lang bevor sie später die primäre erogene

Zone in der phallischen Phase werden. Das Hervortreten des genitalen Interesses im 2. Lebensjahr veranlaßte Roiphe (1968) zur Annahme einer frühen genitalen Phase, die mit der analen Phase einhergeht.

Die genitalen Ereignisse im 2. Lebensjahr können am besten im Lichte der gesamten Trieborganisation und der Objektbeziehungen verstanden werden. Die anal-urethrale Erotik und die damit einhergehende zunehmende Kontrolle über den Schließmuskel kündigen ein Fortschreiten zur analen Phase der psychosexuellen Entwicklung an. Der kleine Junge ist ebenso in das Stadium der Trennung und Individuation eingetreten, während dessen er einen besonderen Stolz und ein großes Vergnügen dabei empfindet, seine neuen Entdeckungen mit der Mutter zu teilen. Die rapide Ich-Entwicklung und der fortschreitende Erwerb motorischer und kognitiver Fähigkeiten (wie der aufrechte Gang und das repräsentationale Denken) befähigen ihn, mehr kohärente, internalisierte, psychische Repräsentanzen seiner belebten und unbelebten Welt, seiner Objekte und seiner selbst zu formen und zwischen Liebe und Aggression zu unterscheiden. Der Junge wird sich nicht nur seiner eigenen Getrenntheit bewußt, sondern auch der Tatsache, daß Mutter und Vater eine Beziehung getrennt von ihm haben (frühe Triangulation; Abelin 1975).

Das Kleinkind ist nunmehr dazu gezwungen, den Wahn seiner omnipotenten Größe aufzugeben und die Abhängigkeit von seinen Eltern zu erkennen. Das Gefühl der Hilflosigkeit kann zum Ausdruck ohnmächtiger Wut führen. Die Stimmungs- und Affektschwankungen während dieser Phase veranlaßten Mahler (1972), von einer "Wiederannäherungskrise" zu sprechen. Sie machte weiter deutlich, daß Ängste vor Objektverlust, Ängste vor Liebesverlust und Kastrationsängste Bedingungen herstellen, die einen Einfluß auf die spätere Einstellung haben und während der Wiederannäherungskrise zusammengeführt werden.

Verschiedene Faktoren müssen angesichts des frühen Auftretens der Kastrationsangst berücksichtigt werden. Im Rahmen des Konzepts der Geschlechtsidentität deuten Kastrationsängste eine bereits differenzierte Selbstrepräsentanz des Jungen an: es ist ihm bewußt, daß er männlich ist. Die Kerngeschlechtsidentität hat sich gebildet. Die frühe genitale Phase ist natürlich vor dem Hintergund früher Unsicherheiten im Entwurf des Körperbildes zu sehen. Der Anblick weiblicher Geschlechtsteile kann weitere Verwirrung stiften und Angst hervorrufen. Der Konfrontation mit männlichen Geschlechtsteilen können Angst und Verwirrung folgen, die den Sinn des kleinen Jungen für die Sicherheit und sein Vertrauen in das wohlfunktionierende intakte Körperbild schwächen. Nach Solnit (1979) mag die unterschiedliche Größe ebenso provozierend wirken wie der Geschlechtsunterschied selbst. Anale Funktionen können weitere Verlustängste hervorrufen, wenn die narzißtisch besetzte Produktion des Kindes vernichtet wird (Heimann 1962). Schließlich sind all diese Aspekte vor dem Hintergrund der frühen Wiederannäherungsphase zu betrachten, in der der Junge versucht, seine eigene Autonomie herzustellen und in der seine Ambivalenz gegenüber der Mutter auf ihrem Höhepunkt ist. Ängste vor der Bestrafung durch die Mutter werden konkret als Ängste vor der Kastration für das Vergnügen, das bei der genitalen Erregung empfunden wurde, wahrgenommen. Obwohl der Vater im optimalen Fall als das weniger kontaminierte Objekt zwischen Mutter und Sohn in den Wiederannäherungskämpfen vermittelt und sich zur Identifikation anbietet (Abelin 1971), kann er in manchen Fällen diese Aufgabe aufgrund seiner eigenen relativen Passivität verfehlen oder zusätzliche Verwirrung stiften, indem er seinen Sohn mit seiner Nacktheit konfrontiert.

Unter Beachtung der vielen Faktoren, die zu einer möglichen Kastrationsangst beitragen, wird es vielleicht plausibel, die Kastrationsangst als eine entwicklungsmäßige Metapher anzusehen, wie es Grossman u. Stewart (1976) in Verbindung mit dem Penisneid bei Frauen angenommen haben. Kastrationsängste, die im späteren Leben vornehmlich präödipale Elemente zeigen und eigentlich Ängste vor phallisch kastrierenden Frauen darstellen, deuten auf eine frühe Störung der Mutter-Kind-Beziehung hin, in der der Vater nicht vermitteln konnte, so daß die daraus folgenden Gefühle einer mangelnden Sicherheit, Ängste vor Hilflosigkeit, Verletzbarkeit oder Mangel an Vertrauen sich um die Angst vor Kastration organisieren.

William, ein Junge im Alter von 3,3 Jahren, hatte Schlafstörungen, hielt hartnäckig seinen Stuhl zurück und weigerte sich, auf den Topf zu gehen. Die Beziehung zur Mutter war durch ambivalente Kämpfe gekennzeichnet. Obwohl der Vater zu manchen Zeiten überstimulierend erschien, wirkte er zu anderen Zeiten eher passiv und wenig involviert. Wenn William unbekleidet war, hielt er seinen Hodensack in beiden Händen, lief herum und ließ ihn wie Flügel flattern. Er erzählte die Geschichte von einer Raupe, die sich schlafen legte, dann aber als ein Schmetterling wieder aufwachte und davonflog. Die Analyse deckte auf, daß William befürchtete, seine Geschlechtsteile könnten wie die Raupe davonfliegen oder verschwinden, genauso wie sein Stuhl in der Toilette verschwand. Es wurde zunehmend deutlich, daß Williams Wiederannäherungs- und anale Kämpfe mit der Mutter zu einer generellen Unsicherheit führten, die sich in der Kastrationsangst verdichteten. Aufgrund seiner kognitiven Unreife befürchtete er, seine Genitalien könnten wie der Schmetterling davonfliegen und empfand dies als eine Bestrafung für seine feindseligen, aggressiven, auf die Mutter gerichteten Gefühle und seinen Wunsch nach Autonomie und Unabhängigkeit.

Die Geschlechtsrollenidentität

Abgesehen von ungewöhnlichen Umständen, in denen der Vater die primäre Bezugsperson ist, finden während der ersten 18 Lebensmonate die wichtigsten Interaktionen des Jungen zwischen ihm und seiner Mutter statt. Sie ist für gewöhnlich das Hauptobjekt der Identifizierung. Kleinkinder werden oft dabei beobachtet, wie sie die Mutter bei ihren täglichen Haushaltsverrichtungen imitieren. Einige Beobachter (van Leeuwen 1966; Ross 1975) heben hervor, daß Jungen während der analen und Wiederannäherungsphase oft den besonderen Wunsch zeigen, Babys wie die Mutter zu gebären und aufzuziehen. 1909 bemerkte Freud beim kleinen Hans, daß er in der Phantasie eine Mutter war und Kinder wollte, mit denen er die Zärtlichkeiten wiederholen konnte, die er selbst erfahren hatte (Freud 1909b). Diese Identifikation mit der Mutter und ihrer Geschlechtsrolle einschließlich dem Wunsch nach einem Kind haben keinen Abwehrcharakter, weil die Mutter ja leicht zugänglich ist. Sie können aber dazu dienen, Gefühle des Objektverlusts zu bewältigen oder die Ambivalenz der Mutter gegenüber aufzulösen. Sollte diese Identifikation jedoch weiter bestehen, kann sie den Erwerb einer männlichen Geschlechtsrollenidentifizierung beeinträchtigen.

Wir werden uns immer mehr der bedeutenden Rolle des Vaters, die er bei der Entwicklung des Jungen spielt, bewußt. Er kann den Jungen dazu ermuntern, die Wiederannäherungskonflikte zu lösen (Abelin 1971, 1975). Er kann dabei helfen, die symbiotischen Bande zwischen Mutter und Sohn aufzubrechen und männliche Einstellungen beim Jungen zu fördern (Stoller 1979). Er hilft dem Jungen, die Aggression zu modulieren (Herzog 1980). Im allgemeinen verhilft er dem Jungen zu dem notwendigen Schritt der Entidentifizierung von der Mutter (Greenson 1968). Diese Befunde lassen uns darauf schließen, daß der Vater als eine Identifikationsfigur von Bedeutung ist. Ist der Junge sich auch kognitiv dessen bewußt, daß er männlich ist, sucht er sich ihm ähnliche Objekte (Kohlberg 1966), mit denen er sich identifizieren kann.

Mit einer verstärkten Urethralerotik wendet sich der Junge auch vermehrt dem Vater zu. Der Vater kann dem Jungen nun dabei helfen, seine Kastrationsängste zu bewältigen und ferner aufrecht stehend zu urinieren und Stolz über den Urinstrahl, den er nunmehr auch herstellen kann, zu empfinden. Roiphe u. Galenson (1981) denken, daß die Urethralerotik oft von der Erreichbarkeit des Vaters mitbeeinflußt wird. Sie beobachteten eine Verzögerung beim Anbruch des Interesses am Urinieren und möglicherweise eine Verzögerung der Identifizierung mit dem Vater in solchen Fällen, in denen der Vater weitgehend unerreichbar war. Das aufrechte Urinieren durch die Identifikation mit dem Vater kann somit als ein früher Schritt bei der Übernahme einer männlichen Geschlechtsrolle angesehen werden.

Die Erarbeitung und Konsolidierung der Kerngeschlechtsidentität

Es gilt als Reifungsfortschritt, wenn genitale Wünsche die urethralen und analen Bestrebungen überwiegen und dominieren. Dieser Fortschritt läßt uns darauf schließen, daß der Junge die phallische Phase erreicht hat. Der Penis wird nun zum Fokus der phallisch-exhibitionistischen Wünsche, und die Antwort der Eltern auf die phallische Tapferkeit des Jungen wird nunmehr zur wichtigsten Quelle der narzißtischen Befriedigung. Die genitale Masturbation taucht als die Hauptquelle des autoerotischen Vergnügens auf, denn die Aufmerksamkeit ist auf das Geschlechtsteil, seine Erregung und die sie begleitenden Phantasien gerichtet.

Anzeichen einer phallischen Dominanz deuten nicht notwendig auf das Vorliegen einer ödipalen Konfiguration hin. Die Befriedigung, die durch den phallischen Exhibitionismus erreicht wird, scheint freilich im Dienste des erhöhten Narzißmus und Selbstvertrauens zu stehen. Die Objektbeziehungen bleiben jedoch dyadisch. Diese Beobachtung veranlaßte Edgcumbe u. Burgner (1975) bei diesem frühen Abschnitt der phallischen Phase von einer phallisch-narzißtischen Phase zu sprechen. Sie glaubten, daß der Junge, um zur phallisch-ödipalen Phase fortzuschreiten, sein narzißtisch bewertetes männliches Körperbild konsolidieren und eine männliche Geschlechtsrolle annehmen muß.

Zu diesem Zeitpunkt wird die Aufrechterhaltung des Selbstgefühls zu einer wichtigen Aufgabe. Das narzißtische Gleichgewicht des Jungen ist weniger abhängig von der Spiegelung seiner selbst als allmächtig und großartig, sondern von der Spiegelung als männlich mit einem funktionierenden, intakten und geschätzten männlichen Körper. Es bildet sich ein ideales Selbstbild als Teil des entstehenden Über-Ichs, das diese Aspekte miteinander verbindet. Die Bemühungen, diesem idealen Selbstbild gerecht zu werden, führen zum phallischen Exhibitionismus. Der kleine Junge wünscht sich für seine phallischen Bestrebungen die Bewunderung durch beide Elternteile. Wenn er die Bewunderung und Akzeptanz durch die Eltern internalisieren kann, wird das Selbstvertrauen in seine Männlichkeit verstärkt.

Allerdings hängt die angenehme, narzißtisch besetzte und sexuell differenzierte Sicht seiner selbst nicht allein von der Bewunderung seitens der Eltern ab, sondern ebenso von der Fähigkeit des Ichs, sexuelle und aggressive Impulse zu integrieren. Sexuelle Impulse und Erektionen können als "außerhalb" und jenseits der Kontrolle erlebt werden. Aggressionen können ebenso als unkontrollierbar erfahren werden und die integrierenden Fähigkeiten des noch unreifen Ichs überwältigen. Jungen tendieren mehr zu Handlungen als zum symbolischen Phantasiespiel, so daß die altersgerechte Auffassung der Anatomie beider Geschlechter, des Kindes und des Erwachsenen (Tyson 1982) in Handlungen ausgedrückt wird. Solche bestehen häufig in Doktorspielen, Wettkämpfen beim Urinieren, voyeuristischen Aktivitäten und dem starken Interesse an den Toiletten- und Badegewohnheiten der Eltern. Gleichwohl sind solche Aktivitäten stimulierend und übererregend. Auf ähnliche Weise drückt der Junge aggressive Regungen aus, und seine Handlungen können zum Auftreten von Verhaltensproblemen führen. Das Werfen von Steinen, Schlagen, mit Füßen treten usw. haben alle eine impulsive unvermittelte Qualität, die vom Kind ähnlich wie sexuelle Impulse als außerhalb seiner selbst, mit einem Eigenleben versehen und weder der Kontrolle des Ichs noch der des Über-Ichs unterworfen, erlebt werden. Solches Verhalten wird gefolgt von Kritik und Bestrafung durch wichtige Objekte. Unglücklicherweise hat die Bestrafung oft körperlichen Charakter wie etwa Schläge, was seinerseits wieder Aggressionen stimuliert und dazu führt, daß der Junge sich hilflos und verletzt fühlt und sein Selbstgefühl in Frage gestellt wird.

B.J., ein 5,2 Jahre alter Junge, sprach über seine vermischten sexuellen und aggressiven Regungen als von seinen Räubergefühlen. Er beschrieb, wie er sich als Polizist in einer permanenten Schlacht befand, um die Räuber im Gefängnis zu behalten. Weil sein noch unreifes Über-Ich mehr die Bestrafungsfunktion als die der Kontrolle seiner Impulse ausübte, fand er für gewöhnlich, daß der Polizist gerade dann, wenn er am nötigsten gebraucht wurde, zum Kaffeetrinken weggegangen war, die Räuber aber mit Sicherheit bei Übergriffen strafte.

Mängel bei der Integration von sexuellen und aggressiven Impulsen in eine wertvolle Sicht des Selbst vermindern das Selbstvertrauen, erhöhen die Angst vor Bestrafung, und die projizierte Aggression verstärkt ferner die Kastrationsangst. Es kann die abwehrhafte Fassade einer Männlichkeit entstehen, die durch eine aggressive Sexualität und eine entwertende oder chauvinistische Einstellung Frauen gegenüber, einem offensichtlichen Bestandteil des ausgeprägten Machocharakters, gekennzeichnet ist.

Die Erarbeitung der Geschlechtsrollenidentität

Die zweite Aufgabe in der sogenannten phallisch-narzißtischen Phase besteht in der Erarbeitung und Konsolidierung einer männlichen Geschlechtsrolle. Bis jetzt war die Hauptrolle des Jungen innerhalb der Familie die des Babys. Der anhaltende Wunsch, selbst ein Baby zu haben, mag ein Hinweis auf diese Rolle und die Identifikation mit der Mutter sein. Während der Junge sein vermehrt narzißtisch besetztes und intaktes Körpergefühl konsolidiert, wird er ebenso ein verstärktes Wissen um seine eigene Männlichkeit aufgrund der Identifikation mit dem idealisierten Vater gewinnen. Freud (1921c) sah in der Idealisierung und der Identifikation mit dem Vater eine Voraussetzung für den Eintritt in die ödipale Phase. Ein kleiner Junge wird ein besonderes Interesse an seinem Vater zeigen und gern so groß wie er sein wollen. Er nimmt seinen Vater als sein Ideal. Hierdurch wird der Ödipuskomplex in die Wege geleitet. Das ödipale Bestreben und die heterosexuelle Einstellung werden dadurch vorherbestimmt, daß sich der Junge nunmehr von der Mutter entidentifiziert und zu einer Identifikation mit dem Vater übergeht. Greenson (1968) beschreibt die Verletzbarkeit des Jungen, die dadurch entsteht, daß dieser Schritt nicht vollzogen wird, und kommt zu dem Schluß, daß eine verlängerte Symbiose zwischen Mutter und Sohn dessen Chancen, ein Mann zu werden, behindert.

Die Identifizierung mit dem Vater begann zwar mit dem aufrechten Urinieren. Jetzt muß der Junge jedoch andere männliche Eigenschaften und Rollen übernehmen. Diese allerdings erscheinen ihm ungenau. Obwohl sein Vater an seinem Arbeitsplatz aktiv sein kann, kann der Junge ihn ansonsten als distanziert und relativ teilnahmslos erleben. Das hindert ihn an einer aktiven, realistischen Sicht von Männlichkeit, und er wendet sich den Geschichten von den Superhelden zu, um sich männliche Ideale zu verschaffen. Andererseits kann der Junge seinen Vater als sehr diszipliniert erleben. Dies kann einen feindseligen Kampf mit dem Vater hervorrufen und dessen Idealisierung stören. Es kann ebenso die Modulation und Integration der Aggression und eines angenehmen Sinns für Männlichkeit stören. Statt dessen empfindet der Junge, daß Mannsein bedeutet, ein dominanter Aggressor zu sein.

Die Beziehung zwischen Mutter und Vater ist ebenfalls ein bedeutender Faktor sowohl in Hinblick auf die narzißtische Besetzung seiner eigenen Männlichkeit als auch der Annahme einer männlichen Geschlechtsrolle durch den Jungen. Ist ihre Beziehung durch Ambivalenz oder durch eine Entwertung des Vaters durch die Mutter gekennzeichnet, oder aber ist der Vater unerreichbar, unzuverlässig, unvorhersehbar aggressiv oder insgesamt abwesend, so muß der kleine Junge befürchten, daß er als ein Mann ebenso von der Mutter entwertet und verkleinert wird und riskiert somit die Beziehung zu ihr. Er wird entweder seine passive, abhängige und infantile Rolle beibehalten oder den Wunsch danach empfinden, ein Mädchen zu sein.

Eine mangelhafte Bewältigung dieser beiden Hauptaufgaben der phallisch-narzißtischen Phase, nämlich der Konsolidierung eines narzißtisch und sexuell differenzierten und intakten Körperbilds und der Übernahme einer männlichen Geschlechtsrolle, verhindern das vollständige Sich-Einlassen auf den ödipalen Konflikt und führen zu einer Reihe von Störungen, die sich in der Kindheit manifestieren, aber ebenso als Störungen des Erwachsenen sichtbar werden. Ich meine, daß die Unterscheidung zwischen den drei Aspekten der Geschlechtsidentität das Verständnis klinischer Manifestationen erleichtert.

C. kam im Alter von 4,2 Jahren zur Behandlung, weil er den Wunsch äußerte, ein Mädchen zu sein. Er liebte es, Mädchenkleider zu tragen, spielte mit Mädchenspielzeug und sagte, daß er wie die Mutter Babys haben möchte. Sein Verhalten und seine Gesten waren ausgesprochen feminin. Der Vater war relativ passiv, teilnahmslos, und C. hatte das Gefühl, daß er sich wenig für ihn interessierte. In der Behandlung wurde zwar deutlich, daß seine Kerngeschlechtsidentität eindeutig gebildet war. Die nicht vorhandene Idealisierung und Identifizierung mit dem Vater behinderten allerdings eine Entidentifizierung von der Mutter und begünstigten die Identifikation mit einer weiblichen Geschlechtsrolle. Die transsexuellen Wünsche eines Erwachsenen können oft auf solche Konfigurationen der Kindheit zurückgeführt werden (Stoller 1979).

In anderen Fällen wird eine männliche Rolle zwar gewählt. Jedoch bleibt die Kastrationsangst unaufgelöst und äußert sich darin, daß andere Menschen hauptsächlich zur narzißtischen Befriedigung wie etwa Bewunderung, Kampf oder Bedürfnisbefriedigung gebraucht werden. Der Betreffende ist dann unfähig, seine Sexualität und Aggression in eine angenehme und zufriedenstellende Wahrnehmung von sich als Mann mit einem wohlfunktionierenden männlichen Körper zu integrieren. Die Projektion der Aggression führt dazu, daß jede Autoritätsfigur wie Mutter und Vater als kastrierend empfunden wird. Dies interferiert mit einer positiven oder negativen ödipalen Konsolidierung und schließlich mit der Etablierung einer befriedigenden, wechselseitigen heterosexuellen Beziehung.

Der 4 Jahre alte Davy war häufig krank, mußte als kleines Kind bereits zwei chirurgische Eingriffe über sich ergehen lassen und hatte längere Zeit mit Würmern zu kämpfen. Zwar waren beide Eltern in der Regel fürsorglich und geeignete Rollenmodelle. Wenn jedoch dem Vater allein die Aufsicht übertragen war, wurde dieser sehr schnell durch Davys Verhalten frustriert und prügelte ihn, um ihn zur Disziplin zu bringen. In einer Sitzung hüpfte Davy von einer Beschäftigung zur anderen, griff nach einem beißenden Dinosaurier, brach einen Streit vom Zaun, warf dann den Dinosaurier über seine Schultern hinweg und fand einen ebenso bissigen Alligator. Er überprüfte die Geschlechtsteile aller Puppen, um sie dann über seine Schultern hinweg zu werfen. Er sprach davon, daß die Mutter seinen Penis abbeißen könnte, nein, daß der Vater ihn gar abschneiden würde. Er wünschte sich, acht Penisse zu haben. Dann nämlich könnte er es verkraften, einen oder zwei zu verlieren und wäre dennoch gut ausgerüstet. Die Angst ging einher mit längerem Phantasiespiel. Es gab keinen Anhaltspunkt für einen ödipalen Fortschritt, was in jedem Fall mehr Angst aufgrund der strengen und eindringenden körperlichen Bestrafungen des Vaters hervorgerufen hätte.

Eine Vielzahl sexueller Störungen beim Erwachsenen entstehen aus der mangelhaften Auflösung der Anforderungen in der phallisch-narzißtischen Phase. Herr D., ein 33jähriger Mann, fürchtete sich ängstlich vor einem heterosexuellen Verkehr, den er sich so sehr im Rahmen einer langen Beziehung zu einer Frau gewünscht hatte. Er befürchtete, impotent zu sein, gekränkt zu werden oder womöglich zu früh zu ejakulieren und so der Partnerin den Genuß vorzuenthalten. Gleichzeitig beklagte er ängstlich, wie schwierig es sei herauszufinden, was eine Frau sich wünscht. Dies sei so schwierig, wie die Kombination eines Safes zu finden. Er fürchtete, wegen dieser Unfähigkeit bloßgestellt zu werden.

Seine Bemühungen zu gefallen erschienen ihrerseits als Reaktionsbildung einer leicht verstellten aggressiven Sexualität. In den Träumen tauchten aggressive und mörderische sexuelle Regungen auf. Als Ausdruck der Projektion dieser Impulse träumte er von Frauen, die sich in katzenartige Monster verwandelten. Herrn D.s mangelhaftes Vertrauen in seine sexuelle Handlungsfähigkeit war zurückzuführen auf eine Störung bei der Konsolidierung eines intakten männlichen Körperbildes und der Fähigkeit, Vertrauen in es zu haben. Deswegen sah er in den Frauen eher kastrierende Gestalten als Liebesobjekte. Die mangelhafte Ausbildung der phallisch-narzißtischen und der phallisch-ödipalen Attribute zu seiner männlichen Geschlechtsrolle ließen ihn sich weiterhin als kleines Kind erleben. Ein heterosexueller Geschlechtsverkehr konfrontierte ihn mit dem Dilemma, sich entweder aggressiv zu nehmen, was er wollte, oder wie ein kleines, verletzliches Kind danach zu streben, der kritischen Mutter zu gefallen.

Eines Nachts träumte er, in einer kleinen Stadt in den Bergen zu sein. Eine Frau sagte zu ihm, sie glaube nicht den anderen, die einen Angriff von Wölfen prophezeiten. Sie und Herr D. gingen einen Berg hinauf. Auf dem Gipfel beobachteten sie hinter einer Mauer zwei schlafende Wölfe. "Schauen Sie, sie sind harmlos", sagte die Frau. Kurz darauf rutschte Herr D. aus und ein Stück den Berg hinunter, landete bei einigen Bäumen und entdeckte hunderte von Wölfen. Aus lauter Furcht kletterte er einen Baum hinauf, während die Wölfe die Frau angriffen. Herrn D.s Unfähigkeit, phallische Aspekte einer männlichen Geschlechtsrolle anzunehmen, wird hier symbolisch durch die Unfähigkeit, aktiv die Frau zu beschützen, dargestellt. Die Kastrationsangst und die aus der Primärszene stammende Vorstellung, daß genital sexuelles Verhalten mörderisch aggressive Impulse verkörpere, ließen ihn weiterhin in der Position eines 3- oder 4jährigen Knaben verbleiben. Er unternahm nichts, um die Frau zu schützen und beobachtete den Angriff als Außenstehender.

Unter der Voraussetzung, daß der kleine Junge sich mit den phallischen Aspekten der männlichen Geschlechtsrolle identifiziert hat, äußert er nun den Wunsch, zur Mutter eine andere Beziehung zu haben. Nicht länger möchte er als ein Baby in einer anaklitischen Abhängigkeit von ihr verbleiben, sondern vielmehr der Mann in ihrem Leben werden. Die Wünsche und Konflikte des Ödipuskomplexes tauchen nun auf, und der Junge beginnt, mit dem Vater um die Liebe der Mutter zu rivalisieren. Die positive ödipale Position bedeutet für den Jungen nicht einen Wechsel des Liebesobjekts selbst, sondern einen Wandel in den Phantasien über es. Er möchte nun eine ausschließliche Beziehung zu seiner Mutter haben (Freud 1921c). Das Ich-Ideal hält nunmehr das Gewinnen, das Beschützen und die Sorge um eine Frau für hochbewertete Aspekte von Männlichkeit. Die genitale Masturbation wird durch besondere libidinöse Phantasien verschönert. Der Junge sieht sich selbst etwa als Knecht der Mutter oder als schillernder Amor und wünscht sich, so groß und stark wie der Vater zu sein. Diese Wünsche betreffen oft den Neid auf den Vater oder den Wunsch danach, den großen Penis des Vaters als Ersatz für seinen eigenen, kleinen zu besitzen. So meint auch der 5,6 Jahre alte G. mit einem Funkeln in den Augen: "Ich weiß, die Macht des Supermannes kommt von seinem Penis".

Kastrationsängste begleiten die Wünsche, den Penis des Vaters und die Mutter zu besitzen. Das Kind fühlt sich wegen der "unzulässigen Bestrebungen" (Freud 1924d) schuldig und fürchtet, der Vater werde es in entsprechender Weise strafen. Die Kastrationsangst bleibt weiterhin die vorherrschende Angst. Als der Kastrierende wird nun allerdings der Vater und nicht mehr die Mutter gefürchtet.

Die Verbindung von sexueller Erregung und Kastrationsängsten kann zu zwanghafter Masturbation führen. Weil der Junge sich wegen des Inhalts seiner Masturbationsphantasien schuldig fühlt, befürchtet er, der Vater werde auf magische Weise das Organ seiner Lust und die Quelle seiner Erregung verletzen. Er kann aber auch befürchten, daß die Masturbation selbst zu einer Beschädigung seines Geschlechtsteils geführt hat. In beiden Fällen wiederholt er die Selbstbefriedigung, um sich zu versichern, daß sein Penis noch intakt und funktionsfähig ist. Diese Erregung reaktiviert jedenfalls inzestuöse Phantasien, und der schuld- und angstbesetzte Zyklus wiederholt sich. Während manchmal die Masturbation zu einer Entspannung führen kann, ist die zwanghafte Masturbation weniger angepaßt. Sie wird die Spannung weniger verringern, sondern sie eher noch vergrößern. Wird die zwanghafte Selbstbefriedigung in das Erwachsenenalter übernommen und dort zur vornehmlichen Form der sexuellen Befriedigung, zeig sie nicht allein eine sexuelle Störung, sondern ebenso Störungen auf vielen anderen Gebieten an.

Die Objektwahl

Obwohl sich der Junge den Penis des Vaters wünscht und die ausschließliche Liebe der Mutter gewinnen möchte, ist er sehr stark mit dem Vater identifiziert und fühlt sich zu ihm hingezogen. Loyalitätskonflikte deuten nun auf das Vorhandensein triadischer Objektbeziehungen hin. Die Wahl des Liebesobjekts wird konflikthaft.

Als eine Folge der normalen und nicht abwehrhaften Idealisierung und Identifizierung mit dem Vater entwickelt der Junge eine enge Beziehung zu ihm. Seine Wünsche danach, so wie er zu sein, mit ihm zusammen zu sein und von ihm geliebt zu werden, sind wichtiger und fortdauernder Bestandteil ihrer normalen, dyadischen und konstanten Beziehung (s. Blos 1984). Sie sollten nicht automatisch für Anzeichen eines bisexuellen Wunsches gehalten werden. Freud (1921c) unterstrich, daß dieses Verhalten nichts mit einer passiven oder femininen Einstellung dem Vater gegenüber zu tun habe. Der Junge beginnt nun damit, die Formen von Beziehung zu unterscheiden, die er bei männlichen und weiblichen Personen sucht. Obwohl er wie ein Vater, und das bedeutet ein Mann in Beziehung zu seiner Mutter, sein möchte, wünscht er sich doch den Vater als seinen Freund und Kumpel.

Manchmal kann es geschehen, daß die Idealisierung des Vaters und die Nähe des Jungen zu ihm zur Errregung homosexueller Wünsche führen. Der Junge wird dann nach einer ausschließlichen Beziehung zum Vater streben und mit der Mutter um die Liebe des Vaters rivalisieren. Freud (1921c) hob hervor:

> Das Schicksal dieser Vateridentifizierung verliert man später leicht aus den Augen. Es kann geschehen, daß der Ödipuskomplex eine Umkehrung erfährt, daß der Vater in femininer Einstellung zum Objekte genommen wird, von dem die direkten Sexualtriebe ihre Befriedigung erwarten, und dann ist die Vateridentifizierung zum Vorläufer der Objektbindung an den Vater geworden.

Der 5jährige J. sagte, nachdem er von seinem Vater gebadet wurde: "Ich liebe dich, Vati, und ich werde dich heiraten, wenn ich groß bin."

Ein solcher Wunsch muß nicht notwendig von dem kleinen Kind als konflikthaft erlebt werden. Tatsächlich ging Freud davon aus, daß die Bisexualität normaler Bestandteil der psychischen Beschaffenheit des Menschen ist. Unglücklicherweise wurde dieser Begriff in zweierlei Hinsicht verwendet: zum einen, um sexuelle Ziele, die gleichzeitig auf Objekte desselben und des anderen Geschlechts gerichtet sind, zu bezeichnen, und zum anderen, um die Tendenz der Kinder, sich mit den Eigenschaften beider Elternteile zu identifizieren, zu beschreiben. Mehr und mehr werden wir uns darüber klar, daß die Konsolidierung der Männlichkeit von der Synthese einer Abfolge von Identifikationen mit beiden Elternteilen und ebenso der Herstellung dyadischer und triadischer Objektbeziehungen abhängig sind. Es mag hilfreicher sein, zwischen dyadischen und triadischen Objektbeziehungen und ferner zwischen einer Vielzahl von auf die Objekte gerichteten Wünschen zu unterscheiden, als diese Phänomene insgesamt als Äußerungen von Bisexualität aufzufassen. Es kann beispielsweise der Fall sein, daß, während das manifest gewählte Liebesobjekt der Vater ist, sich der Junge eine männliche Geschlechtsrolle aneignet und seine auf den Vater gerichteten Wünsche weniger sexueller Natur sind und sich eher auf Beifall, Bewunderung und Kameradschaft beziehen. Dies setzt eine dyadische Beziehung voraus, in der die idealisierte Vater-Sohn-Konstellation vorherrscht. Weibliche Identifikationen und Wünsche danach, ein Baby zu haben, sind Teil dieser Konstellation oder auch nicht. Andererseits kann der Junge (oder der erwachsene Mann) den Vater innerhalb einer triadischen Beziehung wählen, sich mehr mit einer weiblichen Geschlechtsrolle identifizieren, sich zum Vater in einer versorgenden und zärtlichen Weise verhalten und mit anderen weiblichen Personen um seine Liebe und Aufmerksamkeit rivalisieren. Der Wunsch nach einem Baby kann (bewußt oder unbewußt) Teil dieser Phantasie sein. Dies würde am ehesten die klassische negative ödipale Situation darstellen, wenn der Vater der Mutter gegenüber das bevorzugte Liebesobjekt ist.

Die Vater-Sohn-Beziehung ist nicht immer idyllisch. Ross (1982) und Blos (1984) erinnern uns daran, daß Väter auch ambivalente Gefühle ihren Söhnen gegenüber hegen können. Ihr Neid, ihr Ärger, ihre Rivalität und selbst ihre Todeswünsche können mit der erhofften idealisierten Beziehung einhergehen. Ross beschreibt, wie die ubiquitären, feindseligen und in der Rivalität zwischen Vater und Sohn ungezügelt auftretenden Emotionen im griechischen Mythos des Ödipus dargestellt werden. Wegen seiner Päderastie ist König Laios dazu verdammt, von seinem Sohn getötet und abgesetzt zu werden. Deswegen befiehlt er, daß sein Sohn Ödipus getötet werden soll. Die Feindseligkeit, der Neid und die Wut eines Vaters können verstellt sein und dadurch ausgedrückt werden, daß der Vater unerfüllbare Maßstäbe aufstellt, die sehr schwierig für den Jungen sind und die er niemals erfüllen kann. Dies kann folglich die Einschätzung seiner eigenen Männlichkeit verringern und ihm die Zuneigung und Unterstützung des Vaters entziehen.

Der oben schon erwähnte Herr D. war sich seiner eigenen Männlichkeit nicht sicher und erinnerte die zornigen und kritischen Lektionen des Vaters wegen seiner Unzulänglichkeiten. Er hatte das Gefühl, in keiner Weise dem Vater gefallen zu können. Er erinnerte sich, daß sein Vater einmal nach Hause kam und ihm, schmächtig von Statur, erzählte, daß er gerade ein Bild gesehen habe, wie er aussehen würde, wenn er einmal groß sei. Es war ein 8 Fuß großes, freistehendes Kartonbild von John Wayne. Herr D. entwickelte das Gefühl, daß Männlichkeit durch physische Größe und aggressive Eigenschaften definiert sei. Der Idealmann sei groß, fordernd, manipulativ, reich und mächtig. Seine eigenen intellektuellen und emotional intuitiven Einstellungen nahm er als unmännlich wahr. Er klagte noch: "Zeitweise fühle ich mich innerlich wie ein Werwolf." Anstatt seinem Sohn dabei zu helfen, die aggressiven Triebe zu kanalisieren, stimulierte Herr D.s Vater die Aggression noch eher, indem er seinen Sohn einschüchterte und in eine passive Rolle trieb. Daraus resultierte die massive Abwehr von Aggression, während seine Passivität angesichts von Aggressionen das Gefühl, määnlich zu sein, noch weiter schmälerte.

Lösungsversuche

Unter normalen Bedingungen wird der kleine Junge ödipale Bestrebungen, die auf beide Elternteile gerichtet sind, im Ausdruck des negativen und positiven Ödipuskomplexes erleben. Er mag sich sexuellen Objekten gegenüber sowohl in einer männlichen wie einer weiblichen Rolle sehen. Die negative ödipale Position des Jungen ist allerdings weniger stark ausgeprägt. Dies wird im allgemeinen auf die Kastrationsangst zurückgeführt. Wir dürfen aber nicht vergessen, daß der Junge doch befürchten muß, daß die Rivalität mit der Mutter seinen Wunsch nach ihrer ausschließlichen Aufmerksamkeit und ebenso seine präödipale anaklitische Beziehung zu ihr gefährden könnte. Die Mutter könnte ihm grundlegende emotionale Zuwendungen vorenthalten. Wir müssen ebenso dafürhalten, daß weibliche Eigenschaften, eine weibliche Rolle und eine weibliche Objektwahl mit idealisierten männlichen Eigenschaften, die normalerweise durch das Ich-Ideal aufrechterhalten werden, in Konflikt geraten können. Der Junge wird deswegen generell weibliche Identifikationen oder transsexuelle Wünsche ablehnen, die Aufmerksamkeit eifrig seinem Penis zuwenden und mehr und mehr Wege finden, sich mit seinem Vater zu identifizieren. Der oben bereits erwähnte J. beispielsweise begann, nachdem er die Liebe zu seinem Vater und den Wunsch, einen Mann zu heiraten, ausgedrückt hatte, zu realisieren, daß die Heirat mit einem Mann ihn daran hindern würde, eine Frau wie seine Mutter zu heiraten und einem Baby ein Vater zu sein, wie sein eigener Vater es war. Er kehrte schnell zur positiven ödipalen Position zurück und verstrickte sich in familiäre, rivalisierende Spiele mit dem Vater. Das zunehmende Verständnis des Jungen für die Rolle des Vaters bei der Zeugung förderte die Identifikation mit ihm und half ihm dabei, die verbliebene Enttäuschung über die Unfähigkeit, ein Baby zu bekommen, aufzulösen. Er begann, sich darauf zu freuen, ein Vater wie sein eigener zu werden. Abkömmlinge der frühen Identifikation mit der Mutter und der Wunsch nach einem Baby werden vielleicht Teile solcher Einstellungen, die es dem Mann erlauben, sich ebenso fürsorglich und unterstützend wie aktiv und sicher in seinen zwischenmenschlichen Beziehungen zu verhalten.

Gleichwohl wird die positive ödipale Situation mehr zu einer Quelle der Frustration als der Befriedigung. Die Belohnung erfolgt lediglich in der Phantasie. Die andauernden Enttäuschungen vermindern zum Teil aufgrund der vom männlichen Ich-Ideal hochgehaltenen Ideale die Selbstachtung. Ferner bestehen, solang die libidinösen Wünsche andauern, die Kastrationsängste fort, die nicht allein den Verlust des Penis, sondern ebenso den Loyalitätskonflikt, der aus den Ängsten um den Verlust der Vaterliebe herrührt, betreffen. Hier ist es erneut nützlich, die Kastrationsangst als eine Entwicklungsmetapher zu betrachten. Dem Jungen kann sich die Kastrationsangst als Befürchtung vor der Zurückweisung durch den Vater oder dessen mangelnde Beachtung zeigen. Sie kann genauso Ausdruck ungelöster feindseliger Gefühle dem Vater gegenüber sein, die dann wiederum Ängste vor Bestrafung in Form einer genitalen Beschädigung hervorrufen.

Freud war der Meinung, daß die Kastrationsdrohung ein mächtiges Motiv nicht allein für die Aufgabe positiver ödipaler Wünsche, sondern ebenfalls für die Etablierung eines autonomen Über-Ichs darstelle. Die Entwicklung des Über-Ichs schreitet von frühen Stadien voran (Tyson u. Tyson 1984), und - einmal gebildet - hilft es dem Ich in der Schlacht um die Beherrschung der Triebe. Schließlich fürchtet der Junge mehr noch als die Kastration das schmerzliche Gefühl der Schuld für die anhaltenden positiven ödipalen Phantasien und Wünsche. Diese schmerzvoll erlebte Schuld fungiert als weiteres Motiv zur Aufgabe ödipaler Bestrebungen.

Mit der Internalisisierung des Über-Ichs gewinnt der Junge aber auch die Möglichkeit einer verstärkten autonomen Aufrechterhaltung seiner eigenen Selbstachtung. Indem er seinen Vater als Ideal sieht und daran Gefallen findet, der Identifikation mit diesem Ideal in männlicher Weise zu entsprechen, erhält er das Potential, sich erfolgreich an den Maßstäben seines Ideals zu messen. Ein vergrößertes Repertoire an Abwehrstrukturen und eine sich ausweitende soziale Welt eröffnen Gelegenheiten für Ersatz und erleichtern die mögliche Verdrängung, Modifizierung oder Sublimierung der inzestuösen Wünsche des Ödipuskomplexes. Dies macht es dem Kind eher möglich, den Anforderungen des Über-Ichs zu entsprechen, schmerzvolle Schuldgefühle zu vermeiden und dabei gleichzeitig die liebevolle Beziehung zu beiden Elternteilen aufrechtzuerhalten und schließlich andere Gebiete zu finden, auf denen es erfolgreich sein kann.

Die weitere Entwicklung

Obwohl die grundlegenden psychischen Strukturen und die wichtigsten Identifikationen zu dem Zeitpunkt, als der Junge die Latenzphase erreicht, hergestellt sind, leistet die folgende Entwicklung noch wichtige Beiträge zur ganzen Bandbreite der Geschlechtsidentität. Die Latenz ist z.B. eine Zeit der Konsolidierung und der Einübung männlicher Rollen als Vorbereitung für den Umbruch, der sich mit den biologischen Veränderungen in der Adoleszenz ankündigt. Weil die Kastrationsangst weiterhin eine Bedrohung darstellt, begrenzen Jungen ihren Handlungsspielraum auf gleichgeschlechtliche Gruppen, wobei allerdings die Angst vor den Mädchen in ihren Witzen und Possen sichtbar wird.

Die Adoleszenz liefert ebenfalls wichtige Beiträge zur Geschlechtsidentität. Mit der biologischen Reife wird das Gleichgewicht zwischen Sexualität und Aggression und zwischen dem Ich und dem Über-Ich gestört. Dieser Umbruch ruft eine Vielzahl genitaler bzw. sexueller Befürchtungen einschließlich der Kastrationsangst hervor. Ein neues Gleichgewicht zwischen Trieben und psychischen Strukturen muß hergestellt werden, um die Sicht von sich selbst als die eines sexuell aktiven Individuums zu gewährleisten (eine Identifikation mit den Eltern, während das Über-Ich die inzestuösen Wünsche weiterhin verdrängt; Jacobson 1961).

Die abschließende Wahl des Liebesobjekts wird ebenfalls während der Adoleszenz vollzogen. Sie erfolgt erstens durch die Auflösung bisexueller Konflikte. In der Frühadoleszenz führt die Wiederbelebung präödipaler Konflikte, besonders um die passiven Abhängigkeitswünsche und die abwehrhafte auf die Mutter gerichtete Aggression, dazu, daß alle Frauen als potentiell kastrierend angesehen werden. Die Wünsche nach der Liebe durch den Vater oder eine andere idealisierte männliche Figur rufen Angst hervor und führen aufgrund der Ängste vor Homosexualität zur inneren Disharmonie. Ein offen homosexuelles Erlebnis kann traumatisch wirken und in einen Entwicklungsstillstand münden, den Blos (1979) die "sekundäre adoleszente Fixierung", die die weitere Entwicklung und die heterosexuelle Position ausschließt, genannt hat.

Die Auflösung erfolgt durch die Etablierung des erwachsenen Ich-Ideals. Die Identifikation mit dem Ideal verstärkt dann den Sinn für Männlichkeit, und durch die Identifizierung mit diesem Ideal wendet sich der Junge einem weiblichen Objekt zu. Eine weitere Ausdehnung der Geschlechtsrollenidentität hat sich durch die Identifikation mit neuen idealen Objekten gefestigt. Am Ende der Adoleszenz verfügt der junge Mann schließlich über die stabile Gewißheit seiner Geschlechtsidentität, die eine besondere Mischung von Männlichkeit und Weiblichkeit, die klare Vorstellung über das Geschlecht des von ihm begehrten Liebesobjekts und ein Wissen über die Rolle, die er in der Beziehung zu diesem Objekt zu spielen wünscht, einschließen.

Zusammenfassung

Das Anliegen dieses Beitrags besteht darin, die Vielzahl an Ideen zur männlichen Geschlechts- und sexuellen Entwicklung in einer breiten und auf den neuesten Stand gebrachten Zusammenfassung vorzustellen. In diesem Sinne habe ich vorgeschlagen, das Konzept der männlichen Geschlechtsidentität bezüglich dreier, ineinander verflochtener Entwicklungslinien zu betrachten: die Kerngeschlechtsidentität, die Geschlechtsrollenidentität und die Wahl des Liebesobjekts. Ich habe einige wesentliche Beiträge aufgezeigt, die diese Aspekte zu verschiedenen Entwicklungsphasen leisten. Dabei habe ich mich auf die Wurzeln der Geschlechtsidentität in der frühen Kindheit konzentriert, besonders weil während der ersten Lebensjahre wichtige innere Strukturen gebildet und gefestigt werden. Spätere Manifestationen haben, obwohl sie nicht dieselben wie die frühen sind, ihre Wurzeln in den Konfigurationen der frühen Kindheit. Allerdings dürfen die Beiträge der Latenz und der Adoleszenz zur gesamten Geschlechtsidentität nicht übersehen werden. Das Endergebnis einer jeden Position hinsichtlich der drei Aspekte hat sich nicht vor dem Ende der Adoleszenz gebildet. Darüber hinaus geben auch die Erfahrungen des Erwachsenen wichtige Impulse.

Literatur

Abelin E (1971) The role of the father in the separation-individuation process. In: McDevitt J, Settlage, C (eds) Separation-individuation: Essays in honor of Margaret S. Mahler. Int Univ Press, New York, pp 229-252

Abelin E (1975) Some further observations and comments on the earliest role of the father. Int J Psychoanal 56: 293-302

Bell A (1961) Some observations on the role of the scrotal sac and testicles. J Amer Psychoanal Assoc 9: 261-286

Bell A (1975) Psychological implications of scrotal sac and testes for the male child. Clin Ped 13: 838-847

Bell A, Blos P (1979) The adolescent passage. Int Univ Press, New York

Blos P (1984) Son and father. J Amer Psychoanal Assoc 32: 310-324

Edgcumbe R, Burgner M (1975) The phallic narcissistic phase: A differentiation between preoedipal and oedipal aspects of phallic development. Psychoanal Study Child 30: 161-180

Fenichel O (1945) Die Urethralerotik. In: Fenichel O (ed) Die psychoanalytische Neurosenlehre. Walter, Olten, S. 103-104

Ferenczi J (1924) Thalassa: A theory of genitality. The Psychoanalytic Quarterly 1938, Albany

Francis J, Marcus I (1975) Masturbation: A developmental view. Reprinted in: Masturbation from infancy to senecence. Int Univ Press, New York, pp 9-51

Freud A (1963) The concept of developmental lines. Psychoanal Study Child 17: 245-265

Freud S (1905d) Drei Abhandlungen zur Sexualtheorie. GW Bd 5, S 27-145

Freud S (1909b) Die Analyse der Phobie eines fünfjährigen Knaben. GW Bd 7, S241-337
Freud S (1915c) Triebe und Triebschicksale. GW Bd 10, S 209-232
Freud S (1921c) Massenpsychologie und Ich-Analyse. GW Bd 13, S 73-161
Freud S (1924d) Der Untergang des Ödipuskomplexes. GW Bd 13, S 393-402
Greenacre P (1953) Penis awe and its relation to penis envy. In: Greenacre P (1971) Emotional growth. Inter Univ Press, New York, pp 31-49
Greenacre P (1958) Early physical determinants in the development of the sense of identiy. In: Greenacre P (1971) Emotional growth. Int Univ Press, New York, pp 113-127
Greenson RR (1968) Dis-identification. Int J Psychoanal 44: 370-374
Grossman W, Stewart W (1976) Penis envy: From childhood wish to the developmental metaphor. J Amer Psychoanal Assoc 24: 193-212
Heimann P (1962) Notes on the anal stage. Int J Psychoanal 43: 406-414
Herzog JM (1980) Sleep disturbance and father hunger in 18- to 28-month-old boys: The Erlkönig syndrome. Psychoanal Study Child 35: 219-233
Jacobson E (1961) Adolescent moods and the remodeling of psychic structures. Psychoanal Study Child 21: 358-392
Kleeman J (1965) A boy discovers his penis. Psychoanal Study Child 20: 239-266
Kleman J (1966) Genital self-discovery during a boy's second year: A follow-up. Psychoanal Study Child 21: 358-392
Kohlberg L (1966) A cognitve developmental analysis of children's sex role concepts and attitudes. In: Maccoby E (ed) The development of sex differences. Stanford Univ Press, Stanford, pp 82-175
Loewenstein R (1935) Phallic passivity in men. Int J Psychonal 16: 334-340
Loewenstein R (1950) Conflict and autonomous ego development during the phallic phase. Psychoanal Study Child 5: 47-53
Mahler MS (1972) Rapprochment subphase of the separation-individuation process. Psychoanal Q 41 :487-506
Mahler MS, Pine F, Bergman A (1975) The psychological birth of a human infant. Basic Books, New York (Dt. 1978: Die psychische Geburt des Menschen - Symbiose und Individuation. Fischer, Frankfurt am Main)
Roiphe H (1968) On an early genital phase. Psychoanal Study Child 23: 348-365
Roiphe H, Galenson E (1981) Infantile origins of sexual identity. Int Univ Press, New York
Ross JM (1975) The development of paternal identity: A critical review of the literature on nurturance and generativity in boys and men. J Amer Psychoanal Assoc 23: 783-818
Ross JM (1982) From mother to father: The boy's search for a generative identity and the oedipal era. In: Cath SH, Gurwitt AR, Ross JM (eds) Father and child: Developmental and clinical perspectives. Little, Brown, Boston, pp 198-203
Sandler J, Sandler AM (1978) On the development of object relationships and affects. Int J Psychoanal 59: 285-296
Solnit AJ (1979) Psychosexual development: Three to five years. In: Noshpitz J (ed) Basic handbook of child psychiatry. Basic Books, New York, pp 178-183
Spitz RA (1962) Autoerotism reexamined. Psychoanal Study Child 17: 283-315
Stoller RJ (1968) Sex and gender. Science House, New York
Stoller RJ (1979) Fathers of transsexual children. J Amer Psychoanal Assoc 27: 837-866
Tyson P (1982) A developmental line of gender identity, gender role and choice of love object. J Amer Psychoanal Assoc 30: 59-84
Tyson RL, Tyson P (1984) Narcissism and superego development J Amer Psychoanal Assoc 32: 75-98
Van Leeuwen K (1966) Pregnancy envy in the male. Int J Psychoanal 47: 319-324

Das männliche Über-Ich

Martin A. Silverman

Freuds frühe Auffassung vom Über-Ich konzentrierte sich vor allem auf die präödipalen Wurzeln im Ich-Ideal, auf den Wunsch des Kindes also, den verlorenen Narzißmus der Kindheit durch die Identifikation mit den idealisierten elterlichen Imagines wiederzugewinnen. Wie durchgängig diese Auffassung ist, spiegelt sich - selbst nach der Einführung des Begriffs des Über-Ichs im Jahre 1923 - im mehr oder weniger austauschbaren Gebrauch der Begriffe Ich-Ideal und Über-Ich wider.

Der Wechsel zum Begriff des Über-Ichs in *Das Ich und das Es* (1923b) markierte einen bedeutenden Wendepunkt in der Freudschen Konzeptualisierung des inneren psychischen Systems, das sich mit den Themen des Gewissens und der Moral auseinandersetzt. Von jetzt an betonte Freud (1923b, 1924c, 1924d, 1925d, 1926d, 1926e, 1933a, 1940a) mehr oder weniger einhellig die zentrale Bedeutung des Ödipuskomplexes, der ödipalen Identifikationen und der aggressiven, bestrafenden Funktion des Systems "Über-Ich", um es als eine metapsychologische Organisation innerhalb des Bewußtseins zu beschreiben. Er bezeichnete nunmehr das Über-Ich als das "Erbe des Ödipuskomplexes" (1923b).

Die Gründe für den Wandel in seiner Auffassung waren höchst wahrscheinlich zweierlei. Auf der einen Seite spiegelt er die Einsicht wider, daß die Ereignisse der ödipalen Periode, in der wichtige emotionale, affektive und kognitive Veränderungen stattfinden, zu einer bedeutenden psychologischen Reintegration führen, in der die basale, strukturelle und funktionelle Organisation des Seelischen sich in einer mehr oder weniger stabilen und in der Zukunft fortbestehenden Gestalt herausbilden wird. Nach Berichten von Jones (1955) und Loewald (1979) war sich Freud andererseits sehr wohl des heftigen Widerstands bewußt, den seine Enthüllungen nicht allein in der Öffentlichkeit, sondern auch unter den Psychoanalytikern selbst hervorrufen würde. Es ist ferner sehr wahrscheinlich, daß sein Unmut über die Versuche Adlers, Jungs, Ranks und anderer, den Ödipuskomplex als den wesentlichen ätiologischen Faktor bei den Neurosen (Loewald 1979) durch angenehmere, erklärende Konstellationen zu ersetzen, zu seinem wiederholten Beharren auf der zentralen Bedeutung des Ödipuskomplexes und seines Untergangs bei der Bildung des Über-Ichs beitrug.

Der Widerspruch zwischen Freuds unterschiedlicher Hervorhebung der präödipalen, narzißtischen Wurzeln und des Kampfes um die Auflösung des ödipalen Konflikts in Hinblick auf die Bildung des Über-Ichs scheint mehr vordergründiger Natur zu sein, als wirklich zu existieren. Schließlich taucht der Ödipuskomplex nicht plötzlich als etwas vollkommen Neues und ohne Bezug auf die ihm vorangegangenen Entwicklungsschritte auf. Darüber hinaus spielen die narzißtischen Bestrebungen in der Entwicklung ödipaler Wünsche und Konflikte eine erhebliche Rolle. Der Ödipuskomplex entsteht nicht erst mit dem Anbruch der genitalen Phase in der psychosexuellen Entwicklung. Er entsteht vielmehr aus der Komplexität der Selbst-Objekt-Differenzierung und des Trennungs- und Individuationsprozesses, die beide einen Übergang von dyadischen zu triadischen Objektbeziehungen markieren (Jacobson 1964, Mahler 1968, Mahler, Pine u. Bergman 1975, Silverman 1986). Der Antrieb zum ödipalen Sieg angesichts der unvermeidlichen, erdrückenden Niederlage und trotz der wahrgenommenen Gefahr einer schrecklichen Vergeltung hat in hohem Maße seine Wurzeln in narzißtischen Bestrebungen, die ihrerseits auf die frühesten Anfänge des Lebens zurückzuführen sind. Selbst die Liebe, die während des ödipalen Zeitraums zu den bereits vom Selbst differenzierten, genuinen Liebesobjekten empfunden wird, geht auf frühe Beziehungserfahrungen zurück. Dort wurde der infantile Narzißmus dadurch überwunden, daß die Triebobjekte schließlich als getrennte, geliebte Wesen mit eigenem Recht wahrgenommen werden konnten. Die menschliche Entwicklung ist langwierig, vollzieht sich in Sequenzen und ist epigenetisch. Jede Entwicklungsphase entwickelt sich aus derjenigen, die vor ihr stattgefunden hat.

Die erfolgreiche Entwicklung des Ichs während der präödipalen und der frühen ödipalen Jahre, durch die dessen Anliegen in relativ konsistenter Weise ausgeführt werden können (s. Beres 1958), bereitet ihrerseits den Grundstock für die spätere Konsolidierung des Über-Ichs zu einer internalisierten, relativ autonomen und stabilen Struktur. Der Erwerb der internalen Kontrolle (s. Kennedy u. Yorke 1982) als Ersatz für die Notwendigkeit externaler Beschränkungen ist für diese Entwicklung wesentlich. Darin sind verschiedene Prozesse enthalten: 1. die Entwicklung der Abwehrmechanismen, durch die die Triebenergien auf das Selbst zurückgeworfen werden. Das sind besonders die Verkehrung ins Gegenteil und die Reaktionsbildung mit dem Ziel, die Wertschätzung und die Liebe der Eltern zu gewinnen; 2. die Identifizierung mit den Eltern als denjenigen Personen, die frustrierend und versorgend sind, als Aggressoren und Verwöhnende auftreten und schließlich als Objekte des Hasses und der Liebe wahrgenommen werden (s. A. Freud 1936, Gillman 1982, Holder 1982, Spitz 1958); 3. der erfolgreiche Fortschritt des Ichs auf den Gebieten des Gedächtnisses, der kognitiven Organisation, des Verstehens, der Sprache, der Selbstbeobachtung und der Fähigkeit zur Sublimierung mit dem Ziel, eine wirkungsvolle Einbindung der Anordnungen des Über-Ichs durch das Ich zu gewährleisten (s. Arlow 1982, Hartmann u. Loewenstein 1962).

Die scheinbar verschiedenen Aspekte vom Über-Ich - als Erbe des infantilen Narzißmus und als Erbe des Ödipuskomplexes - können als ein System moralischer Zwänge angesehen werden, das sich über die lange Zeit der Kindheit und Adoleszenz, in der ödipale Konflikte und Lösungsversuche eine wichtige Rolle spielen, hinweg entwickelt. Es dient der Sicherung der narzißtischen Integrität, indem es das Individuum vor den Gefahren schützt, die es bedrohen. Dies geschieht auch dadurch, daß, zumindest zu Beginn des Lebens, das Gefühl der sekundär narzißtischen, seligen Verschmelzung erlebt wird, das durch die Aneignung eines idealisierten Selbst entsteht. Es korrespondiert mit den Selbstvorstellungen, die durch die liebenden, beschützenden und idealisierten elterlichen Objekte bevorzugt werden. Unter optimalen Bedingungen wird das idealisierte Selbst graduell ersetzt durch ein mehr realistisches, relativ autonomes und reiferes System von abstrakten, ethischen Vorgaben. Nach Brenner (1982, 1983) ist nun die Zeit gekommen, das Über-Ich als ein psychisches System mit eigenem Recht, als einerseits unabhängig und andererseits seinen Konstituenten, Inhalten, Komponenten und Funktionen nach als übergeordnet, anzusehen. Es ist, wie Arlow (1982) meint, ebenso an der Zeit, ein weibliches und ein männliches Über-Ich getrennt voneinander zu untersuchen. Letzteres mit bedenkend soll nun die Entwicklung des Über-Ichs beim Jungen herausgearbeitet werden.

Die Entwicklung des Über-Ichs setzt zu Beginn des Lebens mit der elterlichen Kommunikation über die Gefühle, Einstellungen, Hoffnungen und Erwartungen ein, die auf das Kind gerichtet sind. Wie ich in einem ähnlichen Zusammenhang beschrieben habe (Silverman 1981), beziehen sich die Eltern von Anfang an sehr unterschiedlich auf ihre männlichen und weiblichen Kinder. Sie erwarten, daß ihre männlichen Kinder rauher und gröber sowie schwieriger im Umgang sind. Zum Teil entspricht dies biologischen Unterschieden zwischen Jungen und Mädchen, weil Jungen an sich stärker und aggressiver erscheinen und in der Ich-Entwicklung bezüglich der Selbstbeschränkung und Selbstkontrolle etwas weniger frühreif wirken. Teilweise spiegelt dies aber auch die Phantasien der Eltern und deren Beeinflussung durch die verschiedenen kulturellen Erwartungen an Jungen und Mädchen wider. Sie übertragen diese unterschiedlichen Einstellungen durch die Art und Weise, wie sie mit ihren Kindern umgehen, unterschiedliche permissive Signale setzen, die wiederum auf seiten des Kindes Reaktionen erlauben, beschränken oder verhindern. Sie tendieren dazu, im Umgang mit Jungen strenger zu sein und dadurch vermutlich eher Aggressionen bei ihnen zu provozieren als bei ihrem weiblichen Nachwuchs. Die Erwartungen, daß Mädchen "süß und goldig" und immer "nett" sind, während Jungen eben "Jungen" werden, haben die Wirkung von sich selbst erfüllenden Prophezeiungen.

Die interaktionellen nonverbalen Hinweise, die den Kindern anzeigen, was die Eltern von ihnen erwarten, verbinden sich sehr rasch mit ihren eigenen, intrinsischen Bestrebungen, den grundlegenden Kern (Weil 1970) eines entstehenden Es und Ichs zu bilden. Dies beinhaltet für Jungen eine stärkere Tendenz zur Aggression und eine verlangsamte Entwicklung der Fähigkeiten zur Selbstbeschränkung und Selbstkontrolle im Vergleich zu Mädchen. Darüber hinaus gehen Väter und Mütter von Anfang an und später mehr oder weniger kontinuierlich auf unterschiedliche Weise mit ihren Kindern um. Durch die beginnende Interaktion mit ihren Eltern (und älteren Geschwistern) entwickeln die Kinder Eindrücke von diesen Personen. Sie erleben ihre Väter als strenger, rauher, härter und fester und ihre Mütter als freundlicher, sanfter und einfacher sowohl in Hinblick auf ihre Erscheinung als auch ihr Auftreten. Aus diesen Eindrücken entstehen während der ersten Lebensjahre kognitive Prozesse (Kohlberg 1966), die gleichwohl von heftigen emotionalen Faktoren begleitet werden. Letztere werden zunächst beherrscht von introjektiven und projektiven Tendenzen, die die allmählich sich entwickelnden Objektrepräsentanzen mit Qualitäten färben, die meist den eigenen Eigenschaften und Neigungen des Kindes entsprechen. So ist es natürlich, daß Jungen an ihren Objekten eine stärkere Aggressivität wahrnehmen, als Mädchen dies tun. Die Beziehung zwischen Mutter und Kind ist noch dyadisch, während der Vater allenfalls als eine "andere Mutter" wahrgenommen wird. Die Existenz zweier Klassen menschlicher Lebewesen, nämlich Mütter und Väter, wird erst sehr viel später erkannt.

Die Selbstwahrnehmungen der Kinder werden größtenteils durch die Wahrnehmung der Eltern beeinflußt und unvollständig abgebildet. Die Eigenschaften des "Ichs" oder des "Ego" sind zu Beginn der Entwicklung von denen des "anderen", mit dem es in Beziehung tritt, unterschieden. Das "Ich" kann nur entstehen als Teil eines "Wir", in dem die beiden Beteiligten nur unklar und unvollständig voneinander abgegrenzt sind. Zu Beginn des Lebens herrscht vor, was Freud (1926d) die primäre Identifikation genannt hat. Auf dem Wege einer verwickelten Kombination von sensomotorischer Kognition und introjektiv-projektiven, emotionalen Mechanismen wird sich das Kind langsam der Getrenntheit von sich und seiner Mutter bewußt. Weil die von der Mutter und ihrem Partner übernommenen Funktionen und deren wesentliche Anteilnahme an der erwachenden Erfahrung integrale Elemente der grundlegenden Gefühle von Unwohlsein und Wohlbefinden, der Hilflosigkeit sowie der Illusion der infantilen Omnipotenz sind, bildet die Erkenntnis von der Getrenntheit einen ernsthaften Einbruch in der Konfiguration des primären Narzißmus beim Kind. Dieser wird offenbar repariert durch reinkorporative, defensive und psychische Mechanismen, um die Illusion der inneren Einheit wiederherzustellen. Sekundäre oder wirkliche Identifikationen werden in Anschluß an denjenigen Inkorporationsmodus gebildet, der mit Fütterung und dem darauf folgenden dösenden Zustand, in dem die Trennung wieder aufgehoben ist, assoziiert wird. Sie dienen dem Entwicklungsfortschritt, indem die Mutter alternativ oder gleichzeitig als getrennt oder als der verlorene Teil des idealisierten, omnipotenten und globalen Selbst wahrgenommen wird, das wiederum inkorporiert werden muß. Gleichwohl geht der machtvolle Wunsch, so zu sein wie die Mutter, mit den Anfängen einer Differenzierung von ihr einher.

Der Antrieb zu einer identifikatorischen Einheit mit der Mutter stellt für das Kind ein Problem dar, denn erst im Alter von 1 bis 2 Jahren beginnt es, eine genuine und selbstsichere Unabhängigkeit zu entwickeln. Die symbolische Vorstellungsfähigkeit einschließlich dem repräsentationalen Denken und den Anfängen der Sprache verbindet sich mit der multimodalen Koordination von Motorik und Wahrnehmung, dem Krabbeln und schließlich dem Laufen, um dem Kind die enormen Kräfte zu verleihen, die es bislang entbehren mußte. Wenn das Kleinkind während der Übungs-Subphase der Trennung und Individuation von seinen neuen Fähigkeiten überwältigt wird, erlebt es krisenhaft eine starke Ambivalenz. Es empfindet sich hin- und hergerissen zwischen aggressiver Selbstbehauptung und der Angst, daß jemand einschließlich der Mutter es verletzen könnte. Es hat Angst, wenn es realisiert, daß die Vertiefung in das einsame unabhängige Einüben seiner motorischen, sensorischen und intellektuellen Fähigkeiten es von derjenigen Person entfernt, die es gefühlsmäßig so bedeutsam und als unerlässlichen Teil des eigenen Selbst erlebt.

Der sich im Kind abspielende Konflikt um Abhängigkeit und Unabhängigkeit ist dadurch gekennzeichnet, daß sich das Kind abwechselnd von der Mutter entfernt und dann wieder insistierend nach der Anwesenheit der Mutter verlangt. Eine entsprechende Ambivalenzkrise wird von der Mutter erlebt. Sie selbst ist erfreut und dankbar über die vom Kinde neu erworbenen Fähigkeiten, Dinge ohne sie zu tun, und gleichzeitig ist sie verletzt und ärgerlich über ihr "Baby", das einst Teil ihrer selbst war, für das sie sich liebevoll und aufopfernd zurückgenommen hatte und das nun ihre Fürsorge "zurückweist" und seine eigenen Wege gehen will. Ihr Zorn vergrößert sich noch, wenn sie ihrem Kind Grenzen setzen und seinen Forscherdrang begrenzen muß, was wiederum vermehrte Negativität, Ärger und Wut auf seiten des Kindes hervorruft. Der schwelende Konflikt zwischen ihnen beiden und in jedem von ihnen führt zu einer intensiven, zwiegerichteten Wiederannäherungskrise zwischen Mutter und Kind, in denen sie sich mit heftigen Gefühlen über ihre Verbundenheit und ihre Getrenntheit auseinandersetzen müssen. Dabei geht es um ihre Abhängigkeit und Unabhängigkeit, ihre gegenseitige Liebe und den jeweiligen Haß auf den anderen, ihre Freude mit und die Wut auf den anderen. Obwohl verschiedene Aspekte dieses Konflikts sowohl bei Jungen als auch bei Mädchen auftreten, sind die Unterschiede zwischen beiden zweifelsohne groß. Inmitten dieser stürmischen inneren und äußeren Auseinandersetzungen entdeckt das Kind sie den Geschlechtsunterschied, und die Anfänge geschlechtsbezogener Einstellungen und Erwartungen, die den Kern der Geschlechtsrollenidentität des Kindes bilden werden, beginnen sich zu entwickeln.

Wenn der Junge im Zuge der Bewegung von narzißtisch-exhibitionistischen zu phallisch-narzißtischen Verhaltensweisen entdeckt, daß es Wesen gibt, die nicht die Geschlechtsorgane besitzen, die er besitzt und auf die er als integraler Bestandteil seiner personalen und sexuellen Identität so stolz ist, reagiert er schockiert und hat Angst, daß er sie verlieren könnte. Zunächst kann er sich nicht vorstellen, daß seine auf präödipale Weise als allmächtig wahrgenommene Mutter keinen Penis besitzt. Selbst auf die direkte Beobachtung ihrer nicht vorhandenen äußeren männlichen Geschlechtsteile reagiert er zunächst mit Verleugnung. Sein Glaube daran, daß sie in ihrem Inneren dennoch jene hochbewerteten Geschlechtsorgane besitzt, verstärkt sein Interesse für das Innere ihres Körpers, das bereits unabhängig von der Faszination über ihre Fähigkeit, aus sich heraus Kinder zu gebären, entstanden war. Sein erhöhtes Interesse für das Innere des Körpers der Mutter geht einher mit seinem Interesse an den lustvollen Empfindungen, die dadurch entstehen, daß er seinen erregten Penis an anderen Objekten reibt. Diese selbst führen ihn zur allmählichen Wahrnehmung einer heterosexuellen genitalen Aktivität, die sich mit dem vermehrten Interesse an seinen Genitalien als einem wesentlichen Aspekt seiner Selbst-Identität überschneidet.

Schließlich wird ihm bewußt, daß seine Mutter keinen Penis besitzt, wobei es seine präoperationale kognitive Organisation noch nicht zuläßt, den Wert der zum größten Teil unsichtbaren Geschlechtsteile und reproduktiven Organe der Frau zu erkennen. Somit sieht er sich einem unvermeidlichen Dilemma ausgesetzt. Einerseits besteht seine präödipale Selbstwahrnehmung in einer Identifikation mit der idealisierten allmächtigen Mutter, bei der die Aufrechterhaltung der Illusion der Einheit mit ihr und ihrer Macht eine wichtige Rolle spielt. Auf der anderen Seite ist er dazu gezwungen, diese Identifikation mit der Mutter aufzugeben, um die Integrität seines männlichen Selbstbildes abzusichern, das nunmehr bei ihm erwacht ist und von jener Kastrationsangst bedroht wird, die die Bewußtwerdung der Existenz von zwei Geschlechtern in der Welt begleitet.

Zu diesem Zeitpunkt wird der Vater ein notwendiger und unschätzbarer Verbündeter. Väter scheinen von sehr früh an eine wesentliche Rolle dabei zu spielen, die Intensität der Interaktion zwischen Mutter und Sohn zu modulieren. Schon während der Differenzierung innerhalb des Trennungs- und Individuationsprozesses haben sie eine in zweifacher

Hinsicht wichtige Funktion. Einerseits stellen sie einen Puffer zwischen Mutter und Kind dar, indem sie das Interesse und die Aufmerksamkeit der Mutter von ihrem Baby rivalisierend abziehen. Andererseits besteht die Funktion des Vaters darin, als ein "anderes" interessierendes Elternteil bereitzustehen, das zwar der allgegenwärtigen Mutter ähnlich, aber gleichtzeitig unterschieden genug ist, um die Aufmerksamkeit auf sich zu lenken. Die Selbst-Objekt-Differenzierung wird, wie Jacobson (1964) betont, durch die Objekt-Objekt-Differenzierung erleichtert. Den Kindern wird bei der Differenzierung ihrer selbst durch die Mütter geholfen, indem sie die Ähnlichkeiten und Unterschiede ihrer beiden Elternteile erforschen.

Dies wird deutlich in der Beobachtung eines 5 Monate alten Jungen, der, nachdem er gefüttert wurde, auf dem Schoß der Mutter saß. Er wurde auf ihren Armen hin und her geschaukelt und betrachtete sie neugierig, als der Vater die Szene betrat. Der kleine Junge schien ihre Gebärden zu studieren, schaute sie mit großen Augen an und beobachtete genau die Veränderungen hinsichtlich des Sprechtaktes, des Tons und der Modulation ihrer Stimme. Er lachte, wenn sie zu ihm in einer besonders einladenden Weise sprach. Sie bewegte ihr Gesicht mit der Aufforderung, ihr zu antworten. Hin und wieder bewegte sie ihren Arm, um ihre Brille oder ihr Haar zu richten. Mutter und Kind hatten eine gute Zeit zusammen.

Plötztlich schien er die Stimme des Vaters von oben und ein wenig hinter ihrer linken Schulter wahrzunehmen. Die Geräusche, das Lachen und der glühende Ausdruck in seinem Gesicht verschwanden auf der Stelle. Mit einem nüchternen und sturen Blick nahm er seine ganze Aufmerksamkeit zurück und machte 11 Bewegungen zwischen den beiden Gesichtern der Eltern nach vorne und zurück. Diese forschende Handlung war dann so plötzlich beendet, wie sie begonnen hatte. Wieder zeigte er das faszinierte Interesse am Gesicht seiner Mutter, bei dem er durch das Erleben der Ähnlichkeiten und Unterschiede zwischen den Gesichtern beider Eltern unterbrochen worden war. Von nun an schenkte er dem Vater keine Beachtung mehr. Obwohl also die Mutter bei weitem das primäre Objekt seines Interesses und seiner Gefühle blieb, war es dem Vater immerhin gelungen, genug Aufmerksamkeit auf sich zu ziehen, um die Interaktion zwischen den beiden für eine kleine "wissenschaftliche Studie" des Geschlechtsunterschieds zu unterbrechen.

Schon während der frühen Übungsphase erweckt der Vater, wie Abelin (1971) es beschrieben hat, die Aufmerksamkeit des Kleinkindes an ihm als einem "anderen" und unterschieden von der Mutter, was ihn sehr interessant macht. Wie Abelin ausführt, "stellt der Vater einen von der Mutter unterschiedenen Raum bereit, in dem die Realität freudig erforscht wird. Eine besondere Qualität der Überschwenglichkeit ist mit dem Vater verbunden" (S. 246). Am Ende der Übungsphase "wird der

Vater nicht durchweg als Rivale um die liebende Zuwendung der Mutter erlebt. Vielmehr bleibt er das unkontaminierte elterliche Liebesobjekt, während die Beziehung zur Mutter in der Wiederannäherungskrise mit Ambivalenz überfrachtet wird" (S. 247). Die Anfänge einer Rivalität mit dem Vater, die aber mehr in der Beziehung zu den Geschwistern und Gleichaltrigen betont wird, werden zu diesem Zeitpunkt besonders bei erstgeborenen Söhnen sichtbar, spielen aber nach Abelin eine untergeordnete Rolle.

Die Unterschiede, die der Junge zwischen Vater und Mutter wahrnimmt, werden besonders wichtig, wenn er während der Wiederannäherungskrise in intensive Trennungs- und Individuationskonflikte verstrickt ist. Die enge Beziehung zur Mutter steht im Widerspruch zu seinen phallisch-exhibitionistischen und narzißtischen Wünschen, ein getrenntes und autonomes Wesen mit Stolz auf die eigenen Eigenschaften und Fähigkeiten zu sein und den Kastrationsängsten zu entkommen, die dadurch, daß die Mutter keinen Penis hat, hervorgerufen werden. Im verzweifelten Bemühen des Kindes, sich selbst von diesem Drang zur Einheit mit der Mutter zu befreien, fungiert der Vater als ein Hafen der Sicherheit. Es ist nicht allein der Besitz eines Penis und der Hoden, die den Vater als Objekt der Liebe und der Identifikation nun so anziehend machen (die Hoden scheinen einen wichtigen Teil des Körperbilds des Jungen und seiner Männlichkeit auszumachen, auch wenn er ihre Funktionen noch nicht klar verstehen kann). Der Junge hat sich ein Bild vom Vater als interessanten, aufregenden, großen und starken, rauhen und tapferen Turm der Stärke gemacht. Wie Beobachtungen und Analysen kleiner Jungen immer wieder zeigen, ist die Gelegenheit, sich mit dem Vater zu verbinden und so wie er zu werden, sehr erstrebenswert. Es ist dies auch die Gelegenheit, das Dilemma der Einheit mit der idealisierten, allmächtigen, präödipalen Mutter aufzulösen. Zu diesem Zeitpunkt tendieren die Jungen dazu, ihre Väter ergeben zu lieben, und oft scheint es, daß sie sie den Müttern gegenüber vorziehen.

Die rapide Ausweitung seines Verständnisses von der Welt beinhaltet allerdings einige beunruhigende Elemente. Einerseits sind Vater und Sohn sich gleich. Aber sie sind, wie ein 5jähriger Junge und ein 30jähriger Mann mir kürzlich wieder deutlich machten, nicht wirklich gleich. Der Junge sieht vielleicht wie sein Vater aus und besitzt zudem dieselben Geschlechtsteile wie er. Doch er empfindet diese und sich selbst in einer sehr verkleinerten Version. Nicht nur ist er im Vergleich zu seinem Vater klein und schwach, sondern er hat auch eine sanfte, weiche und unbehaarte Haut und eine hohe Stimme wie seine Mutter. Und schließlich sind seine Geschlechtsteile kleiner als die des Vaters. Darüber hinaus realisiert er sehr schnell, daß er nicht die besonderen Vorrechte wie sein Vater in Hinblick auf die Mutter besitzt. Er kann mehr oder weniger mit den Geschwistern um die Aufmerksamkeit der Mutter rivalisieren, aber er kann nicht, wie ein 5jähriger Junge es mir kürzlich auf dramatische Weise schilderte, mit jemandem mithalten, der über Geld verfügt, die Mutter zum Essen oder ins Theater ausführen kann, sie mit seiner "genitalen Ausstattung beglücken" und ihr ein Kind machen kann. Er kann seine Mutter mit allen Tücken erobern, er kann wiederholt schreiend ins elterliche Bett kommen und sich über böse Träume beklagen. Aber er kann nicht den größeren und besser ausgestatteten Vater verdrängen und an seine Stelle treten. Die Flucht vor den dyadischen Dilemmata bezüglich seiner Mutter und später auch seines Vaters, der ja ein erster Verbündeter und Retter von der Mutter war, führt ihn nur zu neuen dyadischen Dilemmata, die seinen Vater miteinbeziehen und später in triadische umschlagen, die ihrerseits viel komplexer und schwieriger aufzulösen sind.

Im Verlauf des Individuationsprozesses wird dem Jungen klar, daß die Mutter ein von ihm getrenntes Wesen ist, das außerhalb seines narzißtischen Weltkreises existiert. Er behob die Beschädigung seiner illusionären Selbsterhöhung, die der ursprüngliche Boden seines Selbstvertrauens gewesen war, indem er einen Teil der Selbstliebe, die zunächst noch ausschließlich auf seine libidinöse Organisation bezogen war, auf sie richtete. Dieses reparative libidinöse "Recycling" war allerdings bedroht durch den Wunsch nach einer autonomen Unabhängigkeit von der Mutter sowie auch deren eigener Ambivalenz ihm gegenüber und schießlich durch sein Bedürfnis, sich von ihr zurückzuziehen, um der Kastrationsangst zu entkommen, die sie in ihm geweckt hatte. Er wendet sich nun dem Vater als einer Quelle der männlichen Stärke zu, die er braucht, um erneut nach der Mutter zu streben. Er hofft, daß der wohlausgestattete Vater ihm bei der Erreichung dieses Ziels behilflich sein wird.

Der kleine Junge wird nun gleichzeitig in viele Richtungen getrieben. Er wird von seinem Vater als einem neuen Liebesobjekt angezogen, obwohl dies eine weibliche Identifikation und die Drohung einer psychischen Kastration bedeutet. Er wird von einem narzißtischen Selbstinteresse und libidinösen Erwägungen dazu angetrieben, mit dem Vater um die Erlangung einer männlichen Macht zu kämpfen. Diese Macht braucht er, um ihn als bevorzugten Liebling der Mutter beiseite zu drängen, und auch, um ihn trotz seiner größeren Erfahrung und seiner Stärke zu besiegen. Die Geschichte von Jack und dem Bohnenstiel gibt diese erregende Phantasie passend wieder. Ich erinnere mich ebenso an einen nicht ganz 3 Jahre alten Jungen, der seinen Vater an jedem Abend beim Essen solange bedrängte, bis sie beide ihre Boxhandschuhe anzogen und ein paar Runden auf einem Teppich im Hausflur kämpften. Als der Vater schließlich danach fragte, warum denn ihr Boxerspiel so wichtig für ihn sei, daß er nicht einmal das Ende des Abendessens erwarten könne, erwiderte der kleine Junge: "Du bist groß und ich bin klein. Ich möchte, daß Du mir hilfst, so groß und stark zu werden, damit ich Dich umlegen kann." Aber wie am Ende eines Märchens kann das Begehren des kleinen Jungen nur in einer Niederlage enden.

Auf einem präödipalen Niveau neigt der kleine Junge dazu, sich mit der Mutter als einem idealisierten, mächtigen und narzißtischen Liebesobjekt zu identifizieren. Auf einem ödipalen Niveau identifiziert er sich mit ihr als einem anaklitischen Liebesobjekt, um das er einen tapferen Kampf mit einer unvermeidlichen Niederlage gefochten und verloren hat. Diese Identifikationen bewegen ihn dazu, sich dem Vater sexuell als einem neuen Liebesobjekt zu unterwerfen. Die Neigung, sich mit dem Vater, der zunächst ja das Interesse an der Stärkung und Aufrechterhaltung der Männlichkeit des Jungen bewegt hatte, zu identifizieren, wird nun zunehmend ambivalent (Freud 1921c). Er möchte wie der Vater sein, er ist außer sich vor Liebe und Bewunderung. Doch gleichzeitig möchte er den Vater als den bevorzugten Liebhaber der Mutter ersetzen. Seine Identifikation mit dem Vater wird immer feindseliger, denn in seiner Phantasie introjiziert er auf eine regressive Weise (d.h. in einem oralen und analen Sinne) seinen Vater nicht nur aus Liebe, sondern auch, um dessen Macht und die so bedeutenden männlichen Attribute zu erwerben. Auf dem Höhepunkt der phallisch-ödipalen Phase ist er hin- und hergerissen zwischen der Liebe zu seiner Mutter und der Furcht vor der Anziehung und auch zwischen der Liebe zum Vater und der Angst vor ihm. Er will auch so sein wie die Mutter, aber er muß gleichzeitig sehr von ihr verschieden sein. Er möchte ebenso wie sein Vater sein, wird aber durch folgende konflikthafte Phantasien verängstigt: auf der einen Seite möchte er sich dem Vater sexuell unterwerfen, seine Liebe gewinnen und sich mit seiner Stärke identifizieren; auf der anderen Seite möchte er mit seinem Vater kämpfen und ihn entweder besiegen und kastrieren oder, was aufgrund seiner kognitiven Vorstellungskraft wahrscheinlicher ist, durch seinen Vater besiegt und zerstört (d.h. gedemütigt, kastriert oder getötet) werden.

Die relative Heftigkeit dieser verschiedenen Phantasien ist natürlich durch vielfache Faktoren bestimmt. Individuelle Veränderungen hinsichtlich der Triebstärke beim Kind (s. Alpert, Neubauer u. Weil 1971) und hinsichtlich der Eigenschaften des Ichs sind von vornehmlicher Bedeutung. Ebenso bedeutsam sind die Fähigkeiten der Eltern zur Empathie, zum Taktgefühl und zum Verständnis (s. Kohut 1971) sowie die Qualitäten und Inhalte ihrer eigenen residualen ödipalen Phantasien und ihrer Über-Ich-Systeme. Darüber hinaus ist die Art und Weise, in der die Phantasien des Jungen sich mit den verbleibenden, präödipalen und ödipalen Phantasien der Eltern überschneiden, in gleicher Weise wichtig.

Zufällige Ereignisse und aktuelle Erfahrungen spielen eine ebenso bedeutende Rolle.[1]

Die verschiedenen Faktoren, die die Stärke der inneren Komponenten der ödiaplen Phantasien beeinflussen, bestimmen ebenso weitgehend ihr aktuelles Ergebnis. Der für die Latenzzeit typische Fortschritt in der Ich-Entwicklung ermöglicht den Jungen westlicher Gesellschaften die Aneignung von 4 Abwehrmechanismen, die es ihnen erlauben, zeitweise den unlösbaren ödipalen Konflikten zu entkommen. Der erste ist das Ergebnis der gewaltig anwachsenden kognitiven Fähigkeiten zwischen dem 4. und 7. Lebensjahr, wobei hier besonders der Ausschluß der präoperationalen Logik aus dem Bewußtsein zu nennen ist, der den Fortschritt zum operationalen Denken begleitet (s. Greenspan 1979, Sarnoff 1976, Silverman 1971). Ein Ergebnis dieses Vorgangs besteht darin, daß die ödiaplen Konflikte des Kindes im Latenzalter einer besonders starken Unterdrükkung und Verdrängung anheimfallen und in diesem Zustand mit Hilfe zwanghafter, für die Jugendzeit typischer Abwehrmechanismen verbleiben. Der zweite Abwehrmechanismus des Jungen ist die Regression zu präödipalen sadomasochistischen Phantasien. Eine dritte Möglichkteit schafft sich der Junge, indem er sich von den Eltern abwendet und seine Aufmerksamkeit den Interaktionen mit Gleichaltrigen und intellektuellen Auseinandersetzungen außerhalb des Elternhauses zuwendet (Silverman 1982).

Der vierte Abwehrmechanismus ist für die hier diskutierte Fragestellung von zentraler Bedeutung. Auf dem Wege der Identifizierung mit den Eltern als beobachtende, überwachende und kontrollierende Vertreter der Zivilisation setzt der Junge sie in sich selbst als ein "Über"-Ich. Dies geschieht auch zum Teil innerhalb des Ichs, z. B. innerhalb jenes "Ichs", das aus dem anfänglichen Wir hervorging und das ausführende psychische Selbst darstellte, das nunmehr die Einheit mit einem starken anderen benötigt, um das Ich innerhalb eines Wir zu bestärken. Zu einem anderen Teil vollzieht sich dieser Vorgang außerhalb und getrennt vom Ich als nicht mehr neue und halb autonome psychische Instanz. Wie zu Beginn des Aufsatzes bereits angedeutet wurde, entsteht das Über-Ich zu dieser Zeit nicht als etwas vollkommen Neues, sondern es erwächst aus Bewegungen, die aus der Gesamtentwicklung bis jetzt fortdauern. Das intensive Bedürfnis nach Selbstkontrolle, das mit den Konflikten der ödipalen Zeit verbunden ist, stellt seinerseits einen kräftigen Antrieb dar, das Über-Ich als identifizierbare und mächtige psychische Einheit mit eige-

---

[1]Lilli Peller hat einmal gesagt, daß Kinder nicht aufgrund ihrer Phantasien krank würden. Alle Kinder hätten die gleichen Phantasien. Erst, wenn reale Ereignisse solche Phantasien bestärken, würden Kinder krank.

nem Recht zu dem Zeitpunkt, wenn das Kind von der ödipalen Zeit in die der Latenz hinüberschreitet, auszubilden.

Von Anfang an wurde das Kind durch äußere Kräfte kontrolliert, die einige Handlungsmuster billigten und förderten, andere hingegen nicht anerkannten und verhinderten. Als das Kind anfänglich noch schwach und hilflos war und sich erst allmählich der Abhängigkeit von seinen mächtigen Eltern bewußt wurde, hatte es Begrenzungen von außen sowie Richtlinien und Verbote zu akzeptieren, um die Liebe der Eltern zu bewahren. Von Geburt an spielten projektiv-introjektive Prozesse beim Kind eine bedeutende Rolle. Es ist von daher nur natürlich, daß elterliche Imagines innerhalb der kindlichen Psyche etabliert wurden. Die introjizierten Eltern helfen ihnen wie Polizisten, auf dem Wege der inneren Kontrolle die phantasierten Gefahren zu bannen. Zu dieser Zeit nämlich ist die intrinsische Fähigkeit zur Selbstkontrolle noch unausgereift und unzuverlässig.

Die Probleme, die sich während dieses Prozesses beim Jungen entfalten, haben ihre Schatten durch das, was bereits ausgeführt wurde, vorausgeworfen. Das Selbstbild des Jungen war von Geburt an durch die Erwartungen der Eltern, er werde wilder, gröber und schwieriger zu kontrollieren sein als ein Mädchen, beeinflußt. Natürlich war er im Durchschnitt aggressiver, zum Teil vielleicht aufgrund angeborener biologischer Geschlechtsunterschiede, obwohl dies noch einer Überprüfung bedarf. Andernteils mag dies daran liegen, daß die Entwicklung der Ich-Kontrolle beim Jungen im Vergleich zu Mädchen weniger schnell verläuft. (Auch hier ist es wieder schwer zu sagen, in welchem Ausmaß dieser Unterschied angeboren oder durch die unterschiedlichen Erwartungen von außen bestimmt ist.) Wenn während der anal-sadistischen Phase Anforderungen an die Selbstkontrolle der Kleinkinder gestellt werden, wird von Mädchen ein größerer Gehorsam als von Jungen erwartet. Mädchen tendieren signifikant früher dazu, "toilettengeübt" zu sein, als dies bei Jungen der Fall ist. Dies beruht vermutlich nicht allein auf angeborenen Faktoren, sondern ebenso auf der stringenten Erwartungshaltung der Mutter, netter und sauberer als ihre Söhne zu sein. Es kann ferner, wie Dr. Sarah Vogel mir kürzlich persönlich mitteilte, auf einem unbewußten Versuch der Mutter beruhen, die eigene "kloakenhafte Verwirrung" über ihre vaginalen und exkretorischen Körperöffnungen zu bewältigen. Dies führt schließlich zu der Erwartung, daß ein Mädchen sorgfältig ihre Erregung und Aggression bei sich zu behalten habe.

Während der nun folgenden frühen genitalen Phase wird der Junge deutlicher zur Aggression angespornt als das Mädchen. Er erfährt eine Zunahme an triebhafter, phallischer Aggression, während das Mädchen dazu angehalten wird, in Ruhe und reflexiv ihre komplexen und subtil definierten weiblichen Geschlechtsteile zu erforschen. In der ödipalen Phase ist das Mädchen dazu geneigt, sich mit der sanften Freundlichkeit der Mutter zu identifizieren und ein ruhigeres und zurückhaltenderes Temperament zu zeigen. Der Junge hingegen neigt dazu, das Gegenteil von der Mutter zu sein und sich so seiner Männlichkeit zu vergewissern, indem er auf dem Wege der Identifikation mit dem Vater und den älteren Brüdern in die rauhe, harte und aggressive Machowelt der Männer eintritt.

Wird nun am Ende der ödipalen Zeit das Über-Ich des Jungen gefestigt, ist er viel körperbetonter, aggressiver und weniger kontrolliert als ein Mädchen zum gleichen Zeitpunkt der Entwicklung. Dies berührt unvermeidlich die nun stattfindenden Veränderungen im Über-Ich. Es führt auf der einen Seite dazu, daß der Junge auf projektivem Wege die kritischen, mißbilligenden und strafenden elterlichen Imagines als strenger in sich aufnimmt, als sie es tatsächlich sind (obwohl sie auch in Einzelfällen extrem streng sein können). In der Regel ist der Junge aufgrund seiner höheren Erregbarkeit und Aggressivität sowie seiner geringeren Fähigkeit zur Selbstkontrolle weniger als das Mädchen in der Lage, den Regeln der Vernunft zu gehorchen. Ein Ergebnis hiervon ist, daß das männliche Über-Ich dazu tendiert, strengere, absolutere und strafendere Verbote herauszubilden als solche, wie sie für das weibliche Über-Ich charakteristisch sind, ohne jedoch notwendigerweise solchen Diktaten Folge zu leisten. Die Aktivität des männlichen Über-Ichs neigt zur formalen und strikten Anwendung rigide kodifizierter Regeln, die mehr um ihrer selbst willen hochgehalten, beschützt und verkündet, aber weniger in individueller und persönlicher Weise angewendet werden, um die individuelle Verletzung und das Leiden zu minimieren.

Wie Gilligan (1977, 1982) und Oakes (s. Simmel 1984) herausfanden, gibt es bedeutende Unterschiede zwischen dem typisch männlichen Ethos der Gerechtigkeit und dem typisch weiblichen Ethos der Verantwortlichkeit. Sie beziehen diese Unterschiede zwischen dem männlichen und dem weiblichen moralischen Urteil auf die Art und Weise, wie die beiden Geschlechter die Welt erleben. Männer abstrahieren ihrer Meinung nach von besonderen situativen Besonderheiten auf angeblich unparteiische und objektive Entscheidungen, die den emotional besetzten Vorschriften, Gesetzen, Regeln und Prinzipien der Justitia gerecht werden. Männer neigen dazu, ihre Entscheidungen zu depersonalisieren und sehen von den menschlichen Aspekten, die ihre Überlegungen betreffen, ab. Dies sind besonders die Charakeristika und Umstände, in die die Menschen eingebunden sind und welche die zu treffenden Entscheidungen beeinflussen. Männer sind dazu fähig, Unterdrückung, Ausbeutung und menschliches Leiden auf heftige Weise zu legitimieren. Sie tun dies im Interesse der Gerechtigkeit und einer strikten, formalen Anwendung moralischer Regeln, die weit von den realen Begebenheiten des täglichen Lebens abstrahiert sind, wie es von unfertigen menschlichen Wesen mit ihren jeweils verletzlichen Grenzen gelebt wird. Sie sind sogar in der

Lage, die Gesetzlichkeit vor Fairness, Mitleid und Barmherzigkeit zu stellen.

Im Gegensatz hierzu tendieren nach Gilligan (1977, 1982) und Oakes (s. Simmel 1984) Frauen im ethischen Bereich dazu, die Prinzipien den praktischen Erfordernissen und Interessen des menschlichen Lebens unterzuordnen sowie menschliche Maßstäbe bei der Ausübung moralischer Urteile anzulegen und zu bewahren. Frauen, so meinen die Autoren, neigen eher dazu, empathisch zu sein und Mitleid zu zeigen. Sie beziehen sich auf die konkrete Wirklichkeit und das praktische, reale Leben. Sie beachten bei den Handlungen mehr die komplexen moralischen Konflikte, in die die Menschen verstrickt sind, und lassen sich weniger auf abstrakte, hypothetische und juristische Probleme ein. Sie sind empfindlich für menschliches Leid und handeln in einer Weise, die den persönlichen Schaden minimiert, anstatt das Individuum anmaßend zu "höheren" moralischen Gesetzen und legalen Prinzipien anzuhalten, wie Männer es gelegentlich tun.[2]

Es ist, wie Schafer (1974) und andere behauptet haben, besonders fraglich, ob das männliche Über-Ich eine höherstehende und sozial wertvollere Instanz gegenüber dem weiblichen ist. Das Argument, das weibliche Über-Ich sei aufgrund der unterschiedlich erlebten Kastrationsängste schwächer und moralisch weniger zuverlässig als das männliche, ist unhaltbar (Schafer 1974; Silverman 1981, 1986). Die Geschichte ist, wie von Historikern behauptet wird, eine Abfolge menschlicher Ereignisse, die von den Gewinnern vorgeschrieben wird. Die Religion, die Philosophie, die Geschichte, das ökonomische und das juristische System waren seit Jahrtausenden in der Hand von männlichen Führern. Es wäre, wie Simmel (1984) meint, in der Tat interessant zu sehen, welche moralischen, ethischen und juristischen sozialen Strukturen sich unter weiblicher Führung entwickelt hätten. In gewisser Weise ist das Über-Ich bei Mann und Frau unterschieden, aber es ist nicht notwendig das eine dem anderen überlegen. Von einem sozialpsychologischen wie auch von einem individuellen Standpunkt aus betrachtet, weist jedes nützliche Seiten, aber auch Nachteile auf.

Zu Beginn der Latenzzeit ist das Über-Ich des Jungen sehr streng, umbarmherzig, sadistisch und masochistisch, ohne jedoch besonders erfolgreich in seiner Funktion bei der Beschränkung und Regulierung des kindlichen Verhaltens, geschweige denn seiner Phantasien zu sein. Es ist

---

[2]Die Tendenz der Männer, bei ihren Urteilen eher den abstrakten, legalen Richtlinien zu folgen, ohne jemals den Einfluß auf das menschliche Opfer zu beachten, wird sehr gut in einem kürzlich erschienenen Buch illustriert, das von einem Richter und seiner Teilnahme an einem dramatischen, internationalen Prozess handelt (Stern 1984).

interessant, 5- oder 6jährige Jungen zu beobachten, wie sie andere moralisch züchtigen und autoritär dafür strafen, was sie gerade selbst angestellt haben. Mädchen verhalten sich in diesem Alter zwar ähnlich, aber nicht in einem solchen Ausmaße moralisch. Eine nicht unwesentliche Anzahl von Jungen entwickelt sich bis ins Erwachsenenalter nicht über diesen Punkt hinaus, wenngleich die Entwicklung des Über-Ichs an sich nicht im Alter von 6 oder 7 Jahren stehenbleibt. Aber natürlich gibt es Möglichkeiten der Veränderung dieses strengen Über-Ichs zwischen Kindheit und Adoleszenz. Die Introjekte der Eltern, besonders des Vaters, erscheinen während der späten ödipalen und der frühen Jahre der Latenz zunächst als unverdauliche und unpassende fremde Körper innerhalb der Psyche des Jungen, die reflexiv überarbeitet werden.

Der einzelne kann die Inhalte und die Organisation des Über-Ichs revidieren, so daß eine größere Selektivität und Modulierbarkeit stattfinden kann. Das System "Über-Ich" kann auf dem Wege einer vollständigen Internalisierung und intrapsyischen Strukturierung bzw. Restrukturierung in eines transformiert werden, das als unverwechselbares und individuelles Gewissen erlebt wird (s. Meissner 1970, 1971, 1972). So kann es auf die besondern Anliegen des einzelnen bezogen bzw. rückbezogen werden, anstatt solchen zu folgen, die ihm durch seine Probleme, die seinen Impulsen und den unreflektiert übernommenen Einstellungen der Eltern und deren Über-Ich entspringen, diktiert werden.

Einen wesentlichen Beitrag hierzu leistet die folgende Ich-Entwicklung während der Latenz, der Adoleszenz und des Erwachsenenalters. Der einzelne wird fähig, seinen Triebansprüchen wie den sozialen Erfordernissen gerecht zu werden. Er vermag sich zunehmend selbst zu kontrollieren und bedarf nicht länger eines "Polizisten", der ihn beaufsichtigt. Wenn seine innere Unruhe, wie es unter optimalen Bedingungen der Fall sein sollte, abnimmt, sieht der Junge seinen Vater realistischer und wird weniger von seinen auf ihn gerichteten libidinösen Neigungen bedrängt. Seine Angst vor der Weiblichkeit und davor, von seiner Mutter angezogen oder so wie sie selbst zu sein, nimmt ab und resultiert in einer Bereicherung seines Über-Ichs mit der Sensitivität, Empathie und Mitleidsfähigkeit, die die Mutter ihm anbietet. Dies sind Qualitäten, die ihn später zu einem Partner und Vater machen werden. Die Gelegenheit, sowohl den Kontakt zu seinen Eltern fortzusetzen als auch mit neuen Ersatzelternfiguren und anderen in Beziehung zu treten, ist in dieser Hinsicht von unschätzbarer Bedeutung. Sie ist eine Chance, die durch die Erziehung und die Kontakte innerhalb einer größeren Gemeinschaft bereitgestellt wird, um gemeinschaftliche Werte und ethische Prinzipien in sich aufzunehmen. Die menschliche Entwicklung wird durch ihre Langwierigkeit erleichtert und bietet wiederholt Möglichkeiten zu kulturellem Fortschritt, kultureller Erweiterung und Vervollkommnung dessen, was bereits besteht. Die wiederholte Prüfung bereits etablierter klinischer und theoretischer Propositionen kann, wie es in diesem Beitrag geschehen sollte, als ein anschauliches Beispiel dieses menschlichen Entwicklungsphänomens betrachtet werden.

Literatur

Abelin EL (1971) The role of the father in the separation-individuation process. In: McDewitt JB, Settlage CF (eds) Separation-individuation: Essays in honor of Margaret Mahler. Int Univ Press, New York, pp. 229-250

Alpert A, Neubauer PB, Weil AP (1956) Unusual variations in drive endowment. Psychoanal Study Child 11: 125-163

Arlow JA (1982) Problems of the superego concept. Psychoanal Study Child 37: 229-244

Beres D (1958) Vicissitudes of superego functions and superego precursors in childhood. Psychoanal Study Child 13: 324-351

Brenner C (1982) The concept of the surperego: A reformulation. Psychoanal Q 51: 506-525

Brenner C (1983) The mind in conflict. Int Univ Press, New York

Caplan PJ (1981) Barriers between women. SP Medical Scientific Press, New York London

Freud A (1936) Das Ich und die Abwehrmechanismen. GW Bd 1

Freud S (1921c) Massenpsychologie und Ich-Analyse. GW Bd 13, S 73-161

Freud S (1923b) Das Ich und das Es. GW Bd 13, S 234-289

Freud S (1924c) Das ökonomische Problem des Masochismus. GW Bd 13, S 369-383

Freud S (1924d) Der Untergang des Ödipuskomplexes. GW Bd 13, S 393-402

Freud S (1925d) Selbstdarstellung. GW Bd 14, S 31-96

Freud S (1926d) Hemmung, Symptom und Angst. GW Bd 14, S 111-205

Freud S (1926e) Zur Frage der Laienanalyse. GW Bd 14, S 207-296

Freud S (1933a) Neue Folge der Vorlesungen zur Einführung in die Psychoanalyse. GW Bd 15

Freud S (1940a)) Abriß der Psychoanalyse. GW Bd 17, S 63-139

Gilligan C (1977) In a different voice: Women's conceptions of self and morality. Harward Educational Review 47: 52-88

Gilligan C (1982) In a different voice: Psychological theory and women's development. Harward Univ Press, Cambridge/MA (Dt. 1984: Die andere Stimme. Lebenskonflikte und Moral der Frau. Piper, München)

Gillman RD (1982) Preoedipal and early oedipal components of the superego. Psychoanal Study Child 37: 273-281

Greenspan SI (1979) Intelligence and adaption. Int Univ Press, New York

Hartmann H, Loewenstein RM (1962) Notes on the superego. Psychoanal Study Child 17: 42-81

Holder A (1982) Preoedipal contributions on the formation of the superego. Psychoanal Study Child 37: 245-272

Jacobson E (1964) The self and the object world. Int Univ Press, New York (Dt. 1978: Das Selbst und die Welt der Objekte. Suhrkamp, Frankfurt am Main)

Jones E (1955) The life and work of Sigmund Freud. Basic Books, New York (Dt. 1960: Das Leben und Werk von Sigmund Freud. Stuttgart Bern, Huber)

Kennedy H, Yorke C (1982) Steps from outer to inner conflict viewed as superego precursors. Psychoanal Study Child 37: 221-228

Kohlberg L (1966) A cognitive-developmental analysis of children's sex-role concepts and attitudes. In: Maccoby EE (ed) The development of sex differences. Stanford Univ Press, Stanford, pp 82-173
Kohut H (1971) The analysis of the self. Int Univ Press, New York (Dt. 1973a: Narzißmus. Suhrkamp, Frankfurt am Main)
Loewald HW (1979) The waning of the Oedipus complex. J Amer Psychoanal Assoc 27: 751-776
Mahler MS (1968) On human symbiosis and the vicissitudes of individuation. Int Univ Press, New York (Dt. 1972: Symbiose und Individuation. Klett, Stuttgart)
Mahler MS, Pine F, Bergman A (1975) The psychological birth of the human infant. Basic Books, New York (Dt. 1978: Die psychische Geburt des Menschen - Symbiose und Individuation. Fischer, Frankfurt am Main)
Meissner WW (1970) Notes on identification: I. Origins in Freud. Psychoanal Q 39: 563-589
Meissner WW (1971) Notes on identification: II. Clarification of related concepts. Psychoanal Q 40: 277-302
Meissner WW (1972) Notes on identification: III. The concept of identification. Psychoanal Q 41: 224-260
Sarnoff C (1976) Latency. Aronson, New York
Schafer R (1974) Problems in Freud's psychology of women. J Amer Psychoanal Assoc 22: 459-485
Silverman MA (1971) The growth of logical thinking: Piaget's contribution to ego psychology. Psychoanal Q 40: 317-341
Silverman MA (1981) Cognitive development and female psychology. J Amer Psychoanal Assoc 29: 581-605
Silverman MA (1982) The latency period. In: Mendell D (ed) Early female development: Current psychoanalytic views. SP Medical & Scientific Books, New York London
Silverman MA (1986) Identification in healthy and pathological character formation. Int J Psychoanal 67: 181-191
Silverman MA (in press) Gender identity, cognitive development, and emotional conflict.
Simmel G (1984) Georg Simmel: On women, sexuality and love. Translated and with an introduction by Guy Oakes. Yale Univ Press, New Haven London
Spitz RA (1958) On the genesis of superego components. Psychoanal Study Child 13: 375-404 (Dt. 1960: Zur Entstehung der Über-Ich Komponenten. Psyche 14: 400-426)
Stern HJ (1984) Judgment in Berlin. Universe Books, New York
Weil A (1970) The basic core. Psychoanal Study Child 25: 442-460

Der werdende Vater: Psychoanalytische Ansichten über den vergessenen Elternteil

Michael D. Diamond

The man who does not believe in miracles surely makes it certain that he will never take part in one. William Blake

In diesem Beitrag werde ich versuchen, ein integratives psychoanalytisches Rahmenkonzept zur Person des werdenden Vaters zu entwickeln. Ich werde damit beginnen, kurz die allgemeine Vernachlässigung des Vaters während der Schwangerschaft und die frühe Zeit der Elternschaft sowie die Evidenz eindeutiger Beiträge der Väter für das Neugeborene zu diskutieren. Der darauf folgende Teil beschäftigt sich mit der psychodynamischen Grundlage für die Motivation eines Mannes zur Vaterschaft. Abschließend stelle ich die spezifischen Stadien der prospektiven Vaterschaft aus einer psychoanalytischen Sicht vor. Ferner werde ich die psychoanalytische und die entwicklungspsychologische Literatur betrachten und sie mit experimentellen Befunden, Fallbeobachtungen und persönlichen Erfahrungen verbinden.

Der vergessene Elternteil

In letzter Zeit sind einige Autoren auf die Vernachlässigung des Vaters während der frühen Zeiträume der Elternschaft aufmerksam geworden. Burlingham (1973) verkündet das Ende der vergleichsweisen Ignoranz des präödipalen Vaters in den psychoanalytischen Schriften, während Ross (1982b) den Vater als das vergessene Elternteil in der psychoanalytischen Literatur skizziert. In ihrer Arbeit von 1973 lädt Burlingham ihre Kollegen zur Erforschung der Psychodynamik der Vaterschaft, besonders der väterlichen Phantasien zwischen Zeugung, Geburt und den ersten Wochen im Leben des Kindes, ein. In diesen Phantasien geht es um die väterlichen Hoffnungen und Erwartungen bezüglich des Aufwachsens und der Entwicklung des Kindes, seine Eifersucht auf die Inanspruchnahme der Mutter durch das Kind, das Erwachen seiner eigenen weiblichen

Einstellungen und deren Einfluß auf seine latenten Erinnerungen an die Beziehung zu seinem eigenen Vater. Nicht zuletzt meint Ross (1982a), "... daß die elterlichen Vorstellungen von einem Jungen und einem Mann sowie ihr Drang nach einem kreativen Leben in der Regel allein auf mütterliche und weibliche Ambitionen und Vorrechte beschränkt bleiben. ... Es ist fast so, als bedeute Elternsein zwangsläufig Frausein" (S. 20).

Die Psychoanalytiker waren in keiner Weise die einzigen, die dieses Thema vernachlässigten. Lamb (1976) verweist auf den "ahnungslosen Beitrag", den Sozialwissenschaftler hinsichtlich der Entwertung der Vaterrolle geleistet haben. Folglich trat Lamb (1984) für die weitere empirische Erforschung der Elternschaft ein. Er diskutierte die tendenziöse Schlußfolgerung, daß Mütter wichtiger als Väter seien und allein Anspruch auf Erforschung hätten, weil sie die primären Bezugspersonen seien. Gesellschaftliche Faktoren spielen offensichtlich eine bedeutende Rolle bei der Aufrechterhaltung des Glaubens, daß Väter inkonsequenter seien, besonders wenn die Erziehung von Kindern und deren Sozialisation noch weithin als eine Pflicht der Mütter betrachtet wird.[1]

Dieses Entwertungsargument wird teilweise unterstützt durch Shapiros (1985) Durchsicht der Literatur zur Elternschaft, von der nur 5 % ausdrücklich sich mit der Erfahrung von Vaterschaft auseinandersetzen. Aus seiner eher soziologisch orientierten Perspektive betont Shapiro den Mangel an Aufmerksamkeit, die dem inneren Erleben des Vaters geschenkt werde. Es ist paradox, daß auf der einen Seite der Akt des Vaterwerdens einen Zustand vermehrter Einbindung in das Erleben der Geburt hervorruft, daß sich aber andererseits die Bedürfnisse des werdenden Vaters ausdehnen und somit mehr als je zuvor nach einer klaren und feinfühligen Aufmerksamkeit des Mannes für sich sowie für seine Familie und Kultur verlangen. Shapiro vermutet, daß trotz des kulturellen Drucks und der Forderung nach einer aktiveren Teilnahme an Schwangerschaft und Geburt die Gedanken der Männer, ihre Gefühle und ihre Konflikte weiterhin ignoriert werden - eine heikle Situation, die Shapiro als kulturelle Doppelbindung bezeichnet. Seine These von der Nichtbeachtung der inneren Realität des werdenden Vaters scheint angebracht,

---

[1]Dinnerstein (1976) und Chodorow (1978) stellten eine Verbindung zwischen feministischem und psychoanalytischem Gedankengut her und erörterten die soziale und psychologische Bedeutung des Vaters für die primäre Fürsorge ihrer Kinder. Dieses radikal veränderte Arrangement der Mutterschaft wird nun angesehen, als würde es jene unbewußten Einstellungen zwischen Männern und Frauen beeinflussen, die grundlegend die herrschenden gesellschaftlichen Standards bestimmen. Wie Pruetts (1983) klinische Forschungsbefunde nahelegen, sind die persönlichen und sozialen Implikationen der Auffassung, daß die Kinderaufzucht entweder eine Pflicht der Väter oder vielleicht eine Sache der gleichen Beteiligung sei, sehr weitreichend.

wenn man die Implikationen der sich wandelnden Erwartungen hinsichtlich der Anwesenheit des Vaters bei der Geburt betrachtet. Tatsächlich verfügten die meisten Männer nicht über ein männliches Modell für diese sich wandelnde kulturelle Norm. Darüber hinaus hatten sie wenig Zeit, die inneren Konflikte zu bewältigen, die durch die Anwesenheit während der Geburt hervorgerufen wurde und von ihnen die Passivität von Helfern im Hintergrund verlangte. Folglich hatten sie auch nicht gelernt, die situative Angst anders als in typisch männlicher Haltung des bloßen Überwachens zu bewältigen. Wahrscheinlich dient das Erleben der Vaterschaft selbst für viele Männer als Spielplatz oder Laboratorium, wo ein solches Lernen stattfinden kann.

Jessner, Weigert u. Foy (1970) zeigten das vorherrschende kulturelle Stereotyp des Vaterwerdens im Sinne der phallischen Vollendung eines prahlenden und freudestrahlenden Vaters, der mit der ersten Vaterschaft den Reifungsschritt vom Jugendlichen zum Erwachsenen vollzieht. Solche gleichwohl inadäquaten Stereotypen konkretisieren den Gegensatz zwischen Mutterschaft und Vaterschaft und machen vielleicht den Beitrag der Väter deutlich. Wie Jessner et al. behaupten, "wird die Väterlichkeit durch die neue Betonung ihrer Mitwirkung vermenschlicht. Wenn sie hingegen identisch mit Mütterlichkeit anstatt komplementär zu ihr gesehen wird, kommt es zu einer Verzerrung der authentischen elterlichen Rolle" (S. 232).

Ungleich der Mutterschaft kann die Vaterschaft nicht in Begriffen ihrer biologischen Unmittelbarkeit mit ihrer mehr kontinuierlichen *viszeralen Gewißheit* beschrieben werden. Wie bei Adoptiveltern verläßt sich die Beschreibung des väterlichen Erlebens auf ihre Erlebniskomponenten wie etwa Hoffnung, Besitzergreifung und Verantwortlichkeit (Jessner et al. 1970). Wie Benedek (1970) behauptete, ist die Beziehung des werdenden Vaters zu seinem Kind eher von Hoffnung gekennzeichnet als durch hormonale Stimulation, Psychobiologie oder Triebhaftigkeit. Der Vater muß die antreibenden psychophysiologischen Ereignisse der Schwangerschaft, die ersten Bewegungen des Föten, sein Wachstum, die Geburt und das Stillen aus zweiter Hand und dennoch in einer hochintensiven, affektiven Weise erleben.

Benedek (1970) behauptete eine "Psychobiologie" der Vaterschaft, die sich auf Überlebensinstinkte gründet. Dies sind Abkömmlinge, aus denen sich die charakteristische Qualität der Väterlichkeit zusammensetzt. Es überrascht aber nicht, daß der Vater von seinen triebhaften Wurzeln weiter entfernt ist als die Mutter. Benedek versuchte ebenso zu zeigen, daß die Vaterschaft (besonders die männliche Rolle bei der Zeugung) ihre Wurzeln jenseits der Trieborganisation des Paarungsverhalten hat. Sie glaubte, daß diese Wurzeln sowohl seine Funktion als Versorger beinhalten als auch die Fähigkeit, väterliche Beziehungen zu entwickeln, die aus den Beziehungen zu seinen Kindern ein gegenseitiges Entwicklungserlebnis machen. Mit dem Begriff der "genuinen Väterlichkeit" benannte sie eine hypothetische Eigenschaft, die ihrerseits als triebhaft verwurzelter Charakterzug aufgefaßt wird und den Vater in die Lage versetzt, sich seinen Kindern gegenüber mit unmittelbarem, empathischem Verständnis zu verhalten. Die Untersuchungen des Verhaltens der *engrossment*-Väter (d.h. Väter, die sich durch ein sehr starkes Engagement auszeichneten) durch Greenberg u. Morris (1974) unterstützen zum Teil diese von Benedek ins Leben gerufene Idee. Nach Ansicht der Autoren ging dieses *engrossment* weit über das normale Maß hinaus und beinhaltete das Gefühl der Absorption, der Sorge und des Interesses am Kind. Es ermöglichte dem Vater, sich *ausgedehnt* zu empfinden (mit einer besonderen Zunahme des Selbstwertgefühls und Wertschätzung von Familie). Dieses Band wird als angeborenes Potential des Vaters, das durch den frühen Kontakt mit dem Kind freigesetzt wird, betrachtet.

Andere Psychologen unterstützten sowohl aus einer psychoanalytischen als auch aus einer entwicklungspsychologischen Perspektive die Ansicht, daß die Väter einzigartige und wichtige Beiträge zur Persönlichkeitsentwicklung ihrer Kinder leisten. Die entstehenden Charaktereigenschaften der Kinder wurden sonst mehr dem Wirkungskreis der Mutter zugeordnet. Pruett (1983) führte beispielsweise eine klinische Fallstudie durch, die sowohl die Entwicklung von Kindern, die vornehmlich von ihren Vätern aufgezogen wurden, als auch die erziehenden Väter selbst betrachtete. Für die Väter konnte eine "biorhythmische Synchronizität" mit ihren Kindern gezeigt werden, die einer Art empathischer Versorgung ähnlich der ursprünglichen Mutterrolle entspricht. Diese Väter reagierten auf ihre Kinder mit einer aktiven und umschließenden Verinnerlichung in deren seelisches Leben und Struktur. Dies ist ein Vorgang, der nach der Ansicht von Pruett tiefgehender ist als ein *engrossment*, das von Vätern mit einer ergänzenden oder peripheren Rolle gezeigt wird. Abelin (1975) untersuchte die früheste Rolle des eher randständigen Vaters, insofern dieser das explorative Verhalten und das Entstehen phallischer Eigenschaften erleichtert, seine Loslösung von der regressiven, symbiotischen Verbindung mit der Mutter fördert und somit das Erlebnis der frühen Triangulation herbeiführt. Unlängst hat Yogman (1984) die einzigartigen Beiträge aufgezeigt, die von Vätern in der Interaktion mit ihren kleinen Kindern geleistet werden. Im Gegensatz zu den Müttern entwikkeln die kompetenten Väter eher eine aufregende und spielerische Beziehung zu ihren Kindern, indem sie ihnen eine neue und komplexe Umgebung bieten. Die vorliegende Literatur zusammenfassend zeigte schließlich Lamb (1976) die Bedeutung der Vater-Kind-Beziehung für die kindliche Entwicklung auf und kam zu der wenig überraschenden Schlußfolgerung, daß die Qualität dieser Beziehung weitaus wichtiger und einflußreicher als die rein körperliche Präsenz des Vaters sei.

Die Motivation eines Mannes zur Vaterschaft aus entwicklungspsychologischer Sicht

Angesichts der auffälligen Vernachlässigung des Themas der Vaterschaft überrascht es nicht, daß nur wenige psychoanalytische Untersuchungen über den männlichen Kinderwunsch vorliegen. Jacobson (1950) diskutierte dies für die Außerachtlassung der Schwangerschaftsphantasien und Wünsche nach einem Baby bei kleinen Jungen und skizzierte im folgenden die kindliche Geschichte dieses Wunsches bei Männern. Sie betonte ebenso den bei männlichen Psychoanalytikern vorherrschenden Widerstand bei der Erforschung des männlichen Kinderwunsches. Dies ist eine Situation, die sich 35 Jahre später nur zögernd verändert. Sie behauptete weiter, daß dieser vornehmlich bei männlichen Psychoanalytikern zu beobachtenden Außerachtlassung Reaktionsbildungen gegen unbewußte weibliche Wünsche nach dem Aufziehen von Kindern und, auf einem tieferen Niveau, gegen die unterdrückte Eifersucht auf die reproduktiven Funktionen der Frau entsprechen.

Solche Reaktionsbildungen scheinen die phallisch-maskuline Position zu festigen. Die Zeiten haben sich jedoch verändert. Das psychoanalytische Verständnis ist graduell durch zahlreiche gesellschaftliche Veränderungen beeinflußt worden. Dasselbe gilt für den Feminismus und die zunehmende Anzahl bekannter Psychoanalytikerinnen. Ebenso hat ein bedeutender theoretischer Fortschritt (besonders hinsichtlich der Betonung der Objektbeziehungen im Gegensatz zur Triebpsychologie) stattgefunden. In gewisser Weise sind auch psychologische Veränderungen bei einer neuen Generation von männlichen Psychoanalytikern aufgetreten, die sich offenbar weniger vor ihren androgynen Eigenschaften fürchten. Indem ich gleichzeitig die Literatur, meine klinischen Beobachtungen an Patienten sowie die Erkenntnisse aus meiner eigenen, persönlichen Psychoanalyse betrachte, werde ich die Kinderwünsche bei kleinen Jungen und Männern so, wie sie im Laufe des Entwicklungsprozesses auftreten, diskutieren. Diese Wünsche sind aus Darstellungszwecken getrennt und tendieren dazu, sich mit der psychischen Realität eines werdenden Vaters zu überschneiden. Die meisten dieser Wünsche bleiben unbewußt und erreichen das Bewußtsein indirekt und/oder durch den psychoanalytischen Prozeß. Es braucht nicht gesagt zu werden, daß der Prozeß des Vaterwerdens sehr stark überdeterminiert ist.

Infantile Kinderwünsche und die Bewältigung präödipaler Konflikte

Als erster hat Freud (1909b) die reproduktiven Wünsche kleiner Jungen am Beispiel des kleinen Hans und seiner Schwangerschaftsphantasien diskutiert. Nach der Freudschen Auffassung war der kleine Hans in seiner Phantasie eine Mutter und wollte Kinder haben, mit denen er die Zärtlichkeiten, die er selbst einmal erfahren hatte, wiedererleben konnte. Jacobson (1950) besprach die Entfaltung des Wunsches nach einem Baby beim präödipalen Jungen und berücksichtigte dabei seinen Wunsch nach aktiver Selbstbehauptung und Unabhängigkeit von der Mutter, der mit der Bewältigung der präödipalen Konflikte einhergeht. Man nimmt an, daß diese frühesten Wünsche sich innerhalb dreier Stadien, in denen sich die aktiven und passiven Kinderphantasien von Jungen und Mädchen ähneln und die bisexuellen Elemente in der Sehnsucht nach einem Baby widerspiegeln, entwickeln. Der früheste Wunsch entwickelt sich während der oralen und analen Phase. Die Phantasien beziehen sich auf Schwangerschaft und Entbindung durch die orale Inkorporation und die anale Wiedergeburt der Mutter. So kann beispielsweise ein Kind phantasieren, daß es die Brüste oder sogar den ganzen Körper der Mutter aufißt, nur um sie über die Reproduktion durch den Anus, Mund oder Bauchnabel wiederherzustellen. Das Mutterbaby ermöglicht die Umkehrung der Mutter-Sohn-Beziehung. Diese Phantasien spiegeln die Kloakentheorien des Kindes über die Geburt wider. In diesen Phantasien sind Genital- und Ausscheidungsorgane identisch. Das Baby wird gleichgesetzt mit der Brust, der Gebärmutter, den Eingeweiden oder den Exkrementen. Eine solche primitive "Theorie" kann unbewußt, besonders bei prägenital fixierten Individuen, das ganze Leben hindurch fortbestehen. Brunswick (1940) war der Meinung, daß dieser Wunsch ursprünglich asexuell sei und von einer normalen und universellen Identifikation mit der Mutter herrühre. Dieser Wunsch ist insofern passiv, als er das Wissen mit einschließt, daß das Kind von ihr geboren wurde.

Die nächste Gruppe präödipaler Wünsche betrifft Phantasien über die Beziehung der Eltern zueinander und Konzepte über die Urszene. Zum Zeitpunkt der frühen Triangulierung können diese Phantasien darin bestehen, daß etwa der Vater die Mutter befruchtet, indem er in sie hinein defäziert oder uriniert. Möglicherweise gebiert die Mutter Kinder, indem sie den Urin des Vaters trinkt, seine Exkremente oder Teile seines Penis ißt. Die "Lumpf"-Theorien des kleinen Hans bestätigen die Existenz solcher Wünsche (Freud 1909b).

Die letzte Gruppe präödipaler Wünsche betrifft die Richtung solcher Wünsche an den Vater, die ehemals der Mutter gegolten hatten. Sie werden nun Teil der homosexuellen Phantasien des kleinen Jungen und seiner weiblichen Identifikation mit der Mutter, denn seine frühen Schwangerschaftsphantasien wechseln nun von der Mutter zum Vater und damit einhergehend von ihrer Brust zu seinem Penis. Auf diese Weise kann das Kind nun den Penis oder die Exkremente des Vaters inkorporieren und ihn als ein "baby-boy" reproduzieren, wodurch dann die Vater-

Sohn-Beziehung sich umkehren kann. Aus dem "Brust-Baby" wird ein "Penis-Baby".

Als Pionierin der Ich-Psychologie erweiterte Jacobson (1950) unser Verständnis von diesen Wünschen nach Babys als intentional, altersspezifisch, adaptiv und nicht einfach als Ausdruck von Triebimpulsen. Der Prozeß der Identifikation durch die Inkorporation und Internalisierung der Liebesobjekte in Gestalt von Repräsentanzen der Bezugspersonen setzt die folgende Entwicklung dieses Wunsches in Bewegung. Jessner et al. (1970) beschrieben die prägenitalen elterlichen Einstellungen kleiner Jungen ihren jüngeren Geschwistern und Spielkameraden gegenüber. Dies unterstützt ferner das Bestehen einer solchen Identifikation und der sie begleitenden Kinderwünsche. Die Autoren wiesen ebenso auf die Sublimierung solcher frühkindlichen Wünsche hin, wie sie sich in den Bemühungen eines Künstlers widerspiegeln. Damit wird die Parallele zwischen Zeugung und Kreativität unterstrichen.

Ödipale Wünsche nach der Befruchtung der eigenen Mutter

Mit dem Beginn der ödipalen Zeit erlangen die Babyphantasien von Jungen und Mädchen unterschiedliche Bedeutung und schlagen verschiedene Richtungen ein. Dies wird eingeleitet durch die Entdeckung der Geschlechtsunterschiede und dem darauf folgenden Kastrationskonflikt. Nach der Beschreibung von Jacobson (1950) intensiviert die Realisierung ihrer eigenen Weiblichkeit bei kleinen Mädchen deren Wunsch, ein Baby auszutragen, um damit den vermeintlich verlorenen Penis zu ersetzen. Bei kleinen Jungen mobilisiert die Entdeckung der weiblichen Geschlechtsteile Kastrationsängste und verstärkt deren phallische Identifikation mit dem Vater. In der weiteren Entwicklung überlagert der aktive maskuline Trieb, die Mutter durch Geschlechtsverkehr zu befruchten, die homosexuellen weiblichen Wünsche. Der Junge muß somit seinen Wunsch, Kinder auszutragen, genauso aufgeben, wie das Mädchen den Wunsch nach einem Penis opfern muß (Brunswick 1940).

Der Begriff des "negativen Ödipuskomplexes" bezeichnet das ubiquitäre Interesse des kleinen Jungen an seinem Vater und entspringt seiner weiblichen Identifikation. Der kleine Junge muß jedoch auf seine weiblichen Schwangerschafts- und Kinderwünsche verzichten und zu dem Wunsch übergehen, von der Mutter ein Kind zu wollen (Jacobson 1950). Dieser Übergang wird als normale Entwicklung des männlichen Kinderwunsches und einer zukünftigen Einstellung eigenen Kindern gegenüber betrachtet. Jacobson (1950) betonte, wie sehr dieser erfolgreiche Übergang von der Kastrationsangst und der Geburt eines jüngeren Geschwisters während dieser Zeit beeinflußt sei. Ungelöste Kastrationsängste können im Erwachsenenalter fortbestehen und die Vaterschaft verhindern. Sie können Schuld und Angst vor Abhängigkeitsbedürfnissen, die während der Elternschaft auftreten, hervorrufen. Oder sie können zu Problemen während der Schwangerschaft führen, so daß die schwangere Frau als gefährlich, kastrierend und häufig als unerotisch erlebt wird. Auf eine ähnliche Weise muß die vornehmlich abwehrhafte mütterliche Identifikation des kleinen Jungen als Antwort auf die traumatisch erlebte Geburt eines jüngeren Geschwisters durch eine adaptive Reaktionsbildung, die die phallisch-maskuline Position des kleinen Jungen stabilisiert, aufgegeben werden. Es ist an dieser Stelle sinnvoll, sich an Jacobsons Mutmaßung zu erinnern, daß so viele erwachsene, männliche Psychoanalytiker ihrer Zeit an dieses Stadium fixiert waren, um ihre Eifersucht auf die versorgende Beziehung zwischen Mutter und Kind im Zustand der Verdrängung zu halten (Jacobson 1950). Es scheint so, als ob die mütterlichen Phantasien bei dem gesunden männlichen Vater überleben können und vielleicht sogar müssen, weil sie mit väterlichen Wünschen auf ödipalem Niveau legiert sind.

Die erfolgreiche Auflösung der ödipalen Situation wird darin deutlich, daß sich der Junge mit seinem Vater identifiziert und sich schließlich wünscht, wie sein Vater zu werden. Jenseits dieser Reifungstendenz gibt es typischerweise tiefere und primitive Strebungen. Somit kann der postödipale Wunsch, selbst ein Vater zu werden, den Jungen dazu befähigen, sein Ziel in der Konkurrenz mit seinem Vater zu erreichen: er kann ein Vater werden. Benedek (1970) weist darauf hin, daß ein Mann, der einem Kind ein Vater ist, ein Bindeglied in der Generationenfolge zwischen Vätern und ihren Kindern wird. Während alle Männer darum kämpfen, ihre Väter zu besiegen, sind jedoch einige ängstlich und verhindern so ihre eigene Vaterschaft, um sich selbst vor der unterdrückten Aggression ihren eigenen Vätern gegenüber zu schützen. Andere können möglicherweise eine negative ödipale Position einnehmen, um sich vor diesen Dingen zu schützen.

Sublimierte Wünsche nach der weiblichen Gebärfähigkeit, die aus Neid und Angst herrühren

Neid kann eine kreative und eine destruktive Erfahrung sein. Oft dient er der gesunden Internalisierung (via Identifikation) des geliebten mütterlichen Objekts. Ross (1982a) diskutierte die männlichen Wünsche nach dem Gebären von Kindern insofern als eine Art der Identifikation mit dem Aggressor, als sich der kleine Junge mit seiner aktiven, produzierenden Mutter identifiziert. Die weibliche, mütterliche Identifikation kann somit nicht länger als passiv angesehen werden. Ross nimmt vielmehr an, daß kleine Jungen diese als große Leistung, Macht und als Konkurrenz mit der Mutter erleben. Indem er das Kind seiner Frau *bevatert* und sich gleichzeitig mit dem Kind und mit der Mutter identifiziert, kann ein Vater seinen archaischen Wunsch nach dem Besitz der Mutterbrust (und jener magischen Kräfte, die ausschließlich den Frauen eigen sind) befriedigen und sich somit vervollständigen (Kubie 1974). Der Neid des kleinen Jungen und die Furcht vor seiner Mutter (der sogenannte Gebärmutterneid) wird niemals ganz aufgegeben und ermöglicht im Falle einer gelungenen Sublimierung die gesunde Vaterschaft. Gesunde, mütterliche Unterströmungen innerhalb der Geschlechtsidentität von Jungen und Männern sind aus der Versenkung aufgetaucht und werden bei den populären Helden der kleinen Jungen und jungen Männer von heute sichtbar.[2] Erikson (1969) bezeichnete Gandhis sublimierte Mütterlichkeit als integralen Bestandteil der positiven Identität eines Mannes als Ganzes. Man kann auf die Folgen der Internalisierung mütterlicher Qualitäten bei männlichen Kindern gespannt sein, wenn deren Väter an der primären Rolle der Kinderaufzucht teilnehmen oder diese vollständig ausführen.

Das, was heilsam ist, kann auch verletzen. Natürlich kann der intensive Neid auf die Fähigkeit der Frau, Kinder auszutragen und zu gebären, es dem kleinen Jungen oder dem erwachsenen Mann sehr schwer machen, seine Kinderwünsche aufzugeben oder zu sublimieren. Abwehrhaltungen gegenüber diesem Neid werden während der Latenzzeit entwickelt und verbleiben in der Gestalt schützender Reaktionsbildungen. Nach Jacobson (1950) manifestieren sie sich in der Abwesenheit eines Kinderwunsches bis zu dem Zeitpunkt, an dem diese Männer heiraten. Jetzt taucht plötzlich der Wunsch nach einem Kind bei solchen Männern wieder auf, die so lange ihren Neid unter Kontrolle hatten. Diejenigen, bei denen dies nicht der Fall war, werden plötzlich impotent. Falls sie dennoch potent sind, besetzen sie ihre Kinder narzißtisch und konkurrieren mit ihren Frauen darum, wer die bessere Mutter ist. Wie bereits hervorgehoben wurde, ist die kreative Arbeit in der Regel der hauptsächliche Modus, mit dessen Hilfe sich die Sublimierung solcher weiblicher, reproduktiver Wünsche bei Männern vollziehen kann.[3] Ross (1982a)

---

[2]Männliche Rockstars wie Michael Jackson, Prince, Sting, Hall and Oates, Kiss, Mick Jagger, David Bowie, Wham und Boy George demonstrieren auf dramatische Weise die Attraktivität weiblicher Identifikationen unter den zeitgenössischen, englischsprechenden männlichen Jugendlichen.

[3]Über die kreative Arbeit als solche hinaus können besondere Aktivitäten von diesen sublimierten Wünschen entlasten. Psychotherapeuten, Psychoanalytiker und Männer, die in verwandten, helfenden Berufen tätig sind, erscheinen irgendwie einzigartig in ihrer Fähigkeit, diese Bedürfnisse direkt in ihrer Arbeit auszudrücken und zu befriedigen.

nimmt darüber hinaus an, daß der Wunsch eines Mannes nach einem Sohn dazu dient, homosexuelle Libido abzuwehren.

Sublimierte Abhängigkeitswünsche

Abhängigkeitsbedürfnisse geraten in der Regel mit den Ansprüchen des Ichs bei jungen Männern in Konflikt. Die Selbstachtung geht dann verloren, wenn abhängige Tendenzen wahrgenommen werden. Übertriebenes phallisch-maskulines Verhalten dient dazu, solche Tendenzen, die mit der Furcht vor weiblichen Identifikationen verbunden sind, zu verdrängen. Benedek (1970) diskutierte die Verschlimmerung der Abhängigkeitskonflikte von jungen Männern im Fall bevorstehender Trennungen (wie etwa während des Krieges). Sie machte darauf aufmerksam, daß narzißtische Abwehrvorgänge bei Männern zunehmen, wenn sie versuchen, die regressiven, abhängigen Tendenzen zu besiegen. Häufig entsteht an dieser Stelle der bewußte Zeugungswunsch. Durch die "Virilität" versichert sich so der Mann seiner eigenen Männlichkeit. In Übereinstimmung mit seinem Ich-Ideal findet der (junge) Mann einen akzeptablen Weg, um seine (regressiven) Abhängigkeitsbedürfnisse zu befriedigen. Und die Geburtenrate steigt an!

Abhängigkeitswünsche und die durch solche unakzeptablen Wünsche hervorgerufenen Konflikte bleiben bei vielen Männern während des ganzen Lebens bestehen. Kinderwünsche, aber auch die tatsächliche Fortpflanzung dienen der Versicherung der eigenen Männlichkeit durch die Identifikation mit der "Väterlichkeit" des eigenen Vaters. Der Mann kann seine Ängste überwinden, indem er die abhängige Rolle umkehrt und sich um das bedürftige Kind kümmert. Oft spiegeln die Strebungen eines Mannes, Kinder zu gebären und aufzuziehen, seinen Wunsch wider, die Stärke und Wirksamkeit in der eigenen Geschichte erlebter Abhängigkeitsbeziehungen hinter sich zu lassen (Ross 1982a). Die Bedeutung der Beziehung eines Mannes zu den fürsorglichen Qualitäten seines eigenen Vaters darf nicht unterschätzt werden. Ross (1982a) beschreibt dies sehr schön:

> Die Vaterschaft kann beim Mann die väterliche Liebe zu einem Teil von sich selbst ins Leben rufen. Diese Liebe steht mit der produktiven Identifikation mit dem eigenen Vater in Einklang. Er ersetzt nun die Mutter als die nährende und kreative Figur, mit der er sich vergleichen kann. Somit ist die Übernahme der Vaterrolle bei der Reproduktion und in der Fürsorge dem erwachsenen Mann dabei behilflich, mit seinen bislang verdrängten und beunruhigenden mütterlichen Wünschen in Berührung zu kommen (Ross 1982a, S. 11).

Ich nehme an, daß die Berührung mit den eigenen "mütterlichen" Wünschen für viele Männer eine Bewegung von einer, wie Fairbairn (1952) es nannte, infantilen zu einer reiferen Abhängigkeit darstellt.

Generative Wünsche nach der Kontinuität des Selbst

Erikson (1963) verwendete den Begriff der "Generativität", um auf die im Erwachsenenalter entstehende Aufgabe hinzuweisen, die nächste Generation zu erzeugen und aufzuziehen. Er betrachtete dies als ein wesentliches Stadium sowohl der psychosexuellen als auch der psychosozialen Entwicklung. Die bloße Tatsache des Kinderwunsches allein führt noch nicht zur Generativität. Ebensowenig ist dieser Antrieb für die Hervorbringung des eigenen Nachwuchses notwendig. Benedek (1970) betrachtete jedoch den Wunsch danach, daß das eigene Selbst in den eigenen Kindern überlebe und fortbestehe, als biologisch im Überlebenstrieb begründet. Sie bezog sich auf Daten, die zunehmende Geburtenraten während des zweiten Weltkrieges nachweisen. Damit versuchte sie ihre These zu unterstützen, nach der die abreisenden werdenden Väter ihre schwangeren Frauen mit der Versicherung zurückließen, daß ihr eigenes Leben durch den Nachwuchs fortbestehen würde. Verschiedene Riten, Religionen, Sitten und sozioökonomische Organisationen zeigen den universellen Wunsch, durch die eigenen Kinder, besonders die des gleichen Geschlechts, zu überleben.

Der Wunsch eines Mannes nach der Kontinuität des Selbst auf dem Wege der eigenen Vaterschaft kann ebenso eine eher narzißtische Komponente widerspiegeln, die durch das Ende einer Periode (mit dem Ereignis der Heirat oder im Alter) aktiviert wird, in der er keine Fürsorge mehr zu leisten und weniger Verantwortung zu tragen hat. Diese entwicklungsgeschichtlichen Marksteine können die Angst vor dem Tode hervorrufen und in der Umkehrung Omnipotenzwünsche reaktivieren. Diese Wünsche können durch die Kinder befriedigt werden, in denen der Vater weiterlebt. Die fast universelle Präferenz eines männlichen Kindes (s. Benedek 1970) mag diese eher narzißtische oder omnipotente Dimension unterstreichen. Interessanterweise berichtet Benedek (1970), daß die Mehrzahl der schwangeren Mütter ebenfalls dazu neigt, männliche Kinder zu präferieren. Zweifellos geht dies zum Teil auf die Empathie mit den narzißtischen Bedürfnissen des werdenden Vaters zurück. Diese Präferenzen können aber ebenso Ausdruck der Bewältigung des Penisneids sein.

Wünsche nach der "primären Illusion"

Shor u. Sanville (1978) prägten den Begriff der "primären Illusion", um auf bei allen menschlichen Wesen präsente, mächtige und oszillierende Bilder hinzuweisen, in denen der Traum von gleichzeitiger Gegenseitigkeit und Autonomie besteht. Dieser "unstillbare Wunsch nach der Wiedererlangung des Paradieses" (S. 28) regt, besonders wenn er auf die Erfahrungen einer engen Bindung in der Kindheit zurückgreifen kann, den starken Antrieb nach Erfüllung und Reparation von Unvollkommenheiten an. Ich glaube, daß dieser Wunsch eine bedeutende Rolle beim männlichen Kinderwunsch spielt. Der Wunsch, ohne Ambivalenz geliebt und bewundert zu werden, wird, besonders bei Männern mit Abhängigkeitskonflikten, auf weniger bewußte Ebenen des psychischen Erlebens verwiesen. Die bedingungslose Liebe ist einer mehr realistischen Einschätzung und der daraus folgenden Konflikte in der Entwicklung des Heranwachsenden und jungen Erwachsenen gewichen. Jessner et al. (1970) vermuten, daß an der Schwelle zur Elternschaft beide Partner intensiver als während einer anderen vorhergehenden Phase des Erwachsenenalters das Gefühl haben, "daß sie nicht mehr den Weg zurückfinden können" (S. 212). Dies ist ein Gefühl, das die nostalgische Sehnsucht nach der Rückkehr in den Mutterleib oder - in den Worten von Shor u. Sanville - ein Verlangen nach der primären Illusion herausbildet. Die Elternschaft verspricht die Möglichkeit der Wiederholung der verschmelzenden Liebe, ohne dabei die eigene Autonomie opfern zu müssen. Diese Option ist zweifellos wichtig für den werdenden Vater. Die Antizipation einer von Ambivalenz freien Bewunderung und Liebe eines kleinen Kindes scheint grenzenlose Möglichkeiten zu eröffnen, die unter erwachsenen Männern so notwendige Befriedigung gesunder symbiotischer Wünsche zu gewährleisten. Neuere klinische Forschungsbefunde unterstützen diese These. Greenberg u. Morris (1974) beobachteten die völlige Inanspruchnahme (*engrossment*) von Vätern, während Pruett (1983) die biorhythmische Synchronizität mit ihrem wahrhaft empathischen Versorgungsaspekt in der wechselseitigen Vater-Kind-Beziehung entdeckten.

Wünsche nach der Erweiterung des Selbst

Die Elternschaft bietet die Gelegenheit, die Möglichkeiten der eigenen Persönlichkeit und des Menschen im Zuge der Entwicklung der Selbst- und Objektbeziehungen auszubilden. Sublimierte Wünsche nach dem Austragen von Kindern werden häufig in den kreativen Bemühungen eines Künstlers sichtbar, während die erwachsenen Kinderwünsche den Wunsch nach Kreativität verkörpern (Jessner et al. 1970). Die Zeugung selbst faßt die Kreativität zusammen und fördert somit die Selbsterweiterung. Der werdende Vater wird seine Lasten, seine Verantwortung, den Verzicht und die Beschränkungen seiner Freiheit akzeptieren und mutig "die jugendlichen Männlichkeitsideale transzendieren" (Jessner et al. 1970. S. 216). Er wird sich sowohl als ein autonomes Selbst als auch in Beziehung zu den geliebten anderen weiterentwickeln. Die Adaptationen einer zukünftigen und einer bereits gelebten Vaterschaft, die sich herausbildende Fähigkeit zum Versorgen, die bereits während der Schwangerschaft sichtbar wird, und die gegenseitige Zuneigung von Vater und Kind (Lamb 1976, Pruett 1983) unterstreichen die Wichtigkeit der selbstaktualisierenden Tendenzen in der Vaterschaft.

Wünsche nach der Erweiterung der Partnerschaft durch zunehmende Wechselseitigkeit

Wünsche nach Kindern tauchen sowohl in gesunden als auch in gestörten Ehen (oder bedeutungsvollen Partnerschaften) auf. Häufig liegen ihnen Wünsche nach Reparation, Verbesserung, Erweiterung und Entwicklung der Partnerschaft zugrunde. Jessner et al. (1970) diskutierten diese Wünsche bei Männern als Versuch, den Mangel an Sinnerfüllung in der Partnerschaft zu ihren Frauen zu beheben. Sie bemerkten Fälle mit einer Neigung zur Schwangerschaft bei unbefriedigten Partnern. Es ist ein Axiom, daß in Krisenzeiten aus Dyaden Triaden werden. Die Wünsche nach Vaterschaft tauchen bei Männern in der Tat häufig in Krisenzeiten auf. Solche Wünsche entstehen jedoch auch in gesunden Beziehungen, in der ein Mann vielleicht die gegenseitige Beziehung zum Partner verbessern, d. h. die bereits sinngebende Beziehung erweitern und entwickeln möchte. Jessner et al. (1970) meinten dies, als sie behaupteten: "Wenn schwer zu bewältigende, sich steigernde Ängste nicht dazu führen, daß sich die Eltern einander entfremden, finden sie in der Elternschaft den tieferen Sinn ihrer wechselseitigen Beziehung, die sie in ihrem Vertrauen in das Leben stärkt" (S.215). Unglücklicherweise beschäftigt sich die psychoanalytische Literatur wenig mit solchen gesunden, bei Erwachsenen auftretenden Wünschen nach Wechselseitigkeit und Reparation.

Reparative und identifikatorische Wünsche mit dem Ziel, die eigenen Eltern wiederzubeleben

Trennungs- und Individuationskonflikte werden niemals vollständig bewältigt und neigen in der Tat dazu, in bedeutenden Abschnitten des Lebens von Erwachsenen wiederaufzutauchen. Eine Heirat oder überhaupt die Bindung an einen Partner markieren einen bedeutenden Übergangsritus für den erwachsenen Mann, weil er sich damit noch weiter von seiner Herkunftsfamilie trennt und individuiert. Gleichzeitig altern seine Mutter und sein Vater, und ungelöste Trennungs- und Individuationsthemen werden heftig wiedererlebt. Schuld ist ein nicht seltener Begleiter des sich individuierenden Jungen. Auch sie wird während dieser Zeitspanne im Erwachsenenalter rekapituliert. Wie der Neid, so kann die Schuld sowohl kreative, heilende und prosoziale als auch destruktive, schädliche und antisoziale Tendenzen in Bewegung setzen. Reparative Bestrebungen können viele Formen annehmen und dienen häufig dazu, die Schmerzen der Trennung und Individuation zu heilen. Das männliche Begehren nach einem Kind mag als reparativer Wunsch erscheinen. Es ist dies auch der Wunsch, dem eigenen Vater und/oder der eigenen Mutter dasjenige Kind zurückzugeben, daß man selber als sich individuierender Erwachsener nicht mehr ist. Darüber hinaus beleben die Enkelkinder ihre Großeltern, indem sie zahlreiche narzißtische Befriedigungen bieten und eine Kompensation der fehlenden Kräfte darstellen (Cath 1982, Colarusso u. Nemiroff 1982). Es ist wahrscheinlich, daß die erwünschte Wiederbelebung der Eltern in Verbindung mit reparativen Wünschen die Schmerzen der Trennungs- und Individuationsvorgänge des werdenden Vaters lindert. Schließlich können die Kinderwünsche eines Vaters sein Begehren nach Wiederbelebung durch die Wirksamkeit der Identifikation mit seinen eigenen, hoffentlich wiederbelebten Eltern bedeuten.

Stadien der Vaterschaft

Es ist inzwischen allgemein anerkannt, daß die Bedeutung des Vaters im Leben des Kindes sehr früh beginnt (Abelin 1975, Lamb 1976, Yogman 1984) und daß die Zuneigung und die Beziehung des Vaters zu dem Kind bereits lange vor der Konzeption und der Geburt entstehen (Gurwitt 1976, Herzog 1982, Jarvis 1962). Darüber hinaus stellt die Elternschaft als ein Stadium im Lebenszyklus einen wichtigen Entwicklungsschritt dar (Erikson 1963, Jessner et al. 1970). Die latenten Dispositionen zur Elternschaft werden während der Schwangerschaft ausgeprägter, während sich in der Beziehung zwischen dem werdenden Vater und seiner Partnerin ein großer Umschwung vollzieht. Gurwitt (1976) bezeichnete diese Veränderungen als: 1. eine neue Ebene der Bezogenheit, die die Reaktionen auf die besonderen physiologischen und emotionalen Veränderungen bei der Frau, die durch die Schwangerschaft sich entfalten, widerspiegeln; und 2. als eine Reaktion auf die allgemeine Tatsache und Symbolhaftigkeit der Schwangerschaft. Die Erstelternschaft beinhaltet ebenso die Auseinandersetzung mit der Umwandlung der dyadischen Beziehung in eine triadische Gruppe, denn der Eintritt einer dritten Person verursacht beträchtliche Veränderungen und damit einhergehend viele Risiken. Die Anwesenheit dieser dritten Person wird in gewisser Weise schon während der Schwangerschaft realisiert. Besonders der werdende Vater selbst findet sich in der ödipalen Konstellation wieder. Jessner et al (1970, S. 241) meinen: "Ein Kind zu haben, bedeutet eine neue Bindung an die Partnerschaft und Familie. Es bedeutet auch, den Hinzukommenden als denjenigen zu erkennen, der die Beziehung zwischen dem Paar trianguliert."

Jacobson (1950) hat behauptet, daß der werdende Vater das erwartete Kind unbewußt mit seiner Mutter, seinem Vater oder seinen Geschwistern gleichsetzt. Diese Gleichsetzungen werden häufig reaktiviert und dienen als unbewußte Träger verschiedener narzißtischer Erwartungen und Ängste. Auf ähnliche Weise betreffen wiederbelebte Kindheitserinnerungen die intrapsychische Überarbeitung und die Aussöhnung mit den eigenen Eltern. In den Worten Jacobsons lautet dies:

> Ein Mann begegnet der Geburt von Kindern mit der ganzen Bandbreite reifer oder infantiler objektlibidinöser und vor allem narzißtischer Phantasien und Konflikte. Die aktuelle Geburt eines Kindes ermöglicht es ihm, sofern er gesund ist, sukzessive die gestörten infantilen und narzißtischen Elemente zu eliminieren und seine Phantasien in gesunde elterliche Liebesbeziehungen zu seinen Kindern umzuwandeln (1950, S. 145).

Der technologische Fortschritt wie etwa das Sonogramm (und die Amniozentese) macht den Fötus für den Vater "real". Damit kann dieser Prozeß bereits vor der Geburt angeregt werden.

Das männliche Erleben von Schwangerschaft unterscheidet sich sehr von dem der Frau mit einem stärkeren psychobiologischen Charakter. Herzog (1982) beobachtete, daß Männer, wenigstens teilweise, die Wahl treffen können, inwieweit sie in diesen Prozeß involviert sind, und damit in der Lage sind zu entscheiden, in welchem Ausmaß sie psychisch auf die physiologischen Veränderungen bei ihren Frauen reagieren wollen. Herzog (1982) meint: "Männer, die bereits sehr intim mit ihren Partnerinnen verbunden sind, nehmen - anders als Männer, die dies weniger sind - voll an der Erfahrung der antizipierten Vaterschaft teil" (S. 302).

In der Tat macht der Mann mit dem Erleben von Vaterschaft eine Entwicklung durch. Untersuchungen über die kontinuierliche Entwicklung der Vaterschaft liegen im Vergleich zur Literatur, die dieses Thema behandelt, erheblich seltener vor (Colarusso u. Nemiroff 1982). Es gibt jedoch verfügbare Daten über die Stadien der prospektiven Vaterschaft, die meistens an solchen Vätern erhoben worden sind, die sich dafür entscheiden, bei der Geburt ihres Kindes anwesend zu sein. Diese Väter repräsentieren zweifellos eine höchst selektive Gruppe mit einer hohen Akzeptanz der väterlichen Rolle. Ich möchte diesen methodologischen Einwand nicht außer acht lassen, wenn ich kurz die wichtigsten Studien über die Erfahrungen von Vätern während der Schwangerschaft darstellen werde. Anschließend werde ich eine Diskussion der 7 Stadien der prospektiven Vaterschaft präsentieren.

McCorkel (1964) zeigte in einer unveröffentlichten Untersuchung, von der Jessner et al. (1970) berichten, daß die Schwangerschaft von Männern in Abhängigkeit von ihrer Einstellung zur Ehe und zur Vaterschaft unterschiedlich erlebt wird. Er unterschied 3 Gruppen werdender Väter: 1. solche mit einer *romantischen Orientierung*, die einen ursächlichen Zugang zu Elternschaft zeigen. Dieser wird durch Gefühle markiert, die die neuen Verantwortlichkeiten betreffen und die aus der Vaterschaft ein reifendes Erlebnis machen; 2. solche mit einer *familialen Orientierung*, die leicht ihre neue Verantwortung akzeptieren und die Schwangerschaft als ein Geschenk betrachten, durch das sie ihren Frauen näher kommen; 3. solche mit einer *Karriereorientierung*, die die Vaterschaft als eine Last ansehen und die in der Folge dazu neigen, die Veränderungen ihrer Identität zu verleugnen.

Gurwitt (1976) zeigte anhand eines Fallberichts die Reaktion eines jungen, männlichen Analysanden auf die psychischen Veränderungen vor und während der Schwangerschaft. Die Beschreibungen der vornehmlich psychologischen Phänomene bei seinem männlichen Patienten faßte er in 4 Perioden zusammen (in Begriff sein; Zeugung, Überbrückung und die ersten Monate; mittlere Schwangerschaft; zur Sache kommen). Seine Befunde werden uns in der späteren Darstellung der Stadien der prospektiven Vaterschaft wieder begegnen.

Herzog (1982) untersuchte 103 werdende Väter, deren Partnerinnen eine Frühgeburt hatten. Er fand, daß diese Männer in 2 Gruppen unterteilt werden können: 1. eine Gruppe von 35 Männern, die sehr in Einklang mit sich und ihren Gefühlen für die Schwangerschaft waren;[4] und 2. jene 68 Männer, die weniger (N=34) oder am wenigsten (N=34) Zugang zu sich selbst hatten und das auszuagieren schienen, was sie unfähig waren zu erinnern bzw. während der Schwangerschaft zu erleben, während sich weniger integrierte Aspekte in all ihren Bestrebungen manifestierten. Die Qualität (und die Quantität) ihrer ehelichen Beziehung schien vorherzusagen, in welche der beiden Gruppen die Männer einzuordnen sein würden. Diejenigen, die empathisch ihren Frauen zugewandt waren und sich für sie interessierten, neigten eher dazu, sich über ihre Gefühle und über die Tatsache der bevorstehenden Geburt ihres Kindes im klaren zu sein. In ähnlicher Weise fand der Autor eine

---

[4]Diese Gruppe entsprach in hohem Maße derjenigen, die nach McCorkel (1984) über eine familiale Orientierung hinsichtlich der Ehe und Vaterschaft verfügte. Auf ähnliche Weise schienen sich die Väter zu verhalten, die von Shapiro (1985) beschrieben wurden.

Abfolge charakteristischer Stadien in der Entwicklung des werdenden Vaters, die sich mit größter Klarheit bei der ersten Gruppe der Väter, die an einer sich erweiternden gegenseitigen Intimität mit ihren Frauen teilhatten, entfaltete. Es ist interessant, daß diese Fähigkeit in einem umgekehrten Verhältnis zu dem eigenen "Vater-Hunger" (d.i. das Verlangen nach seinem eigenen psychologischen Vater) des Mannes zu stehen schien. Individuelle Unterschiede, die auf den jeweiligen individuellen Lebenserfahrungen beruhten, wurden natürlich sichtbar. Deswegen hat die Schwangerschaft für jeden Vater auch eine individuelle und idiosynkratische Bedeutung. Herzogs (1982) Befunde werde ich bei meiner Diskussion der Entwicklungsstufen weiter berücksichtigen.

Shapiro (1985) befragte eine Reihe von Vätern über ihre Erfahrungen in der Schwangerschaft und bestätigte die These von Jacobson (1950) über die mit ungelösten Kindheitsproblemen einhergehende Wiederbelebung von Kindheitserfahrungen. Er berichtete ferner von 7 Hauptängsten, die bei den werdenden, während der Geburt anwesenden Vätern auftreten: 1. Angst vor Übelkeit im Kreißsaal; 2. Angst vor Zweifeln an der Vaterschaft; 3. Ängste vor dem gynäkologischen Personal und den Klinikvorgängen; 4. Angst vor Verlust der Partnerin oder des Kindes durch Tod oder Krankheit; 5. Angst, vom Kinde ersetzt zu werden; 6. zunehmende Verantwortlichkeit; 7. Existenzängste zum Thema Leben und Tod.

Indem ich die oben diskutierte Literatur mit meinen eigenen Fallbeobachtungen und meiner persönlichen Erfahrung integriere, werde ich nun eine Sequenz von 7 Stadien der prospektiven Vaterschaft vorstellen. Die einzelnen Stadien werden hinsichtlich ihres Wechsels auf der chronologischen, der Verhaltens- und der psychodynamischen Ebene diskutiert. Relevante Beispiele werden aufgezeigt.

Erstes Stadium: "In Begriff sein"

Es scheint eine relativ abgegrenzte Zeitspanne zu geben, in der beide Partner wissen, daß sie bald versuchen werden, ein Baby zu zeugen (Gurwitt 1976, Herzog 1982, Shapiro 1985).[5] Zu den bewußten Komponenten dieser gemeinsamen Entscheidung gehören: 1. Zeitplanung (besonders in Anbetracht des Alters der werdenden Eltern und des zeitlichen Abstands zu den Kindern); 2. Bereitschaft (die koordinierte vs.

[5]Natürlich stimmen viele Paare hinsichtlich der Entscheidung, ob sie ein Baby haben wollen, nicht überein. Eine Diskussion solcher Situationen, in denen einer aktiv oder passiv gegen die Entscheidung des anderen opponiert, oder Situationen ungewollter Schwangerschaft, die nur von einem der beiden mitgetragen werden, kann im Rahmen dieses Beitrags leider nicht geführt werden.

unterschiedliche Bereitschaft der beiden zukünftigen Eltern); 3. Finanzen; 4. Berufliche Überlegungen; 5. Arbeitsteilung; und 6. Ansichten zur Kindererziehung (Shapiro 1985). Diese Zeitspanne wird im Gegensatz zu den auf ihr folgenden in der Tat oft als eine eher "rationale und kontrollierte" Phase bezeichnet (Herzog 1982).

Es gibt Hinweise dafür, daß Männer oft eine Intensivierung der äußeren und inneren Aktivitäten als Teil dieses Prozesses zeigen (Gurwitt 1976). Es scheint ferner sehr unterschiedlich empfunden zu werden, "ob man Sex macht, um ein Kind zu zeugen", oder "um einfach Sex zu machen" (Herzog 1982). Häufig geht eine bemerkenswerte Ambivalenz mit solchen Überlegungen des Mannes einher: sich auf etwas Neues und Fremdes einlassen; vorübergehend Befürchtungen, steril zu sein oder nicht über genügend oder gar keine Kraft zu verfügen, um ein Kind zu zeugen; ein Gefühl der Dringlichkeit, mit der Sache voranzukommen, bevor es zu spät ist; sowie zahlreiche Realitätsängste, die um berufliche und finanzielle Dinge kreisen. Gurwitt (1976) betrachtete unter anderem folgende, entwicklungsgeschichtlichen Ängste, die während dieser Periode auftauchen: 1. Ängste vor der Rache für die erwünschte Befruchtung, die ein Übertreffen des eigenen Vaters symbolisiert; 2. eine mögliche Regression auf die passive Position und die Verleugnung der eigenen, vorherrschenden männlichen Rolle; 3. Ängste vor dem Verlassenwerden, Angst davor, in eine Falle zu geraten und durch die Macht der Frauen überwältigt und verführt zu werden; 4. ein Erwachen des (verdeckten) Neids auf die einzigartige, kreative Fähigkeit der Frau, der sich seinerseits oft in einer Angst vor Frauen ausdrückt.

Zweites Stadium: "Die Zeugung"

Das Stadium, in dem die Zeugung stattfindet und medizinisch bestätigt wird, wird typischerweise als eine Zeit der Fülle und der Ekstase erlebt. Es ist eine Phase, in der der typische Affekt des werdenden Vaters die Freude ist. Gurwitt (1976) untersuchte die verschiedenen Störungen des zuvor erreichten Gleichgewichts und beschrieb die Phase der Befruchtung und der Zeugung als eine, "die eine wichtige entwicklungsgeschichtliche Veränderung für den werdenden Vater konstituiert und die innere Umwälzungen und Veränderungen mit sich bringt" (S. 262). Einige Männer geraten in Konflikt, während die meisten von einem erhöhten Bedürfnis nach Liebe und Geliebtwerden sprechen. Viele Männer berichten von einer substantiellen Verbesserung ihres Sexuallebens (Herzog 1982). Gefühle von furchtlosem Stolz, ein erweitertes Selbstgefühl und Bilder von der "primären Illusion" (Shor u. Sanville 1978) tauchen bei vielen werdenden Vätern während dieser kurzen Phase auf. Das kulturelle Stereotyp vom "phallischen, prahlenden und freudestrahlenden Vater"

(Jessner et al. 1970) vermag nicht, dieses reiche und weitreichende innere Erleben zu erfassen.

Drittes Stadium: "Das erste Trimester"

Die ersten Schwangerschaftsmonate sind häufig durch die Anfänge einer Störung oder Krise in der Entwicklung des werdenden Vaters gekennzeichnet. Diese zeichnet sich durch die beginnende Bearbeitung der vergangenen oder gegenwärtigen Beziehungen zu seiner Partnerin, seinen Eltern und Geschwistern, aber auch durch eine Veränderung in seinem Selbstgefühl aus (Gurwitt 1976). Innere Spaltungen, besonders hinsichtlich der Beziehung des werdenden Vaters zu seinen eigenen Eltern und ihrer Rolle als elterliche Modelle, beginnen während dieser Zeit der Überbrückung aufzutauchen. Herzog (1982) beschrieb wahrnehmbare Veränderungen in den Phantasieleben derjenigen Väter, die einen Zugang zu ihren Gefühlen hatten. Das anfängliche Gefühl der Fülle und Ekstase veränderte sich merklich gegen Ende des ersten Trimesters. Für einige waren die inneren Veränderungen angenehm und bereichernd. Für andere waren sie irritierend und verwirrend mit einer zwanghaften Qualität. Öfter werden Zeichen von Zorn und verhängnisvoller destruktiver Kräfte sichtbar, wenngleich sie unklar bleiben. Gurwitt (1976) nannte einige typische Überlegungen, die während dieser Zeit um folgende Themen kreisen: das Männliche und das Weibliche; Ängste vor Verletzung und Tod; der Start ins Leben; Sohnsein und Vatersein und Dinge aus der vergangenen, gegenwärtigen und realen Phantasie. Er berichtete ferner von Abwehrmustern, die als Reaktion auf die Rolle des Erzeugers und auf seine Bewältigungsversuche der Verlustängste und der Veränderung in der Beziehung zu seiner Frau auftreten. Viele Männer reagieren mit einem besonderen Enthusiasmus für ihre Arbeit, während andere neurotisches Verhalten oder Symptome entwickeln, weil sie sich mit ihren schwangeren Frauen identifizieren (Jacobson 1950). Männer, die sich selbst gegenüber offener sind, neigen dazu, sich zunehmend mit ihrem Inneren zu beschäftigen (Herzog 1982).

Die Phantasien und Gefühle der Männer während dieser Zeit kreisen um die Thematik des Versorgens der Frau (oder der Mutter) und des Fötus. Dies geht einher mit der Sorge, ob sie diesen Anforderungen gerecht werden können (Herzog 1982). Zu dieser Zeit scheint eine unklare Differenzierung sowohl zwischen Eltern und Kind als auch zwischen Mutter und Vater zu bestehen. Herzog (1982) vermutet hier einen Vorgang, der das Wiedererleben der frühesten Phase des Versorgtwerdens des ehemaligen kleinen Jungen widerspiegelt. So wird vom werdenden Vater die Identifikation des ehemals kleinen Jungen mit der nährenden Mutter, die die orale Zufuhr sicherstellt, rekapituliert. Dies läßt sich anhand des Traumes eines männlichen Analysanden, der gegen Ende des ersten Trimesters auftrat, illustrieren. Im Traum wurde er darüber informiert, daß sein Baby gesund sei. Anschließend konnte er das Kind zum ersten Mal sehen. Nachdem sie sich begrüßt hatten, leckte das Baby ihn ab, und als sie dann zusammen spielten, rief der Vater aus: "Mein Junge!".

Viertes Stadium: "Mittlere Schwangerschaft"

Die Schwangerschaft hat während des zweiten Trimesters mehr an Realität gewonnen, weil sie an der Frau sichtbarer wird und das Baby sich zu bewegen beginnt. Die Amniozentese und das Sonogramm vermitteln vielen Männern weiterhin die Realität der Schwangerschaft, und der Fötus wird als ein lebendiges Wesen wahrgenommen. Zu dieser Zeit fühlen sich viele Partner von ihrer Frau und dem Wesen in ihr, das nunmehr als ein Rivale angesehen wird, ausgeschlossen (Gurwitt 1976). Ein zunehmender Neid des Mannes auf die gebärenden und nährenden Fähigkeiten einer Frau können manifest werden und sich dahingehend verschärfen, daß der werdende Vater selbst Wünsche danach, ein Kind nähren und aufziehen zu wollen, ausdrückt. Viele Männer zeigen ein Aufwallen der kreativen Sublimierung in Gestalt neuer Pläne und beruflicher Aktivitäten. Andere geben sich als "workaholics". Jessner et al. (1970) berichteten von Veränderungen im psychosexuellen Leben der Männer, wenn sie mit den dramatischen Veränderungen in der körperlichen Erscheinung ihrer Frau konfrontiert werden. Diese reichten von einer Zunahme des auf sie gerichteten sexuellen Verlangens bis zur vollkommenen Angst vor sexuellen Gefühlen. Als ein Ergebnis dieser dargestellten Veränderungen kann die Kastrationsangst während dieser Zeit erhöht sein und damit einhergehen, daß das Interesse des Mannes an seiner bisexuellen Herkunft und Natur zunimmt (Gurwitt 1976).

Viele werdende Väter leiden plötzlich an gastrointestinalen und anderen Symptomen einschließlich *Couvade* (Gurwitt 1976, Herzog 1982, Jessner et al. 1970, Shapiro 1985). Herzog (1982) äußerte die Vermutung, daß dies mit einer Wiederbearbeitung desjenigen Entwicklungsstadiums zu tun habe, in dem die Identifikation des kleinen Jungen mit der Mutter sich mit der mütterlichen oder innergenitalen Phase überschnitt (Kestenberg 1975). In dieser wurde er sich der frühesten Kontraktionen der Prostata und der Samendrüsen bewußt. Dies wird deutlich, wenn der werdende Vater den Wunsch äußert, beides haben zu wollen. Diese Wünsche, die die Symptome begleiten, und die Reaktionen auf die Anfänge der (pränatalen) Triangulierung machen dem werdenden Vater sehr die eigene Ambivalenz gegenüber dem Kind und seiner Mutter bewußt. Damit entwickelt sich eine von Herzog (1982) beschriebene

Dialektik, die zwischen dem versorgenden und dem strafenden Penis hin und her schwankt. Dies entsteht in Verbindung mit der Aussonderungsphase in der mittleren Schwangerschaft, die als nächstes beschrieben wird.

Fünftes Stadium: "Die Hinwendung zum eigenen Vater und zur Vaterschaft"

Während der mittleren Schwangerschaft, genau gesagt zwischen der 15. und der 25. Woche, stehen die meisten Männer unter einem erhöhten Druck, unter dem sie Dinge aus ihren Herkunftsfamilien aussortieren müssen (Herzog 1982). Es wird der Versuch unternommen, die Verbindung zum eigenen Vater wiederherzustellen. Besonders wird der "gute Vater aus der alten Zeit" gesucht, der durch den präödipalen Vater, den Mentor aus der ödipalen und Latenzzeit oder einer männlichen Leitfigur repräsentiert wird. Es bestand unter den Männern, die nach Herzog (1982) einen Zugang zu ihren Gefühlen hatten, die Sorge, daß ihrer Vaterschaft durch ungelöste Beziehungskonflikte mit ihren eigenen Vätern geschadet werde. Shapiro (1985) bestätigte diese Befunde.

Herzog (1982) betrachtete diese Wandlung als ein "Auftanken" oder "Aufräumen, als ob damit eine eher maskuline und weniger mütterliche Qualität mit der zweiten Hälfte der Schwangerschaft signalisiert würde" (S. 308). Dies stimmt mit der Behauptung Abelins (1975) überein, nach der sich der kleine Junge im Alter von 18 Monaten von der Mutter ab- und seinem Vater zuwendet, der ihm dabei helfen soll, seine primäre Weiblichkeit aufzulösen und seinen anatomisch vorherbestimmten männlichen Weg einzuschlagen. Herzog (1982) fand, daß Männer, die nicht erfolgreich diese Entwicklungsphase durchschritten haben, weniger in der Lage waren, an der "Allianz der Schwangerschaft" (Deutscher 1971) teilzuhaben. Männer, die in einem Zustand des "Vaterhungers" und somit nicht in der Lage waren, den Kontakt mit dem "guten Vater aus der alten Zeit" wiederzubeleben, hatten mit dieser Phase zu kämpfen und konnten in Verbindung damit weniger an der zweiten Hälfte der Schwangerschaft teilnehmen. Diese werdenden Väter waren ihren eigenen weiblichen Identifikationen gegenüber meist intolerant. Auf der anderen Seite fand Herzog (1982), daß freundliche und weiche Gefühle, die vormals auf der Suche nach männlicher Stärke unterdrückt wurden, bei jenen Männern auftauchten, die in der Lage waren, die Aussonderungsaufgaben während dieser Phase zu bewältigen.

Sechstes Stadium: "Gegen Ende des zweiten Trimesters"

Veränderungen in den Phantasien und Sorgen des werdenden Vaters tauchen manchmal auf, nachdem der Fötus sich das erste Mal zu regen beginnt. Herzog (1982) meint, daß Männer von nun an den Föten für ein Kind halten, das getrennt sowohl von ihnen als auch von ihren Partnerinnen existiert. Das Geschlecht des Kindes ist zu diesem Zeitpunkt bereits festgelegt. Es ist interessant, daß Herzog (1982) bei allen Männern, die weniger Zugang zu ihren Gefühlen hatten, fand, daß sie sich einen Jungen wünschten. Dies war bei den Männern, die weniger verschlossen waren, nur zu zwei Dritteln der Fall.

Als die werdenden Väter den Föten als eine getrennte, dritte Einheit zu erleben begannen, berichteten sie plötzlich in auffallender Weise von aggressiven Phantasien in eindringender imaginierter Form (Herzog 1982). Jessner et al. (1970) beschrieben die wachsende Eifersucht, die häufig von verstärkten Bedürfnissen nach Geschlechtsverkehr oder alternativ von Furcht vor sexuellen Gefühlen begleitet wird. Dies erscheint als ein früher Vorläufer des Laios-Komplexes, in dem die Rivalität und die Feindseligkeit des Vaters dem Kind gegenüber zum Ausdruck kommt. Diese Phantasien nahmen die Gestalt von Wünschen danach an, das Baby zu verletzen. Ebenso fanden sie ihren Ausdruck in sadistischen Gefühlen der Frau gegenüber oder in Vorstellungen über die Mißhandlung des Kindes. Herzog äußerte die Vermutung, daß hierdurch das ödipale Thema des ehemals kleinen Jungen rekapituliert werde. Bei diesem gehe es um Anerkennung der Präsenz dreier Personen und die Notwendigkeit, es irgendwie zusammenzubringen, daß man auf der einen Seite geliebt und versorgt werden und auf der anderen Seite verletzen und bestraft werden möchte. Hierbei kann es zu einer Regression auf das ödipale Niveau kommen. In der Tat fand Herzog (1982) eine bemerkenswerte urethrale und das Urinieren betreffende Bilderwelt in der Phantasie vieler Väter.

Siebtes Stadium: "Das letzte Trimester"

Im letzten Trimester kommt es zum Ende der Schwangerschaft und einer neuen Art der Erfahrung für den werdenden Vater. Auf humorvolle Weise wurde diese Schlußphase von Gurwitt (1976) mit dem Etikett "coming-to-term(s)" bezeichnet. Sie ist gekennzeichnet sowohl durch eine Intensivierung der Realitätsorientierung als auch durch das unheimliche Gefühl, daß magische Kräfte am Werk sind. Die Empathie des Vaters mit seiner Partnerin nimmt in der Weise zu, daß er aktiv andere Eltern und seine eigenen Interaktionen mit Kindern beobachtet (Gurwitt 1976). Er versteht ebenso seine Rolle als Erzeuger und zukünftiger Vater, indem er sich mit solchen existentiellen Fragen wie Geburt und Tod, Anfang und Ende, dem Erschaffen und Zerstören, konfrontiert.

Die Wahrnehmung mächtiger, magischer Kräfte wurde von Herzog (1982, S.310) beschrieben als "die Empfindung, daß etwas Mächtiges, Magisches und Großartiges geschieht". Dieses "Etwas" ist außerhalb der Kontrolle des werdenden Vaters, und während es für alle magisch und mysterisch ist, wird es von den einen als erhaben und edel und von den anderen als unheilverkündend und unselig erlebt. Ein Gefühl der Scheu kann das Ende der Schwangerschaft und die tatsächliche Niederkunft begleiten. Herzog (1982) meinte, das Ganze werde nun mehr als die Summe seiner Teile, denn das, was bewußt in die Wege geleitet wurde, wird wichtiger als die vergangenen Konflikte und Lösungen und groß genug, um ein eigenständiges Leben zu werden. Dies wurde empirisch unterstützt durch Brudal (1984), der bei den Vätern, die während der Geburt anwesend waren, nur wenige fand, die vor dem Erleben einer neuen Gefühlsebene, sei sie intensiver oder distanzierter, flüchteten. Intensiver Affekt, kognitive Verdrehung, Depersonalisation und psychosomatische Reaktionen traten häufig auf.

Im Gegensatz zu diesem Gefühl der Scheu werden die Befürchtungen des Vaters und seine inneren Vorgänge aus den vorhergehenden Monaten nun durch eine wahrnehmbare Veränderung ersetzt. Der Vater bereitet nunmehr die Dinge in der realen Welt für die Ankunft des Kindes vor. Herzog (1982) fand wie Gurwitt (1976), daß die meisten Väter zunehmend andere Kinder beobachten, sich mit Themen der Kindererziehung auseinandersetzen und Vorbereitungen für die Ankunft des Kindes treffen. Diejenigen Väter, die sich selbst gegenüber offen waren, waren ebenso in der Lage, sich während dieser Zeit, als sie am meisten Hilfe brauchte, auf elterliche Weise um ihre Frau zu kümmern (Herzog 1982). Diese Väter konnten ebenso wieder mit ihrem Innenleben in Berührung kommen, während sie die äußere Welt jenseits der Mutter-Kind-Symbiose weiterhin schätzten. Solche Väter bereiteten sich auf ihre zukünftige Rolle als Repräsentant dieser äußeren Welt vor, in der sie respektvoll die Mutter-Kind-Symbiose hüten. In dieser Hinsicht konnten solche Männer ihren Frauen, die sich zum Zeitpunkt der Geburt von ihren eigenen inneren Vorgängen und Belangen überschwemmt fühlten, ein äußeres Vorbild sein. So gewinnt der Vater eine besondere und einzigartige Bedeutung. Er erfaßt das Realitätsprinzip, das lange Zeit zuvor durch die frühesten Versuche, das Mysterium der Sphinx aufzulösen, entstand. Gleichzeitig berührt er die unaussprechliche Scheu vor der geheimnisvollen Welt jenseits seiner Kontrolle.

Zusammenfassung

In diesem Artikel wurde aus psychoanalytischer Sicht der Prozeß der Vaterwerdens vorgestellt. Einleitend wurde die Außerachtlassung des Vaters während der Schwangerschaft erörtert. Anhaltspunkte für die einzigartigen Beiträge des Vaters in Hinblick auf das Neugeborene wurden kurz betrachtet. Von 9 Wünschen, die eine psychodynamische Grundlage haben und die während des Entwicklungsprozesses auftauchen, wurde angenommen, daß sie die Motivation eines Mannes, Vater zu werden, verkörpern. Schließlich wurden 7 Entwicklungsphasen des werdenden Vaters von der ersten Bereitschaft bis zur Geburt diskutiert.

Literatur

Abelin EL (1975) Some further observations and comments on the earliest role of the father. Int J Psychoanal 56. 293-302

Benedek T (1970) Fatherhood and providing. In: Anthony EJ, Benedek T (eds) Parenthood. Little Brown, Boston, pp 167-183

Brudal LF (1984) "Paternity Blues" and the father-child-relationship. In: Call DJ, Galenson E, Tyson RL (eds) Frontiers of infant psychiatry, vol. 2. Basic Books, New York, pp 381-384

Brunswick RM (1940) The preoedipal phase of libidinal development. Psychoanal. Q. 9: 293-319

Burlingham D (1975) The preoedipal infant-father-relationship. Psychoanal Study Child 28: 23-47

Cath SH (1982) Vicissitudes of grandfatherhood. A miracle of revitalization. In: Cath SH, Gurwitt AR, Ross JM (eds) Father and child. Little Brown, Boston, pp 329-337

Chodorow N (1978) The reproduction of mothering. Univ California Press, Berkeley (Dt. 1985: Das Erbe der Mütter. Psychoanalyse und Soziologie der Geschlechter. Frauenoffensive, München)

Colarusso CA, Nemiroff RA (1982) The father in midlife: Crisis and the growth of paternal identity. In: Cath SH, Gurwitt AR, Ross JM (eds) Father and child. Little, Brown, Boston, pp 315-327

Deutscher M (1971) First pregnancy and family formation. In: Milma D, Goldman G (eds) Psychoanalytic contributions to community psychology. Thomas, Springfield IL, pp 233-255

Dinnerstein D (1976) The Mermeid and the Minotaur. Harper & Row, New York

Erikson EH (1963) Childhood and society. Norton, New York

Erikson EH (1969) Gandhi's truth. Norton, New York (Dt. 1971: Kindheit und Gesellschaft. Klett, Stuttgart

Fairbairn W (1952) The psychoanalytic study of personality. Tavistock, London

Freud (1909b) Analyse der Phobie eines fünfjährigen Knaben. GW Bd 7, S 241-377

Greenberg M, Morris N (1974) Engrossment: The newborn's impact upon the father. Amer J Orthopsychiatry 44: 520-531

Gurwitt AR (1976) Aspects of prospective fatherhood: A case report. Psychoanal Study Child 31: 237-271

Herzog JM (1982) Patterns of expectant fatherhood: A study of the fathers of a group of premature infants. In: Cath SH, Gurwitt AR, Ross JM (eds) Father and child. Little, Brown, Boston, pp 301-314

Jacobson E (1950) Development of the wish for a child in boys. Psychoanal Study Child 5: 139-153

Jarwis W (1962) Some effects of pregnancy and childbirth in men. J Amer Psychoanal Assoc 10: 689-699

Jessner L, Weigert E, Foy JL (1970) The development of parental attitudes during pregnancy. In: Anthony EJ, Benedek T (eds) Parenthood. Little Brown, Boston, pp 209-244

Kestenberg J (1975) Parenthood as a developmental phase. J. Amer. Psychoanal Assn 23: 154-166

Kubie L (1974) The drive to become both sexes. Psychoanal Q 43: 349-426

Lamb ME (1976) The role of the father: An overview. In: Lamb ME (ed) The role of the father in child development. Wiley, New York, pp 1-63

Lamb ME (1984) Mothers, fathers and child care in changing world. In: Call DJ, Galenson E, Tyson RL (eds) Frontiers of infant psychiatry, vol. 2. Basic Books, New York, pp 343-362

McCorkel RJ (1964) Husbands and pregnancy: An exploratory study. Unpublished M.A. Thesis. University of North Carolina, Chapel Hill (reported in Jessner et al. 1970)

Pruett KD (1983) Infants of primary nurturing fathers. Psychoanal Study Child 38: 257-277

Ross JM (1982a) The roots of fatherhood: Excursions into a lost literature. In: Cath SH, Gurwitt AR, Ross JM (eds) Father and child. Little, Brown, Boston, pp 3-20

Ross JM (1982b) In search of fathering: A review. In: Cath SH, Gurwitt AR, Ross JM (eds) Father and child. Little, Brown, Boston, pp 21-32

Shapiro JL (1985) The lost cord: Becoming an father in the age of feminism. Umpublished manuscript. Universitiy of Santa Clara, Santa Clara/CA

Shor J, Sanville J (1978) Illusion in loving. Int Univ Press, New York

Yogman MW (1984) The father's role with preterm and fullterm infants. In: Call DJ, Galenson E, Tyson RL (eds) Frontiers of infant psychiatry, vol. 2. Basic Books, New York, pp 363-374

Vatersein von der Kindheit bis ins Alter: Ein Abriß neuerer psychoanalytischer Konzepte

Stanley Cath

Dieser Aufsatz betrachtet kurz die wichtigsten und vielversprechendsten psychoanalytischen Beiträge zu unserem Verständnis der Vaterschaft und des Vaterseins während der letzten 20 Jahre. Weiterhin wird aufgezeigt, wie sich diese Konzepte von den eher klassischen unterscheiden. In der Tat waren die zurückliegenden Jahrzehnte von zwei wichtigen Einsichten über Väter gekennzeichnet, die nicht ausschließlich aus der psychoanalytischen Forschung stammen. Die erste betrifft die Anerkennung der einzigartigen Rolle des Vaters in der gesunden familialen Entwicklung zu allen Zeitpunkten des Lebensverlaufs, sowohl vor als auch nach der klassischen ödipalen Periode. Zweitens ist man sich über die verblüffende und beharrliche historische Tendenz klar geworden, die darin besteht, den Vater sowohl aus der Verantwortung zu entlassen als auch von den therapeutischen Interventionen bei ungesunden Familiensyndromen auszuschließen (Ferhold u. Gurwitt 1982, Caplan u. Hall-McCorquodale 1985). Ein wesentliches Ergebnis dieser letzteren Haltung drückte sich bei fast allen Therapieformen und in fast allen Theorien darin aus, daß den Müttern die Schuld für Probleme in der Entwicklung der Kinder zugeschrieben wurde.

Während der Jahre nach dem 2. Weltkrieg strebte eine größere Anzahl von Frauen auf verschiedenen Wegen nach mehr individueller Gleichheit und einer gerechteren Repräsentation. Diese Bemühungen rührten möglicherweise von der Teilnahme der Frauen am Krieg her und erweiterten ihre Rolle bei Entscheidungen im öffentlichen Leben bis hin zu Veränderungen unserer heiligsten Theorien über die intrapsychischen und epigenetischen Repräsentanzen der Geschlechter. Diese zunehmend bedeutungsvolle Bewegung führte zu einer realistischeren Einschätzung der Rollen beider Geschlechter im Leben westlicher Familien, denn in Wahrheit wurden beide verdreht und beherrscht von archaischen patriarchalischen Traditionen und Privilegien. Die Väter von heute sind vermehrt dazu aufgefordert, sich an den mütterlichen und versorgenden Verantwortlichkeiten für den Nachwuchs und zuhause zu beteiligen. In der zeitgenössischen amerikanischen Mittelschicht scheinen viele Männer an der Verantwortung im Bereich der Versorgung und den Freuden der

Kindererziehung sowie einer größeren emotionalen Beteiligung interessiert zu sein, nicht unähnlich dem kolonialen Amerika, wo die Männer noch in der Nähe des Hauses arbeiteten (Demos 1982). Das Bedürfnis nach zärtlicher Fürsorge scheint weniger mit Schwäche und unmännlicher Weiblichkeit assoziiert zu werden, wie dies noch vor Jahrzehnten der Fall war. In der amerikanischen Mittelschicht verbringen die Väter durchschnittlich etwa 10 Stunden in der Woche mit ihren Kindern. Mehr als die Quantität zählen jedoch die Qualität und die Bedeutung des Vaterseins. Ebenso bedeutsam ist, wie die Mutter auf die An- oder Abwesenheit des Vaters reagiert.

Das psychoanalytische Denken zu den Themen und Paradoxien der Vaterschaft gründet sich auf theoretisches und klinisches Material, das alle Phasen des Lebensverlaufs, von der Kindheit bis ins Alter, abbildet. In den 60er Jahren wurden sich einige an geriatrischen Fragen interessierte Psychoanalytiker wie ich darüber klar, daß es Unterschiede im Schicksal der Geschlechter im Alter gibt und daß darüber hinaus die Vater-Kind-Beziehung selbst im Pflegeheim noch wichtig bleibt. Diese die Väter im mittleren und späteren Leben betreffenden Beobachtungen fanden eine Parallele in den Befunden der frühen Ich-Psychologie (Kestenberg, Marcus, Sossin u. Stevenson 1982; Greenacre 1950; Abelin 1971; Galenson u. Roiphe 1982; Ross 1982a, 1982b, 1982c; Gurwitt 1982; Yogman 1982). Diese Autoren studierten eifrig die Ontogenese und den Verlauf der Vaterschaft. Dieser gemeinsame Boden brachte uns gegen Ende der 70er Jahre zusammen und regte so das Entstehen unseres ersten Buchs über die Beziehung zwischen Vater und Kind an (Cath, Gurwitt u. Ross 1982). Zur gleichen Zeit wurde unsere psychoanalytische Sichtweise durch Befunde dynamischer Familientherapeuten und anderer psychologischer Forscher bereichert (Lamb 1976). Das Ergebnis hiervon ist, daß die Psychoanalyse nun über ein vollständigeres und realistisches Verständnis der Tatsache verfügt, daß die Vaterschaft ähnlich physiologischen Funktionsweisen eine Variationsbreite von der Kindheit bis ins Alter besitzt.

Frühere psychoanalytische Theoretiker wiesen der Vaterschaft nur einen Platz am Rande ihrer Entwicklungstheorien zu. Wie Ross (1982a, 1982b) so deutlich gezeigt hat, blieb der Vater der "vergessene Elternteil" in der psychoanalytischen Literatur. Er wurde zwar als Versorger, Beschützer und als moralische Autorität betrachtet, blieb jedoch in seiner Bedeutung bei der direkten Pflege seiner Kinder und ihrem emotionalen Wachstum verkannt. Die klassische Theorie als Ganzes blieb in der Darstellung der Vater-Sohn-Beziehung zu sehr monolithisch. Sie stellte sie im wesentlichen als bedrohlich und letztendlich als destruktiv dar, wie dies beispielhaft im griechischen Ödipusmythos deutlich wird. Freud und die meisten Analytiker nach ihm porträtierten den Vater vornehmlich als Widersacher, Tyrann und als eine Figur, die wegen ihrer grausamen

Macht gefürchtet wird. Wie aber Ross gezeigt hat, existieren in der analytischen Literatur vereinzelt ausführliche Diskussionen über die positiven, versorgenden Aspekte non Männern und die Wurzeln der Väterlichkeit in der frühen Kindheit. Die Wünsche eines Mannes, Kinder zu zeugen und aufzuziehen, wurden mit Begriffen wie analen Geburtsphantasien, dem sogenannten negativen Ödipuskomplex, dem Weiblichkeitskomplex bei Männern und dem Neid auf die Gebärfähigkeit der Frau umschrieben. Zum Großteil jedoch erklärten diese Erörterungen die Wurzeln der Vaterschaft mit den frühen weiblichen Identifikationen des kleinen Jungen, als ob Elternschaft zwangsläufig Frausein bedeute. Die ganz andere Natur der Vaterschaft an sich und ihre Beziehung zur Mutterschaft wurden nur langsam erkannt.

Erst seit kurzem können wir sehen, daß die Rolle des Vaters sehr deutlich mit dem Schicksal der versorgenden Fähigkeiten seiner Frau zusammenhängt, so wie deren Rolle auch von seinen väterlichen Fähigkeiten abhängt. Das bedeutet, daß der Vater, wenn er sich um die Mutter kümmert, ebenso die Pflege ihres gemeinsamen Nachwuchses sichert. In der Tat können die positiven und die negativen Beiträge des Vaters zur familiären Wechselseitigkeit bereits lange vor der Zeugung entstehen, was als eine "Allianz der Partnerschaft" bezeichnet wurde. Die Qualität dieser Verbindung reicht in die Allianz der Schwangerschaft und schließlich in die Allianz der Elternschaft. Bei seinem Studium der prospektiven Vaterschaft läßt Gruwitt (1982) keinen Zweifel daran, daß die Verbindung zu beiden Eltern ein realisierbares Erbe bei der Geburt des Kindes ist. Wie er in seinem Fallbericht schildert, bildet die Phase der Schwangerschaft eine wichtige entwicklungsgeschichtliche Veränderung für den werdenden Vater. Diese führt zu einer inneren Umwälzung, einer Veränderung und Resynthetisierung seines Selbstgefühls, dessen Ergebnis für die ganze Familie von entscheidender Bedeutung ist. Ein sehr schönes Beispiel, wie eine präventive Intervention bei beiden Partnern die weitere elterliche Allianz fördern kann, findet sich in der Arbeit des *Tufts Family Support Program* (Samaraweera u. Cath 1982). In diesem multidisziplinären Teamprojekt erhalten werdende Eltern therapeutische Hilfe bei der Diskussion der Beziehungsprobleme miteinander und mit ihren eigenen Eltern, so daß die die Elternschaft betreffenden Konflikte bereits vor der Ankunft des Babies gelöst werden können.

Die Vaterschaft selbst kann nur durch die Erlaubnis und die Unterstützung der Mutter in Erscheinung treten und wachsen. Wie sie die Rolle ihres Mannes als Vater einführt und konzeptualisiert, ist eine der wichtigsten Determinanten dafür, wie ihr Kind sich zu seinem Vater und im späteren Leben zu Männern und Frauen überhaupt verhalten wird. Wie Atkins (1982) hervorgehoben hat, werden die Vaterrepräsentanzen durch die Mutter und ihre Beziehung zu ihrem Mann während der Kindheit dergestalt vermittelt, daß die triangulären Familienbeziehungen einen entwicklungsgeschichtlichen Einfluß auf das Kind bereits von Geburt an haben. In dieser Konstellation wird die Mutter durch offenen Ausdruck oder durch die subtile Körpersprache dem Kind zu einer positiven oder negativen Einstellung dem Vater gegenüber verhelfen. Somit hat sie ihren Anteil an der unbewußten Matrix aller folgenden Vaterrepräsentanzen, Idealisierungen und Verunglimpfungen.

Mithilfe von Videoaufzeichnungen zeigte Yogman (1982), daß die Rolle des Vaters bei seinen Kindern weit weniger biologisch bestimmt und das Kind bei weitem weniger passiv ist, als dies bislang angenommen wurde. Tatsächlich hat das Kind vielfältige Möglichkeiten, den zögernden und sich sträubenden Vater für sich einzunehmen. Das Kind hilft nicht nur dem Erwachsenen dabei, angemessene Reaktionsmöglichkeiten auf es zu entwickeln. Die Prozesse des gegenseitigen Erkennens und der wechselseitigen Regulation sowohl durch das Kind als auch durch den Elternteil beginnen viel eher, als die Bindungstheorie früher angenommen hat. Das bedeutet ganz einfach, daß die Kinder in der Lage sind, eine kompetente und liebevolle Fürsorge nicht allein bei weiblichen, sondern auch bei männlichen Bezugspersonen zu veranlassen (Yogman 1982).

Außer dem Stillen können die meisten Tätigkeiten, die für die Mutter typisch sind, auch von Vätern durchgeführt werden. Dies gilt umgekehrt genauso für Tätigkeiten, die in der Regel ausschließlich von Vätern ausgeführt werden. Sowohl Väter als auch Mütter leisten jeweils einen besonderen, bedeutsamen Beitrag, dessen Qualität nicht daran gemessen werden kann, was getan wird, sondern wie es getan wird. Wir können uns über die männliche und weibliche Art des Versorgens, die manchmal gegeneinander ausgespielt werden, streiten; wie aber die meisten Geschlechtsunterschiede besitzen sie eine Yin-Yang-Qualität von wechselseitiger Komplementarität und Bereicherung. Deswegen können während der ersten Wochen im Leben des Kindes die Beziehungsmodi des Vaters sehr deutlich von denen der Mutter unterschieden sein. In den alltäglichen Interaktionen wirkt die Mutter eher beruhigend, sedierend, distal und besänftigend. Der Vater stellt andere Höhepunkte der Erregung her. Er wirkt wahrscheinlich stimulierender, motorischer und proximaler. Aber in dem Heraufbeschwören und Beenden solcher Höhepunkte, die manchmal von den Ermahnungen der Mutter begleitet werden, lehrt der Vater ebenso die Modulation und Kontrolle, wie er sie auf seine Weise wahrnimmt. Gegen Ende des ersten Lebensjahres sind die empathische, aber differenzierte Art des Vaters, auf die Bedürfnisse und die Raumeroberung des Kindes zu reagieren, sowie seine Art, mit der Erregung umzugehen, zu wesentlichen Faktoren für die Hemmung oder Verstärkung angeborener kognitiver Stile geworden. Im großen und ganzen zeigen diese Studien, daß die Kinder auf beide Elternteile in differenzierter Weise bezogen sind und daß besonders die Väter spielerische und körperlich erregende Erlebnisse anbieten. Wenn sie den Bedürfnissen des Kindes entsprechen, fördern diese elterlichen Interaktionen die Entwicklung der Exploration und der Unabhängigkeit in der frühen Kindheit und auch später noch. Wir haben weiterhin gelernt, daß die geschlechtsspezifischen Unterschiede bei den elterlichen Stilen bereichernd wirken und unterstützt werden sollten. Die Väter haben schon ohne den zusätzlichen Druck, das andere Geschlecht spiegeln zu müssen, genug Probleme damit, ihrer eigenen Rolle als Elternteil gerecht zu werden.

Wichtige Erkenntnisse über die Rolle des Vaters in der frühen Kindheit wurden von solchen Analytikern vorgebracht, die Margaret Mahlers Schema von der Trennung und Individuation ausgearbeitet haben (Mahler, Pine u. Bergman 1975). Auf der Grundlage der direkten Beobachtung von Kleinkindern beschrieb Abelin (1971, 1975) den Vater als die früheste Repräsentanz der Welt außerhalb der Mutter, dessen Erscheinung einen besondern Reiz für kleine Kinder darstellt und der dazu dient, in die größere und äußere Welt der Dinge und neuer Menschen einzuführen. Diese Vorläufer der Bindung an den Vater entwickeln sich im ersten Lebensjahr in Anschluß an ähnliche Bindungen an Mutter und Geschwister nur langsam. Während der Übungs-Subphase im zweiten Lebensjahr erwirbt der Vater für das Kind seine eigene Identität, die besonders mit dem Erleben von Entdeckung und Begeisterung des Kleinkindes verbunden ist. Zu dieser Zeit können bereits frühe Geschlechtsunterschiede auftreten. Kleine Mädchen zeigen "weibliche" Eigenschaften bei schüchternen Flirtversuchen mit erwachsenen Männern. Zur gleichen Zeit kehren aber sowohl Jungen als auch Mädchen zu ihrer Mutter und ihrer symbiotischen Welt mit der Möglichkeit des körperlichen oder emotionalen Auftankens zurück. Während der späteren Subphase der Wiederannäherung, in der die Mutter-Kind-Beziehung sehr ambivalent und oft regressiv wird, verbleibt die Beziehung zum Vater relativ stabil und unkontaminiert. Selbst wenn das Kind dranghaft um die Zuwendung der Mutter wirbt, bleibt der Vater die weniger ambivalente Alternative, der wenig feindselige Rivalität und Eifersucht hervorruft. Natürlich wird später, etwa in der Mitte des dritten Lebensjahres, die emotionale und kognitive Entwicklung des Kindes das Stadium der Triangulation erreichen. Dies führt zu einer neuen Stufe des zwischenmenschlichen Konflikts, der klassischen Krise des Ödipus.

In den letzten Jahren hat die psychoanalytische Theorie die ödipale Entwicklungsspanne innerhalb eines größeren Lebenszyklus und einer dynamischen Familienperspektive angesiedelt. Es ist hinreichend deutlich, daß die ödipalen Konflikte am besten bewältigt und überwunden werden können, wenn sich vorher in der präödipalen Periode eine Basis von Liebe und Vertrauen zwischen Vater und Sohn und zwischen Mutter und Vater eingestellt hat. Dann kann die Mutter einen angemessenen Respekt sowohl der Männlichkeit des Vaters als auch der des Sohnes zollen.

Die Spannungen zwischen Vätern und Söhnen sowie zwischen Eltern und Kindern überhaupt sind jedoch niemals einseitig. Wie Anthony u. Benedek (1970) überzeugend dargestellt haben, bringen die Eltern ihre individuelle und gemeinsame Vergangenheit in die Kindererziehung ein. Besonders während der Zeit des ödipalen Konflikts reaktiviert das Kind die verdrängten Gefühle der Eltern, die ihrerseits ihre eigenen sexuellen und aggressiven Konflikte auf das Kind übertragen. Die familialen ödipalen Reaktionen reichen von ruhigen und zurückhaltenden bis zu akuten Krisen, die bald wieder verschwinden, oder zu intensiven und langwierigen Störungen, die mehr oder weniger chronisch verlaufen können. Die Fähigkeit des Kindes, mit diesen Schwierigkeiten umzugehen, hängt von dem Grad ab, in dem die Eltern ihre eigenen ödipalen Konflikte einbringen, und von dem Ausmaß, in dem eine präödipale Pathologie die familiären Interaktionen stört (Anthony 1970, Ross 1982c).

Früher neigten die Psychoanalytiker dazu, die ödipale Periode als einen von der weiteren Entwicklung abgeschlossenen Zeitraum zu betrachten oder zumindest als eine Phase, die auf mystische Weise aufgelöst werden kann. Es gibt aber keine abschließende Lösung der ödipalen Konflikte, sondern sie strahlen unvermindert zurück und wiederholen sich über viele Generationen hinweg und in allen späteren Entwicklungsphasen. Idealiter führen die ödipalen Themen auf verschiedene Stufen altruistischer Bezogenheit oder sie erzeugen weiterhin neue Konflikte und schmerzhafte Beziehungsprobleme. Die Vaterschaft als eine Entwicklungsphase an sich ermöglicht es Männern, ihre eigenen alten Probleme aufzuarbeiten und möglicherweise auf einer tieferen Ebene zu lösen. Im späteren Leben werden einige dieser Probleme aus verschiedenen Gründen wie etwa Disengagement, Erschöpfung oder Depression aufgegeben. Andere Männer hingegen kämpfen am Ende ihres Lebens immer noch mit ihren Erben darum, wer am mächtigsten und geachtetsten ist und somit die Gunst der Mutter Erde besitzt.

In den letzten Jahren haben die Psychoanalytiker ihre Aufmerksamkeit der Vater-Sohn-Beziehung in den späteren Phasen des männlichen Lebenszyklus zugewandt. Der Verlust des Vaters wurde bereits sehr viel früher von Freud (1900a) als das wichtigste Ereignis im Leben eines Mannes bezeichnet. Für viele Männer ist dies der Tiefpunkt in ihrem Leben, eine Zeit intensiver Seelensuche. So jedenfalls war es bei Freud, dessen kreative Bearbeitung seines Kummers die Psychoanalyse ins Leben rief. Die Analyse von Freuds Träumen durch Mahl (1982) erklärt diese Wurzeln der Psychoanalyse als eine Psychologie von Vater und Sohn. Während der Zeit der Trauer ziehen sich Männer oft von ihren Frauen und Kindern zurück. Es findet eine intrapsychische Bestandsaufnahme statt, die lange über die Trennung vom Vater hinaus fortdauert. Der Verlust des Vaters kann natürlich in verschiedener Hinsicht stattfinden. Ein gewöhnliches Muster besteht darin, daß die Frau ihren dement werdenden Partner versorgt und ihre Kinder von dieser Last entbindet. Söhne haben in der Regel Schwierigkeiten mit dem physischen Abbau des Vaters und der Toleranz gegenüber dem Verlust seiner Personalität, der mit organischen Hirnsyndromen einhergeht. Väter, die unerwartet sterben, werden als willenlose Opfer des Schicksals betrachtet, hinterlassen aber meist einen Rest an Enttäuschung. Erwachsene Kinder fühlen sich um die Möglichkeit betrogen, doch noch die emotionale Zuwendung zu erhalten, die ihnen in der Vergangenheit gefehlt hatte (Cath 1982a).

Selbst nach seinem Tod kann der Vater noch ungeachtet seiner realen Eigenschaften für seine Kinder ein idealisiertes, unerreichbares und unaussprechliches Ich-Ideal repräsentieren. Die meisten erwachsenen Männer, die ich beobachtet habe, machten keinen Hehl daraus, daß sie ihren Kindern bessere Väter sein wollten, als ihre eigenen es gewesen waren (Cath 1984). Dies wird im 5. oder 6. Lebensjahrzehnt deutlich, wenn sowohl Männer als auch Frauen eine Reihe von Bestandsaufnahmen von sich selbst, aber auch von ihren Kindern vornehmen. In der Therapie entdecken sie oft, daß sie nie ein grundlegendes Vatererlebnis gehabt haben. Ihr Bedürfnis danach bildete in hohem Maße ihre eigene Art der Elternschaft. Gegen Ende ihres Lebens scheinen beide Geschlechter von der Art und Intensität elterlicher Versorgung und Verständnisbereitschaft, an denen es ihnen selbst gemangelt hat, zu träumen.

An dieser Stelle möchte ich von einigen meiner Erfahrungen über die Geschicke der Großelternschaft berichten (Cath 1982b). Der volkstümliche Mythos zeigt den Großvater als einen freundlichen, alten Mann, der sich am Rande des Stroms bedeutender Ereignisse aufhält, obwohl tatsächlich viele Großväter noch robust und produktiv sind. Die Ankunft eines Enkelkindes stellt in jedem Falle einen Meilenstein dar, der den alten Mann wiederbeleben und ihm in Verbindung mit seinem biologischen und psychologischen Selbst eine Zukunft versichern kann. Diese Gelegenheit führt zum Teil dazu, daß der Großvater sein Enkelkind idealisiert. Die beiden sind ebenso durch die folgende generationsübergreifende Dynamik verbunden: zum einen durch den Ärger auf den Vater, auf den sie beide neidisch sind, und zum anderen durch eine über die Großelternschaft hergestellte korrektive Möglichkeit der Kompensation solcher Schuldgefühle, die die eigene Unzulänglichkeit als Elternteil betreffen.

Großväter können der Entwicklung ihrer Enkel insofern ein besonderes Geschenk machen, als sie beim kleinen Jungen die Akzeptanz seiner weiblichen Anteile fördern können. Vielleicht beteiligen sie sich am Spiel der Enkelsöhne mit traditionell weiblichem Spielzeug und wirken neutralisierend auf die exzessiven Forderungen seitens der Eltern nach Aktion, Konkurrenz und anderen männlichen Idealen ein. Der Großvater erlaubt seinem Enkel eine hingebungsvollere und sanftere Beziehung zu einem

Mann und fördert den Ausdruck positiver Gefühle anderen Männern gegenüber. Wenn jedoch auf der anderen Seite der Großvater nie fähig war, seine eigenen passiven Seiten zu akzeptieren und das gesunde Verlangen nach der Liebe und der Zustimmung eines Mannes verachtet, kann das Ergebnis die Akzentuierung des pseudo-unabhängigen Mannes seitens beider Generationen sein. Solch ein Ergebnis kann das hohe Alter des Großvaters für alle Familienmitglieder unerträglich machen.

Es gibt noch einen weiteren, positiven und wachstumsfördernden Aspekt der ödipalen Rolle des Vaters, die in den frühen psychoanalytischen Schriften nicht beachtet wurde. Beispielsweise möchte ich auf den gesunden und den der Bildung des Ichs förderlichen Einfluß des Vaters auf die Fähigkeit seiner Tochter zum Lernen, zur Kreativität und zur Arbeit hinweisen (Tessman 1982). Die ödipale Phase des Mädchens wurde in der Regel durch das Vorherrschen romantischer und sexueller auf den Vater gerichteter Wünsche und der gleichzeitigen Rivalität mit der Mutter beschrieben. Diese emotionale Erfahrung bereitet das kleine Mädchen auf die späteren heterosexuellen Liebesbeziehungen vor. Heute können wir ebenso die Rolle des Vaters bei der Umwandlung der kindlichen Erregung in reifere Bewältigungsformen, der Initiative und der Arbeit erkennen. Das Vertrauen der Tochter in die Fähigkeiten des eigenen Ichs entsteht mit den Explorationen im Kleinkindalter und wird von beiden Elternteilen unterstützt. Aus jedoch nicht ganz deutlichen Gründen sehen kleine Mädchen ihre Väter als aufregende und abenteuerliche Verbindung zur äußeren Welt, selbst in solchen zahlreichen Familien, in denen Karrieremütter ebenso als Rollenmodelle zur Verfügung stehen.

Eine andere Revision unserer Vorstellungen über Väter und Söhne betrifft die frühere Verwendung des Begriffs "homosexuell", um die intimen und liebevollen Aspekte dieser Beziehung zu kennzeichnen. Peter Blos (1984) diskutierte unlängst diese Frage und betonte die Bedeutung einer warmen, körperlichen und emotionalen Beziehung zwischen Vater und Sohn bis zur Adoleszenz. Blos führte den treffenden Begriff *isogender* anstelle des irreführenden Adjektivs "homosexuell" ein, um die positiven Qualitäten dieser Verbindung auszudrücken. Die normative Entwicklung von Jungen und jungen Männern in Beziehung zu älteren Männern sowie das fortbestehende, der Entwicklung entsprechende Bedürfnis erwachsener Männer nach Männern wird heute als von Grund auf gesund betrachtet und wird gefördert bzw. kultiviert. Diese Auffassung stimmt mit Beobachtungen überein, nach denen Menschen im mittleren Lebensalter mehr Zeit mit Personen des eigenen Geschlechts verbringen. Für Männer, die sich in der Anwesenheit anderer Männer unwohl fühlen, können diese Jahre problematisch werden und durch eine größere emotionale Isolation gekennzeichnet sein.

Ich nehme an, daß die Entschuldigung der Väter und die Sündenbockzuschreibung an die Mütter nicht allein sozioökonomischen Ursprungs sind, sondern die unbewußte Verschwörung eines Teils beider Geschlechter widerspiegeln. Solche Personen, die alles andere als optimale Väter hatten, haben vielleicht das Bedürfnis nach einer Welt, die nicht von Müttern dominiert wird. Die Idealisierung der Väter und anderer Männer und die damit einhergehende Intoleranz gegenüber Männern als auch Frauen, die ohne Ambivalenz von Frauen abhängig sind, scheint von der Wiederannäherungsphase bis zum Lebensende fortzubestehen. Bei vielen Männern mag ein unbewußter Frauenhaß mit einem fortdauernden Mangel an der sicheren Identität ihrer Erscheinung einhergehen. Solche Männer schienen dazu verführt, sich ihren Müttern zu unterwerfen und ließen sich symbiotisch verschlingen. Dies verdammt sie dazu, in ihren Beziehungen mit Frauen zu versagen, und führt sie dazu, sich in den sicheren Hafen einer männlichen Welt zurückzuziehen. Die wenigen Männer beispielsweise, die in Pflegeheimen untergebracht sind, sehen sich einer von Frauen beherrschten Kultur ausgeliefert, werden vielleicht gewalttätig und werden am besten von männlichen Pflegern versorgt. Selbst Frauen in Pflegeheimen können Schwierigkeiten damit haben, von Frauen gepflegt zu werden, und zeigen eine trotzige Unabhängigkeit. Diese Frauen verschleiern ihre Sehnsucht nach Mütterlichkeit unter der Fassade von Enttäuschung und Wut Frauen gegenüber. Männlichen Pflegern gegenüber zeigen sie gleichwohl eine unmittelbare und idealisierende Übertragung. Sie beharren auf der Phantasie, daß, wenn nur ein Mann daher käme oder ihre Ehemänner zurückkehrten, alles wieder in Ordnung wäre. Bis in die intrapsychische Ewigkeit, so scheint es, machen diese geriatrischen Patientinnen ihrer Mutter Vorwürfe, während sie dem Vater die Fehltritte und Unzulänglichkeiten vergeben.

Durch diese neuen Forschungstrends bereichert, beginnen die Psychoanalytiker nicht allein damit, die Schlüsselkonzepte über die Rolle des Vaters in der normativen und anomalen Entwicklung zu revidieren, sondern fragen sich auch, welche Überzeugungen und mächtigen intrapsychischen Kräfte sie dazu geführt haben, die Väter aus dem therapeutischen Handeln auszuschließen. Ferhold u. Gurwitt (1982) betonen, daß das jüngste Forschungsinteresse an der Vaterschaft mit einer Tradition der Außerachtlassung zu kämpfen und bis jetzt noch nicht zu einer angemessen Veränderung der klinischen Praxis geführt hat. Heute ist aber deutlich, daß die Einbeziehung des Vaters in Maßnahmen, die auf die seelische Gesundheit zielen, wesentlich für die Effektivität, die Evaluation und für die Behandlung ist. Wir bedürfen nicht allein einer größeren Bereitschaft zur Einbeziehung der Väter. Vielmehr müssen wir uns selbst auf sie einlassen, wenn wir alle therapeutischen Familienmaßnahmen von der Wiege bis zum Grab abdecken wollen.

Literatur

Abelin E (1971) The role of the father in the separation-individuation process. In: McDevitt JB, Settlage CF (eds) Separation-individuation: Essays in honor of Margaret Mahler. Int Univ Press, New York

Abelin E (1975) Some further observations and comments on the earliest role of the father. Int J Psychoanal 56: 293-302

Anthony EJ (1970) The reaction of parents to the oedipal child. In: McDevitt JB, Settlage CF (eds) Parenthood: Its psychology and psychopathology. Int Univ Press, New York

Anthony EJ, Benedek T (eds) (1970) Parenthood: Its psychology and psychopathology. Little, Brown, Boston

Atkins RN (1982) Discovering Daddy: The mother's role. In: Cath SH, Gurwitt AR, Ross JM (eds) Father and child: Developmental and clinical perspectives. Little, Brown, Boston, pp 139-149

Blos P (1984) Son and father. J Amer Psychoanal Assoc 32: 301-324

Caplan PJ, Hall-McCorquodale I (1985) The scapegoating of mothers: A call for change. Amer J Orthopsychiatry 55: 610-613

Cath SH (1982a) The dying and death of a father. In: Cath SH, Gurwitt AR, Ross JM (eds) Father and child: Developmental and clinical perspectives. Little, Brown, Boston, pp 339-353

Cath SH (1982b) Vicissitudes of grandfatherhood: A miracle of revitalization? In: Cath SH, Gurwitt AR, Ross JM (eds) Father and child: Developmental and clinical perspectives. Little, Brown, Boston, pp 329-337

Cath SH (1984) A psychoanalytic hour: A late-life awakening. Clinical Approaches to Psychotherapy with the Elderly. Monograph Series of the American Psychiatric Press, Washington DC, pp 2-14

Cath SH, Gurwitt AR, Ross JM (eds) (1982) Father and child: Developmental and clinical perspectives. Little, Brown, Boston

Demos J (1982) The changing faces of fatherhood: A new exploration in American family history. In: Cath SH, Gurwitt AR, Ross JM (eds) Father and child: Developmental and clinical perspectives. Little, Brown, Boston, pp 425-445

Ferhold JB, Gurwitt AR (1982) Involving fathers in treatment. In: Cath SH, Gurwitt AR, Ross JM (eds) Father and child: Developmental and clinical perspectives. Little, Brown, Boston, pp 557-568

Freud S (1900a) Die Traumdeutung GW Bd 2

Galenson E, Roiphe H (1982) The preoedipal relationship of a father, mother and daughter. In: Cath SH, Gurwitt AR, Ross JM (eds) Father and child: Developmental and clinical perspectives. Little, Brown, Boston, pp 151-162

Greenacre P (1950) Special problems of early female sexual development. Psychoanal Study Child 5: 122-138

Gurwitt AR (1982) Aspects of prospective fatherhood. In: Cath SH, Gurwitt AR, Ross JM (eds) Father and child: Developmental and clinical perspectives. Little, Brown, Boston, pp 275-299

Kestenberg J, Marcus H, Sossin K, Stevenson R (1982) The development of paternal attitudes. In: Cath SH, Gurwitt AR, Ross JM (eds) Father and child: Developmental and clinical perspectives. Little, Brown, Boston, pp 3-20

Lamb M (ed) (1976) The role of the father in child development. Wiley, New York

Mahl GF (1982) Father-son themes in Freud's self-analysis. In: Cath SH, Gurwitt AR, Ross JM (eds) Father and child: Developmental and clinical perspectives. Little, Brown, Boston, pp 33-64

Mahler M, Pine F, Bergman A (1975) The psychological birth of the human infant. Basic Books, New York (Dt. 1978: Die psychische Geburt des Menschen - Symbiose und Individuation. Fischer, Frankfurt am Main)

Ross JM (1982a) In search of fathering: A review. In: Cath SH, Gurwitt AR, Ross JM (eds) Father and child: Developmental and clinical perspectives. Little, Brown, Boston, pp 21-32

Ross JM (1982b) The roots of fatherhood: Excursions into a lost literature. In: Cath SH, Gurwitt AR, Ross JM (eds) Father and child: Developmental and clinical perspectives. Little, Brown, Boston, pp 3-20

Ross JM (1982c) Oedipus revisited. Laius and the "Laius Complex". Psychoanal Study Child 37: 169-200

Samaraweera S, Cath C (1982) Fostering the consolidation of paternal identity: The Tulfts Family Supprot Program. In: Cath SH, Gurwitt AR, Ross JM (eds) Father and child: Developmental and clinical perspectives. Little, Brown, Boston, pp 543-555

Tessman LH (1982) A note on father's contribution to the daughter's way of loving and working. In: Cath SH, Gurwitt AR, Ross JM (eds) Father and child: Developmental and clinical perspectives. Little, Brown, Boston, pp 219-241

Yogman MW (1982) Observations on the father-infant relationship. In: Cath SH, Gurwitt AR, Ross JM (eds) Father and child: Developmental and clinical perspectives. Little, Brown, Boston, pp 101-122

Zur historischen und theoretischen Kritik am psychoanalytischen Modell der Homosexualität

Robert M. Friedman

Einleitung

In diesem Beitrag werde ich das psychoanalytische Modell der Homosexualität kritisch untersuchen. Dabei werde ich mich besonders auf die zentrale These konzentrieren, daß die Homosexualität einer pathologischen Bedingung unterliegt, die durch eine gestörte Erziehung und einen Stillstand in der Entwicklung hervorgerufen wird. Obwohl die umfassende Darstellung dieses Gegenstandes allein schon ein ganzes Buch füllen würde, gibt es andererseits erstaunlich wenige grundlegende Konzepte und Anregungen, die von der Psychoanalyse zur Erforschung der sexuellen Orientierung entwickelt wurden. Das zugrundeliegende Modell wurde von Freud zu Beginn der 20. Jahrhunderts vorgelegt und später von Analytikern zu Freuds Lebzeiten ohne größere Veränderungen ausgearbeitet. Es blieb bis in die 40er Jahre im wesentlichen unverändert, als durch die von Sandor Rado vorgenommenen Vereinfachungen eine größere innere Konsistenz erreicht und die Theorie in ihrer "klassischen" Gestalt konsolidiert wurde. Seit den 60er Jahren sind Teile der Theorie mit Konzepten über die Geschlechtsidentität angereichert worden. Aber andererseits wurde wenig hinzugefügt oder verändert.

Die Psychoanalyse versuchte oft den Nachweis, daß ihr Modell der Homosexualität auf angemessenen wissenschaftlichen Daten und absoluten Standards sexuellen Verhaltens beruhe, die unabhängig von kulturellen Konventionen bestehen (Panel 1954, S. 336). Wie ich zeigen werde, ist diese leichtfertige Auffassung weder durch die Geschichte der Psychoanalyse noch durch Ergebnisse anderer empirischer Wissenschaften gerechtfertigt. Wie Kuhn (1962) sehr deutlich zeigt, hat jedes wissenschaftliche Modell oder Paradigma seine historischen Wurzeln und einen heuristischen Wert, der jeweils auf die sich wandelnden Interessen der Forschungsgemeinschaft bezogen ist. Insbesondere das psychoanalytische Modell der Homosexualität, das die eher liberalen Ideen eines Havelock Ellis oder Magnus Hirschfeld in den Schatten stellte, wurde für viele Forscher ausschlaggebend, weil es auf einem Kern einigermaßen konsistenter Fakten und Konzepte beruhte, die auf klinische Erfahrungen zurückgingen und sich in die sehr erfolgreiche Freudsche Theorie der Psychopathologie einpaßten. Das analytische Schema der Pathogenese bot jedoch niemals weder eine besondere Erklärung für irgendeine sexuelle Präferenz von Individuen noch eine generelle Theorie der Homosexualität als ein historisches oder kulturübergreifendes Phänomen. Seit den 50er Jahren haben andere Wissenschaftsdisziplinen damit begonnen, einen beachtlichen Nachweis zu führen, der nun als unvereinbar mit der psychoanalytischen Sichtweise einer homosexuellen Psychopathologie erscheint und offenbar nach größeren Revisionen oder Erweiterungen im Rahmen eines umfassenderen, multifaktoriellen Modells verlangt (Hooker 1968). Die Psychoanalytiker haben sich bisher schwer getan, auf diesen interdisziplinären Wandel zu reagieren, und sie schienen sich oft tatsächlich nicht darüber im klaren zu sein, welch direkte Bedeutung wichtige Befunde für ihr klinisches Interesse haben. Das Ergebnis ist, daß sich die Psychoanalyse hinter einer theoretische Position verschanzt hat, die keine Berührungspunkte zum Feld der empirischen Forschung und zu den Bedürfnissen ihrer homosexuellen Patienten hat.

Kritik wurde an der Psychoanalyse wiederholt dahingehend geäußert, daß ihre Theorie der Homosexualität durch den antihomosexuellen Bias, der lange Zeit in der europäischen Geschichte vorherrschte, belastet sei. So wie sie im Denken und in den Werthaltungen des 19. Jahrhunderts verwurzelt ist, war es in der Tat für die Psychoanalyse unmöglich, von den traditionellen intellektuellen, religiösen und moralischen Ansichten männlichen Homosexuellen gegenüber unbeeinflußt zu bleiben. Es ist bekannt, daß seit den Anfängen der Christianisierung oder wenigstens, wie Boswell (1980) meint, seit der urbanen Erneuerung im spätmittelalterlichen Westeuropa eine extreme Intoleranz der Homosexualität gegenüber bestand. Religiöse und weltliche Gesetze versuchten mit Hilfe von Zensur und Strafandrohungen, die Homosexualität zu verbieten oder zu kontrollieren. Und obwohl im 19. Jahrhundert viele humanitäre Reformen erzielt werden konnten, ging die Verdammung der sexuellen Abweichung nicht wesentlich zurück. Vor diesem Hintergrund war es unvermeidbar, daß Freud seine Untersuchung der Homosexualität mit einem ungeprüften normativen Vorurteil begann. Murphy (1984, S. 75) meint, Freuds Verständnis der Homosexualität sei durchdrungen von dem Leitbild des Mannes und was er sein solle sowie einer ganzen Anzahl moralischer Vorannahmen.

Die psychoanalytische Theoriebildung zur Homosexualität kann, wie ich glaube, nicht aus dem historischen Kontext der letzten Jahrzehnte verstanden werden (Bayer 1981). Es ist weithin bekannt, daß soziale und professionelle Einstellungen Homosexuellen gegenüber ernsthaft erst nach dem zweiten Weltkrieg, in der Zeit nach den Untersuchungen Kinseys, dem Wandel der Frauenrollen und dem schwulenpolitischen Aktivismus überprüft wurden. Die homophile Bewegung reihte sich sehr schnell in den Strom des sozialen Protests ein und brachte einen kontroversen Angriff gegen die Psychoanalyse und die medizinische Psychiatrie in Gang. Schwule Ideologen sprachen es offen aus und erklärten, die Homosexualität sei keine Krankheit, Störung oder eine andere Pathologie in irgendeinem Sinn, sondern vielmehr eine Präferenz, Orientierung oder Neigung wie die Heterosexualität, die nicht in irgendeiner Weise von ihr verschieden sei (*The Mattachine Society of Washington*. s. Bayer 1981, S. 88). Es können hier nur die folgende Radikalisierung des schwulen Protests gegen Ende der 60er Jahre und die dramatischen Ereignisse angedeutet werden, die 1973 zu der Entscheidung der *American Psychiatric Association* führten, die ichsyntone Homosexualität aus dem Katalog psychischer Krankheiten zu streichen. Am Ende dieser Aktivitäten war das Ergebnis unklar und bildete keinen eindeutigen Konsensus innerhalb der psychiatrischen Gesellschaft und ihrer Ausbildungsinstitute.

Obwohl die Psychoanalyse versuchte, sich von diesen sozialen und professionellen Umbrüchen zu isolieren, war ihre Betrachtung der Homosexualität doch sehr von der extremen ideologischen Polarisierung dieser Zeit beeinflußt. Gerade als die populären und wissenschaftlichen Einstellungen sich wandelten, nahm die von Haus aus liberale Psychoanalyse einen eher reaktionären Standpunkt ein. Auf der einen Seite verbündeten sich schwule Denker auf lockere Weise mit Sozialwissenschaftlern, deren Forschungen kongenial zu sein schienen. Und auf der anderen Seite identifizierten sich die konservative Psychiatrie und besonders Psychoanalytiker mit der These von der homosexuellen Pathologie (vgl. die Auseinandersetzungen auf dem Symposium in Stoller et al. 1973). In einem solchen Klima waren die Argumente nur polemisch und manchmal rauh, und eine wahrhaft "nichtpartisanenhafte" Meinung war nur schwer möglich. Einige schwulenfreundliche Forscher wiesen infolge der Fehlannahme, daß jede Diskussion über die Ursprünge der Homosexualität bereits automatisch eine Konzession an die Pathologie darstelle, die These von einer Entwicklung zur Homosexualität völlig zurück. Wie Mitchell (1978) zeigt, wurde diese obsolete Auffassung, die von vielen Psychoanalytikern ebenso wie von ihren Kritikern geteilt wurde, durch die moderne Ich-Psychologie zwar überwunden, taucht aber dennoch heute in bestimmten Auseinandersetzungen auf. Inzwischen geriet die psychoanalytische Doktrin unglücklicherweise in die Verteidigungsposition, als ob jede theoretische Revision hinsichtlich der Homosexualität der schwulen Ideologie unterliegen und dem orthodoxen analytischen Standpunkt schaden würde.

Ein Ergebnis dieser intellektuellen und professionellen Polarisierung besteht darin, daß sich die psychoanalytische Erforschung der Homosexualität seit den 50er Jahren von anderen Forschungsansätzen isoliert hat. An die *American Psychoanalytic Association* gerichtet beklagt Wiedeman (1974, S. 651) die Tatsache, daß es zwar eine Flut von Publikationen zum Thema Sexualität gebe, sich aber die Vertreter der einen Disziplin häufig nicht der Untersuchungen bewußt seien, die von anderen Disziplinen durchgeführt werden, oder aber zeitweise Material aus anderen wissenschaftlichen Gebieten verwendeten, das antiquiert und primitiv sei oder falsch rezipiert werde. Seit 1974 bestand diese Zurückweisung anderer empirischer Sichtweisen seitens der Psychoanalyse fort, wie allein schon ein flüchtiger Blick auf psychoanalytische Bibliographien zeigt. Darüber hinaus kann, wie Wiedeman (1974, S. 652) erneut zeigt, nicht verschwiegen werden, daß während der letzten 30 Jahre - abgesehen von einigen Ausnahmen - die Beiträge seitens der Analytiker zum Problem der Homosexualität alles andere als reichhaltig waren. Oder, wie Robert Stoller offen bemerkte, "es ist wirklich überraschend - ich weiß nicht warum - daß die Homosexualität nicht häufiger innerhalb der analytischen Literatur diskutiert wird. ... Dieses Thema hat wenig zu neuem Denken angeregt" (1978, S. 541). Dieses Muster eines schwindenden Interesses und mangelnder Originalität wurde während der letzten 10 Jahre offensichtlicher, als die psychoanalytischen Studien zur Homosexualität zu einem Minimum zusammenschrumpften (s. Panel 1977).

Mein Argument läßt sich dahingehend zusammenfassen, daß die psychoanalytische Betrachtung der Homosexualität graduell eher dogmatisch geriet, sich weniger produktiv zeigte und seit mindestens einem Jahrzehnt in Tiefschlaf versunken ist. Die derzeitige analytische Forschung auf diesem ganzen Gebiet befindet sich in einer auffälligen Krise, wo doch das alte theoretische Modell und besonders die These von der homosexuellen Pathologie einer Überarbeitung mit einer freimütigen und offenen Haltung bedarf. Richard Green (1972, S. 95) behauptet, orthodoxe Denker würden versuchen, Schlüsse zum Thema Homosexualität voreilig vorzutäuschen, noch bevor man im Besitz elementarer Fakten oder eines befriedigenden Überblicks sei. Es sei wieder Zeit zur Überprüfung und Hinterfragung von bereits akzeptierten und bequemen Gegebenheiten. Und schließlich haben wir nach Alan Bell (1975, S. 422) den Zeitpunkt erreicht, an dem Kliniker und Sexualforscher aller Disziplinen die Methoden, theoretischen Modelle und Schlußfolgerungen der jeweils anderen zur Kenntnis nehmen müssen. Wir brauchen eine Verschnaufpause, um schließlich an das Reißbrett zurückkehren zu können.

Bevor ich fortfahre, möchte ich noch einige Bemerkungen zur Begrenzung dieses Beitrags auf homosexuelle Männer in Abgrenzung zur Homosexualität im allgemeinen ausführen. Alles, worüber ich im folgenden sprechen werde, bezieht sich allein auf Männer, es sei denn, ich fasse die Meinung von Autoren zusammen, die diese Unterscheidung nicht treffen. Ob dieses oder jenes auch auf Frauen zutrifft oder nicht, werde ich hier nicht diskutieren. Dabei möchte ich nicht nur ein bereits wucherndes und komplexes Thema eingrenzen, denn es gibt keinen Grund anzunehmen, die sexuellen Präferenzen von Männern und Frauen würden ähnliche Bedeutungen oder Wurzeln in der Entwicklung haben. Es kann im Gegenteil davon ausgegangen werden, daß homosexuelle Frauen mehr mit anderen Frauen gemeinsam haben als mit homosexuellen Männern. Jedenfalls kann von einem Modell der männlichen Homosexualität, einer Theorie, die sich auf die fast ausschließlich von Männern durchgeführte Psychoanalyse von Männern gründet, ausgegangen werden. Sie kann somit sehr wohl spezielle Aspekte männlicher Interaktion widerspiegeln, die nicht notwendig in die Theoriebildung über Frauen eingehen.

Die Freudsche Theorie der Homosexualität

Der Angelpunkt der Freudschen Theorie der Homosexualität bestand in seinem Konzept von der angeborenen Bisexualität. Die Wurzeln dieser Theorie gehen auf die Biologie des 19 Jahrhunderts, die bereits Spuren des embryonalen Hermaphroditismus entdeckte hatte, und auf die Ideen von Fliess zurück, an den Freud 1899 schreibt: "Ich gewöhne mich auch daran, jeden sexuellen Akt als einen Vorgang zwischen vier Individuen aufzufassen" (Brief 113, 1.8.1899). Bereits in den *Drei Abhandlungen* erscheint die Bisexualität als ein grundlegendes Postulat zur menschlichen Entwicklung (Freud 1905d). Insbesondere während der ödipalen Phase begehre der kleine Junge nicht allein seine Mutter, sondern benehme sich auch so wie ein Mädchen und zeige eine affektierte weibliche Haltung seinem Vater gegenüber (Freud 1923b). Es sei schließlich nur die relative Stärke der weiblichen oder männlichen Dispositionen, die die vorherrschenden ödipalen Identifikationen bestimmten. In den späteren Jahren, so glaubte Freud, würde die Libido immer noch oszillieren (1920a) oder sich auf latente oder manifeste Weise Objekten beiderlei Geschlechts gegenüber verteilen (1937c). Die gesunde Person allerdings werde ihre Homosexualität weitgehend verdrängen. Diese könne daraufhin in deren Charaktereigenschaften aufgehoben in Freundschaft und Liebe sublimiert sein (1911c).

Freud entdeckte sehr früh, was den meisten Entwicklungsmustern einer zukünftigen Homosexualität zugrundeliegt. Er glaubte, daß jeder homosexuelle Mann eine initiale Phase intensiver Liebe zur Mutter durchmache, sich schließlich mit ihr identifiziere, um sich dann selbst zum Sexualobjekt zu nehmen. Das Ergebnis hiervon ist, daß der erwachsene Homosexuelle noch immer nach einem Sexualpartner sucht, den er auf narzißtische Weise lieben kann (1905d). Bei solchen Fällen, die Freud als feminin ansah, führt die Identifikation mit der Mutter zu dem negativen, ödipalen Begehren nach einer sexuellen Unterwerfung unter den Vater. Verschiedene Faktoren einschließlich der relativen Stärke analer Fixierungen, des phallischen Narzißmus, der Kastrationsängste und selbst der intensiven Rivalität unter Brüdern können die Homosexualität beim

Jungen begünstigen (1922b). Freud nahm ebenso typische pathogenetische Familienmuster an. Innerhalb der Beziehung zur Mutter könnten exzessive Berührung, Verführung oder traumatische Beobachtungen weiblicher Geschlechtsteile zu inzestuösen Ängsten und zu einer Flucht vor den Frauen führen. In der Beziehung zum Vater könnten übertriebene ödipale Ängste zu einem völligen Rückzug aus der heterosexuellen Rivalität führen.

Obschon Freud die Homosexualität nicht eindeutig als eine Krankheit ansah, war seine Theorie das Produkt ihrer Zeit und ging stets von der Annahme aus, daß sexuelle Abweichung irgendwie pathologisch sei. Anders als jene medizinischen Vorgänger, die die Homosexuellen mit dem Stigma einer angeborenen Nervenerkrankung versahen, behauptete Freud unzweideutig, daß Homosexualität bei Personen ohne andere Abnormalitäten gefunden werde, die sich in der Tat durch eine hohe intellektuelle Entwicklung und ethische Kultur auszeichnen (1905d). Eine Wiener Zeitung zitierte Freud, daß Homosexuelle schlichtweg keine kranken Menschen seien. In seinem oft zitierten *Letter to a grateful mother* (Freud 1951) wiederholte Freud, daß die Homosexualität nichts Beschämenswertes oder Erniedrigendes an sich habe, keine Unart und nicht als Krankheit zu klassifizieren sei. Zweimal sogar meinte Freud ausdrücklich, daß Homosexuelle für die Aufnahme in die Psychoanalytische Vereinigung geeignet seien, wenn nicht andere zwingende Gründe dagegen sprächen (s. Marmor 1980, S. 394). Während Freuds Ansicht hier bemerkenswert objektiv und human war, blieb es jedoch seine Auffassung, daß die Heterosexualität das Ziel der Entwicklung und letztendlich die einzig richtige Entscheidung sei (1910c). Nach einigen zögernden Tastversuchen bestehe eine der impliziten Aufgaben der Objektwahl, wie er verzerrt meinte, darin, ihren Weg zum anderen Geschlecht zu finden (1905d). Theoretisch betrachtet sei ein inhärenter Stillstand der psychosexuellen Reifung bei allen homosexuellen Männern nachweisbar. Die erotische Liebe zwischen Männern sei darum immer durch Autoerotismus und Narzißmus verkümmert und gefärbt. Die homosexuelle Identität bleibe stets die unnatürliche Wahl, die unbewußt durch eine intrapsychische Pathologie bestimmt sei.

Die psychoanalytische Theorie der Homosexualität hat zu einem großen wissenschaftlichen Fortschritt geführt. Dennoch hat Freud zu keiner Zeit ihre Vollständigkeit oder Besonderheit überschätzt (1910c). Er selbst bezeichnete es als ein Kardinalproblem, daß im Hintergrund oder an den intrapsychischen Komplexen Homosexueller absolut nicht Außergewöhnliches zu finden sei und daß viele Menschen, die genau denselben ätiologischen Faktoren ausgesetzt waren, eindeutig heterosexuell würden (1905d). Freud bemerkte, daß wir, wenn wir einen Homosexuellen analysieren, zwar das Gefühl einer befriedigenden Rekonstruktion haben können. Dieser Eindruck sei jedoch trügerisch und befähige uns nicht, das Endergebnis vorherzusagen (1920a). Aus diesem Grunde entwickelte Freud eine reine Umwelttheorie der sexuellen Entwicklung und stellte die Hypothese von einer kongenitalen homosexuellen Prädisposition auf. Seiner Ansicht nach handelt es sich bei der Mehrzahl der Fälle um das, was als "Ergänzungsreihe" beschrieben wurde, in der die abnehmende Intensität des einen Faktors durch die zunehmende Intensität des anderen ausgeglichen werde (1905d). Das angeborene bisexuelle Potential wird durch die Interaktion mit externen Faktoren wie der frühen Familiendynamik, späteren Verführungen oder zufälligen Ereignissen sowie anderer Kräfte umgestaltet, so daß die endgültige sexuelle Orientierung sich nicht vor dem Abschluß der Pubertät konsolidiert haben wird.

Ein anderes, fortbestehendes Problem der Freudschen Theorie der Homosexualität besteht in ihrer Tendenz, das Thema der sexuellen Orientierung oder Objektwahl mit den verwandten, aber unterschiedlichen Themen der sexuellen Identifikation zu vermengen. Freud war sich sehr wohl bewußt, daß homosexuelle Männer in der Regel nicht feminin sind und daß die sexuelle Präferenz überraschenderweise unabhängig von anderen Persönlichkeitseigenschaften besteht (1905d). Trotzdem erklärte Freud die männliche Homosexualität anhand der Identifikation mit beiden Eltern oder, wie er es nannte, der Mischung von Männlichkeit und Weiblichkeit. In dieser Weise war das Thema der sexuellen Objektwahl in ein größeres und wenig abgegrenztes Feld von Problemen bezüglich der Geschlechtsunterschiede überführt. Freud geriet ferner in Schwierigkeiten, als er Männlichkeit und Weiblichkeit mit den Begriffen "aktiv" und "passiv" zu definieren suchte (1933a), eine konventionelle, aber dubiose Unterscheidung, die nichts zu Klärung des eigentlichen Problems der Homoerotik beiträgt. So verwundert es nicht, daß Freud sich öfter zweideutig äußerte und schließlich erklärte:

> Die Psychoanalyse ist nicht dazu berufen, das Problem der Homosexualität zu lösen. Sie muß sich damit begnügen, die psychischen Mechanismen zu enthüllen, die zur Entscheidung in der Objektwahl geführt haben, und die Wege von ihnen zu den Triebanlagen zu verfolgen. Dann bricht sie ab und überläßt das übrige der biologischen Forschung (Freud 1920a, S. 301).

Das "klassische" psychoanalytische Modell der männlichen Homosexualität

Zu Freuds Lebzeiten beinhaltete seine vorherrschende Theorie der Homosexualität ein Entwicklungsschema, innerhalb dessen eine weite Spannbreite psychodynamischer Ursachen und Mechanismen aufgezeigt war. Während dieser Jahrzehnte befaßten sich die Forschungsbeiträge vornehmlich mit den frühen, oralen Elementen in der Homosexualität, den Neid auf den Körper der Mutter und ebenso der Aggressionsdynamik, der Schuld und dem bei homosexuellen Patienten vorgefundenen Masochismus. Es wurden verschiedene Versuche unternommen, um den Homosexuellen in ein existierendes diagnostische Raster einzupassen. Weil die Homosexualität per definitionem nicht nur als Neurose definiert war, wurde sie - in Ermangelung eines besseren Konzepts - unter die echten Perversionen und Impulsstörungen zusammengefaßt, bei denen die Ich-Entwicklung auf charakteristische Weise zurückgeblieben oder beeinträchtigt ist (Fenichel 1945). Trotz dieser Hinzufügungen waren sich die Freudianischen Analytiker im Grunde darin einig, daß die Homosexualität der angeborenen Bisexualität entspringe, eine Form des psychosexuellen Entwicklungsstillstands darstelle und auf psychodynamische Weise erklärt werden könne. Sie unterschieden sich freilich in der Gewichtung konstitutioneller Faktoren, deren Dynamik sie hervorhoben, und in dem Ausmaß, in dem sie an eine Heilung von der Homosexualität durch eine psychoanalytische Behandlung glaubten (ein Überblick findet sich bei Saul u. Beck 1961; Wiedeman 1962).

Erst in der Nachkriegszeit begannen Sandor Rado und seine Schule mit einer größeren Revision der psychoanalytischen Theorie und Behandlung der Homosexualität. In zwei kurzen, aber entscheidenden Beiträgen zweifelte er die grundlegenden Freudianischen Axiome von der Bisexualität an und begann einen Ansatz zu entwickeln, der als die neue "klassische" psychoanalytische Position bekannt werden sollte. Rado (1940) kritisierte zunächst die Psychoanalytiker für das Festhalten am Freudschen Konzept der Bisexualität, das auf lang überholten embryologischen Fakten beruhte und zweideutig war. Dieses Konzept war seiner Ansicht nach nicht länger dazu geeignet, irgendwelche sinnvollen empirischen Hypothesen hervorzubringen; fälschlicherweise angenommen, daß dieses Konzept das Ergebnis von Untersuchungen sei, die in Wirklichkeit niemals durchgeführt wurden. Als nächstes behauptete Rado (1949) unzweideutig, daß menschlichen Wesen das Verlangen nach demselben Geschlecht nicht eingeboren sei. In knapper, oft von späteren Psychoanalytikern wiederholter Weise behauptete er weiter, daß die männlich-weibliche Sexualität "nicht allein anatomisch ausgerichtet sei, sondern durch die Institution der Ehe auch kulturell beeinflußt und bei jedem Individuum seit der frühen Kindheit perpetuiert wird." (S. 205). Exklusive Homosexualität ist im Gegensatz dazu ein reparativer Ersatz, der durch die angstvolle Vermeidung der Heterosexualität hervorgerufen wird, die ihrerseits von der exzessiven elterlichen Einschüchterung des sexuellen Verhaltens oder der männlichen Selbstsicherheit herrührt. "Nur Männer, die aufgrund ihrer unüberwindlichen Ängste und Ressentiments für die Liebe der Frauen unerreichbar sind, werden abhängig von der Befriedigung durch die Flucht in homogene Paare" (S. 207). Rado ging ebenso davon aus, daß das ursprüngliche Begehren nach der Frau bei allen homosexuellen Männern hinter ihren Rationalisierungen erhalten bleibe. Personen, die dazu gezwungen seien, sich einen gleichgeschlechtlichen Partner zu suchen, würden dementsprechend die gängigen, männlich-weiblichen Rollenmuster simulieren und auf diese unechte Weise mit der Illusion der Heterosexualität orgiastische Befriedigung finden.

Rados Ansichten zur Homosexualität erfuhren seit den 50er Jahren eine klinische Überprüfung und Ausarbeitung durch Analytiker, die dem *Columbia University Institute* nahestanden. In einigen Aufsätzen stimmten Ovesey und seine Mitarbeiter (Ovesey 1969, Ovesey u. Woods 1980) der These von der reparativen Natur der Homosexualität zu, betonten aber auch deren Motivation in einer nichtsexuellen Dynamik, die allen Störungen der männlichen Rollenfunktion eigen sei. Der einflußreichste Beitrag bestand jedoch in dem von Ivring Bieber geleiteten Forschungsprojekt der *New York Society of Medical Psychoanalysis*. In dieser 9jährigen klinischen Studie wurde ein umfangreiches Datenmaterial bei 106 homosexuellen Patienten in psychoanalytischer Behandlung und bei 100 heterosexuellen Kontrollpatienten erhoben. Es waren Biebers (1962) Schlußfolgerungen, die die psychoanalytische Theorie der Homosexualität als einer pathologischen Störung, die behandelt werden muß, konsolidierten und ihr neue Autorität verliehen. In Anlehnung an Rado bestand Biebers zentrales Ziel darin, das biologische Primat der Heterosexualität und die reparative Natur der Homosexualität empirisch nachzuweisen. Nach dieser Auffassung fühlen sich alle Jungen, bevor sie homosexuell werden, von Frauen erotisch angezogen. Diese Anziehung wird schließlich gehemmt durch eine Angstabwehr, die in der Kernfamilie entstanden war. Insbesondere beschrieb Bieber eine "klassische" trianguläre Konstellation, in der der prähomosexuelle Sohn unbewußt als der interaktionale Bezugspunkt gewählt wird, auf den sich die tiefgründigste elterliche Psychopathologie konzentriert (S. 310). Die typische Mutter des Homosexuellen wird als klammernd beschrieben. Sie sei über alles nah und besitzergreifend, in emotionaler Hinsicht zu sehr intim und sexuell verführerisch. Der typische Vater wird im Gegensatz dazu als offen oder versteckt feindselig beschrieben, er zeichnet sich durch Grausamkeit, Demütigung und Zurückweisung aus oder ist sonstwie ablehnend oder abwesend. Die Beziehung zwischen den Eltern sei für gewöhnlich verarmt und lasse sich durch die Geringschätzung des Vaters seitens der Mutter charakterisieren. Mit anderen Worten ziehe die Mutter ihren Sohn dem Vater vor, und der Vater sehe seinen Sohn nunmehr als einen feindseligen Rivalen an. Diese Familiendynamik binde den Jungen an die Mutter, verhindere die Entwicklung seiner männlichen Selbstsicherheit und führe ihn in die Verweiblichung und Homosexualität.

Ohne ihre eigene methodologische Perspektive zu verlassen, kann die klassische psychoanalytische Theorie der Homosexualität zum Gegenstand einiger wesentlicher Kritikpunkte gemacht werden. Genau gesagt bieten die reinen psychodynamischen Konzepte einer familiären Ätiologie nicht notwendig irgendeine befriedigende Erklärung für die sexuelle Orientierung (Marmor 1965). Während Freud diese grundlegende Begrenzung anerkannte, haben die meisten Analytiker seit Rado sie unterschätzt. Selbst wenn man die gesamten in Biebers Studie zusammengetragenen Informationen akzeptiert - wie etwa, daß die sogenannte "klassische familiäre Konstellation" für männliche Homosexuelle immer noch ubiquitär sei - so ist es doch nur die gröbste Generalisierung, die eine Vielzahl sich überlappender und teilweise inkompatibler Untermuster überdeckt. Besonders dort, wo die Daten einen statistisch signifikanten Unterschied zwischen den homosexuellen Patienten und den heterosexuellen Kontrollpatienten ergeben, wird dieses Item der homosexuellen Population insgesamt zugeschrieben, selbst wenn dies nur auf eine kleine Mehrheit oder sogar nur eine Minderheit zutrifft. Biebers Bericht faßt schließlich, um nur einige Beispiele aufzuzeigen, zusammen, daß die Mutter des Homosexuellen in der Regel verführerisch ist, ihren prähomosexuellen Sohn dem Partner vorzieht und dessen Männlichkeit entwertet, obwohl diese Tatbestände nur in jeweils 57, 58 und 37 % in der homosexuellen Stichprobe im Vergleich zu 34, 38 und 16 % in der Kontrollstichprobe nachgewiesen werden konnten (S. 45). Auf ähnliche Weise werden die Väter der Homosexuellen ausdrücklich und stereotyp als abwesend und feindselig beschrieben, obwohl diese Kombination tatsächlich nur für die Hälfte der Stichprobe zutreffend ist (S. 88) und die Väter von Homosexuellen bei vielen Indikatoren nicht eine signifikant höhere Feindseligkeit als die Väter der Kontrollpatienten zeigen (S. 87). Dies sind zugegebenermaßen komplexe Sachverhalte. Wenn aber der klassische familiäre Hintergrund lediglich die Wahrscheinlichkeit für die Homosexualität erhöht und nicht die eigenen, sichtbaren und gegenläufigen Befunde erklären kann, dann kann die psychodynamische Ätiologie selbst nicht zutreffend oder vollständig sein.

Ein weiterer Kritikpunkt bezieht sich auf Rados orthodoxe analytische Theorie, daß die Homosexualität lediglich defensiv oder reparativ sei. Hatten bereits frühere Psychoanalytiker die homosexuellen Mutterfixierungen betont, galt erst nach Rado als die besonders hervorgehobene, zugrundeliegende Orientierung der Rückzug aus der Heterosexualität. Bieber versuchte diese These zu überprüfen, indem er sich auf die solide Evidenz von heterosexuellen Träumen, Phantasien und Erinnerungen stützte. Es mag zwar wahr sein, daß manche prähomosexuellen Jungen durch die mütterliche Verführung auf sexuelle Weise erregt wurden und später erotische Gefühle Mädchen gegenüber hatten. Es ist aber doch sehr tendenziös, aus solchen Fällen zu schließen, die Homosexualität sei rein reparativ. Auf der anderen Seite zeigen die Forschungsergebnisse und die Zeugnisse der Männer selbst, daß die meisten ausschließlich homosexuellen Männer nur ihr eigenes Geschlecht bevorzugen. Es ist im Gegensatz ihre frühe Erfahrung mit Mädchen, die überwiegend als sexuell nicht anregend und romantisch geschmacklos empfunden wird.

Es kann ebenso hinzugefügt werden, daß das angebliche heterosexuelle Primat eine Hypothese ist, die zum Teil im physiologischen Experiment überprüft werden kann. Freud selbst meinte, der homosexuelle Mann werde unbewußt durch Frauen erregt, richte aber ersatzweise seine Libido auf Männer und wiederhole in dieser Weise immer wieder denjenigen Mechanismus, durch den er sich seine Homosexualität erwarb (1905d, 1910c). Obwohl die psychoanalytische Literatur voll von solchen Behauptungen ist, beweist die aktuelle Forschung sie einfach nicht (West 1977, S. 24-27). Experimentelle Forscher haben Instrumente entwickelt, mit denen physiologische Reaktionen von Männern auf pornographische Photos und Filme, die Männer und Frauen in verschiedenen Positionen darstellen, erhoben werden können. Sie haben ebenso jene "aversiven" Affekte auf erotische Stimuli, die die sexuelle Erregung löschen und somit unbewußte Konflikte anzeigen könnten, gemessen. Wie oft bei solchen Sachverhalten waren die Befunde nicht eindeutig. Aber sie legen sehr deutlich die Vermutung nahe, daß homosexuelle Männer auf Frauen meistens mit bloßer Indifferenz reagieren - und sicherlich mit weniger Abneigung, als die meisten Heterosexuellen auf andere Männer reagieren.

Neuere psychoanalytische Ansätze

Während der 60er und der 70er Jahre war die Abschlußphase der psychoanalytischen Erforschung der Homosexualität durch die weit verbreitete Aufmerksamkeit für die großen Themen der Psychologie der normalen und abnormen Geschlechtsidentität angeregt. Verschiedene kulturelle Einflüsse - besonders die Frauenbewegung und schließlich die politischen Aktivitäten der Schwulenbewegung - machten den Gegenstand zeitgemäß und kontrovers. Gleichzeitig versuchten psychologische Forscher, objektiver die Unterschiede zwischen Männern und Frauen, die die traditionellen Annahmen über Männlichkeit und Weiblichkeit zweifelhaft erscheinen ließen, zu definieren, was schließlich zu einer androgynen Sicht der beiden Geschlechter führte (Maccoby u. Jacklin 1974; Pleck 1982). All diese Veränderungen hatten einen Einfluß auf die Psychoanalyse und trieben sie an, ihre Paradigmen zum Geschlecht zu überprüfen.

Es ist wenig bekannt, daß die Psychoanalytiker bei der Erforschung der Homosexualität mit anderen Psychologen trotz ihres unterschiedlichen Hintergrunds das traditionell amerikanische Interesse am "Problem der männlichen Identität" teilten. Wie Pleck (1983) zeigt, haben geläufige

Befürchtungen bezüglich einer Feminisierung der amerikanischen Männer seit den 30er Jahren ihren Ausdruck in solchen psychologischen Tests gefunden, die Persönlichkeitsnormen für Männer und Frauen postulierten. Es wurden unterschiedliche Geschlechterrollen als wesentlich für die psychische Gesundheit erachtet. Seit den 50er Jahren bestand die Theorie, daß die männliche Geschlechtsrollenidentität aufgrund der initialen Identifikation mit der Mutter besonders verletzbar sei. Nach diesem Schema wurde angenommen, daß der männliche Homosexuelle von seinem Vater im Stich gelassen und von der Mutter beherrscht wurde, was schließlich zur Ausbildung einer sich durch weibliche Eigenschaften auszeichnenden Identität führte. Interessanterweise sollte die psychoanalytische Theorie der Homosexualität, die selbst ein amerikanisches Konstrukt darstellte, auf eigenem Wege zu ähnlichen Schlußfolgerungen gelangen.

Den unmittelbaren Anstoß zum Studium der Geschlechtsidentität erhielt die Psychoanalyse nach 1955 durch die Pionierarbeiten John Moneys und seiner Mitarbeiter an der *John Hopkins University* (Money u. Erhardt 1972). Money stellte ein Modell der normalen Entwicklung vor, nach dem die Erscheinung der Geschlechtsorgane bei der Geburt geschlechtstypische Eltern-Kind-Interaktionen in Gang setzt, die im Alter von 4 Jahren zu einer irreversiblen Geschlechtsidentität führen. Der besondere Beitrag der Forschungsarbeiten Moneys bestand in seinen Studien der zwischengeschlechtlichen Anomalien, bei denen eine medizinische Entscheidung das Geschlecht des Kindes bestimmte. Es kann so z. B. eine in genetischer Hinsicht männliche Person mit defekten Genitalien chirurgisch wiederhergestellt und schließlich erfolgreich als ein Mädchen aufgezogen werden. Eine genetisch weibliche Person mit einem adrenogenitalen Syndrom, die zwar Penis und Skrotum, aber ebenso innere weibliche Geschlechtsorgane besitzt, kann auf chirurgischem Wege verweiblicht und als Mädchen erzogen werden. Die Psychoanalytiker leiteten aus Moneys Arbeiten den experimentellen Nachweis ab, daß die Aneignung der Geschlechtsidentität das psychologische Produkt sozialen Lernens und überraschenderweise unabhängig von physischen Determinanten sei. Angespornt durch diesen Forschungsansatz, der dem eigenen Denken eine empirische Grundlage zu verleihen schien, richteten die Psychoanalytiker nunmehr ihre Aufmerksamkeit auf die Entwicklungslinie der Bildung und der Störung vom Geschlechtserleben (Panel 1982). Der Begriff der "Kerngeschlechtsidentität" wurde weithin akzeptiert, um die urtümliche Wahrnehmung von sich als Jungen oder Mädchen zu kennzeichnen - eine grundlegende Selbstklassifizierung, die in der Regel eine gleichgeschlechtliche Identifikation und eine gegengeschlechtliche Komplementarität miteinschließt. Im Gegensatz hierzu werden die "Geschlechterrollen" erst nach und nach erworben, spiegeln komplexe soziale Konventionen wider und entwickeln sich ein Leben lang. Beide Konzepte können von der sexuellen Partnerorientierung unterschieden werden, die für gewöhnlich unter Psychoanalytikern als die dritte Komponente der Geschlechtsidentität aufgefaßt wird (Tyson 1982).

Die vermutlich bekannteste psychoanalytische Arbeit über die Geschlechtsidentität stammt von Robert Stoller (1968, 1974), der vornehmlich männliche Transsexuelle studierte und dessen Auffassung von der männlichen Homosexualität als einer Geschlechtsabweichung typisch für das derzeitige Denken ist. Stoller nimmt an, daß die gesamte männliche Geschlechtsentwicklung mit einem "protofemininen" Stadium der symbiotischen Identifikation mit der Mutter beginnt. Um eine männliche Geschlechtsidentität zu erreichen, "muß der Junge sich von dem weiblichen Körper der Mutter und von der Weiblichkeit trennen und einen Prozeß der Individuation in Richtung Männlichkeit durchmachen." (1974, S. 165). Der Junge kann sich dann von der Mutter erfolgreich entidentifizieren, wenn sie männliches Rollenverhalten fördert. Andernfalls wird er in gewissem Maße an einer Störung der Geschlechtsidentität leiden. Stoller glaubt, daß es extrem seltene, aber theoretisch kritische Fälle gebe, bei denen der Junge an der transsexuellen Symbiose mit seine Mutter festhält, ohne in Konflikt zu geraten. Weniger schwere und unreine Formen der Störungen der Geschlechtsidentität können dergestalt in dieses Modell integriert werden, daß Homosexuelle und Transvestiten so betrachtet werden, als leideten sie in gewisser Hinsicht an einem Konflikt des Geschlechts. Diese Bedingungen treten bei einem solchen Jungen auf, "dessen früheste Entwicklung zwar gestört verlief, aber immerhin einige Zugeständnisse an das Mannsein bot, weil bereits Trennungsversuche von den Körpern und der Psyche der Mütter stattgefunden hatten" (1978, S. 545). Schwächere Konflikte würden entweder zu perversen Tendenzen oder zur hypermaskulinen Abwehr bei ansonsten normal funktionierenden Individuen führen (zur Kritik s. Person u. Ovesey 1983).

Ein anderer einflußreicher und nicht weniger kontrovers diskutierter Beitrag zur Theorie der Homosexualität war die Arbeit von Charles Socarides, der als erster die Behauptung einer primären, präödipalen Verursachung aufstellte. Socarides (1968, 1978) berief sich auf die schwere Pathologie seiner homosexuellen Patienten, die Ausdruck einer frühen Entwicklungsstörung bei der Trennung von der symbiotischen Mutter sei. Bei allen Fällen einer reinen oder ausschließlichen männlichen Homosexualität besteht danach eine Störung der Kerngeschlechtsidentität, die sich als sexuelle Abweichung, ausgeprägte Verweiblichung und eine Reihe bedeutsamer psychiatrischer Symptome manifestiert. Weil diese Männer für den regressiven Verlust der Ich-Grenzen anfällig sind, verhalten sie sich homosexuell in der Hoffnung, sich selbst zu stabilisieren. Socarides erkannte ebenso den weniger schweren, ödipalen Typus der Homosexualität mit einer eher neurotischen Persönlichkeitsstruktur an, bei dem die Trennung und Heterosexualität früher die Regression erreicht hatte. Sein diagnostischer Standpunkt ist jedoch insofern ziemlich extrem, als er bei nahezu der Hälfte seiner homosexuellen Patienten ein ernsthaftes Borderline-Syndrom oder psychoseähnliche Zustände feststellte (1968, S. 90).

Obschon die Erforschung der Geschlechtsidentität zweifellos viele Aspekte der frühen männlichen Entwicklung geklärt hat, leidet die psychoanalytische Erklärung der männlichen Homosexualität durch den Begriff der Störung vom Geschlecht an einigen ernsthaften inneren Schwachstellen. Das Hauptproblem der psychoanalytischen Auffassung besteht im vereinfachten Verständnis der Ätiologie des Eltern-Kind-Verhältnisses bei der Homosexualität. Im Modell Biebers und in den meisten der folgenden Schriften ist es die Kombination einer eng an sich bindenden Mutter und eines feindselig abweisenden Vaters, die sowohl die sexuelle Abweichung als auch die Entmännlichung des prähomosexuellen Jungen verursacht. Es ist insbesondere der Vater, "der eine wesentliche und bestimmende Rolle bei der homosexuellen Entwicklung seines Sohnes spielt. ... Wir sind zu der Überzeugung gekommen, daß ein konstruktiver, unterstützender und emotional bezogener Vater die Möglichkeit eines homosexuellen Sohnes ausschließt" (Bieber et al. 1962, S. 310-311). Die Psychoanalytiker waren jedoch zu sehr darauf aus, eine einfache Kausalität zwischen elterlichem Verhalten und der damit assoziierten Homosexualität und Verweiblichung anzunehmen. Selbst wenn diese Faktoren koexistieren, verletzt die Isolierung des elterlichen Verhaltens als antezendente Ursachen unsere gewöhnlichen Entwicklungsprinzipien von der Wechselseitigkeit der Eltern-Kind-Interaktionen. So wurde von verschiedenen nicht analytischen Autoren ironischerweise die vollständig plausible und sogar wahrscheinliche Behauptung aufgestellt, daß schwache und besonders negative Beziehungen der prähomosexuellen Jungen zu ihrem Vater zum Teil sowohl das Ergebnis als auch die Ursache der geschlechtsübergreifenden Vorlieben der Söhne ist. Viele dieser Punkte, besonders die Unterscheidung der Väter von Homosexuellen in der Studie von Bieber, spiegeln tatsächlich die eigene Unfähigkeit des Kindes wider, seinen Vater zu akzeptieren.

Ein anderes grundlegendes Problem innerhalb der psychoanalytischen Theorie ist meiner Ansicht nach die Vermischung von der Homosexualität als einer atypischen Objektwahl mit dem Phänomen der männlichen Verweiblichung. Indem sie diese Konzepte als unentwirrbar aufeinander bezogen oder sogar synonym betrachtet, mißversteht die Psychoanalyse die besondere Natur und die Wurzeln der Homosexualität als solcher. Es ist insofern schwierig, dieses Mißverständnis knapp zu umreißen, als es niemals mit wirklicher Präzision von irgendeinem Psychoanalytiker erklärt wurde. Wie bereits oben erwähnt, litten schon Freuds Definitionen der Bisexualität, obschon er uns davor warnte, an der Gleichsetzung von männlicher Homosexualität und Verweiblichung und blieben dennoch bis heute Bestandteile der psychoanalytischen Tradition. So erklärten beispielweise einige kurze, aber einflußreiche Beiträge Anna Freuds (1949, 1951, 1952) die Homosexualität als eine tiefsitzende Schwäche der Geschlechtsidentität und als einen konsequenten Zwang, die eigene Männlichkeit durch den phallischen Partner zu stützen. Diese Idee liegt der Bieberschen Forschung zugrunde und findet ihre abschließende Erklärung in den Formulierungen von Socarides (1968, S. 4). In einer anderen Variante konzeptualisieren Ovesey u. Person (1973), die die männliche Homosexualität in erster Linie als eine sexuelle Störung betrachten, sie in zweiter Linie als eine Störung der Geschlechtsidentität, der das Mißlingen eines dauerhaften "Gradienten" von Männlichkeit und Weiblichkeit zugrundeliegt. Auf dem einen Ende dieses Gradienten befinden sich die effeminierten Männer, die mehr oder weniger ihre Homosexualität akzeptieren. Auf dem anderen Ende sind diejenigen hypermaskulinen Männer angesiedelt, die diese von Grund auf zurückweisen (S. 62). Schließlich sei noch das folgende Zitat von Stoller (1978) erwähnt:

> Die Beziehung zwischen Weiblichkeit und männlicher Homosexualität ist seit Jahrtausenden bekannt. Für diejenigen von uns, die mit diesem Thema zu tun haben, zwingt sich diese Beobachtung geradezu auf. Es sei hier folgende Hypothese aufgestellt: je femininer ein Junge ist, umso wahrscheinlicher wird er jemanden des gleichen Geschlechts begehren, umso früher wird auch die offene Homosexualität sichtbar werden, und umso weniger wahrscheinlich ist es, daß entweder die Weiblichkeit oder die Homosexualität durch eine Psychoanalyse rückgängig gemacht werden kann (Stoller 1978, S. 543).

Obschon sie wahrscheinlich die populärste Behauptung Stollers darstellt, ist die angebliche Konkordanz zwischen männlicher Homosexualität und Verweiblichung deswegen noch keine wissenschaftliche Tatsache. Es gibt im Gegenteil keinen Grund dafür, a priori davon auszugehen, daß homosexuelle Männer Eigenschaften des weiblichen Geschlechts und grundlegende Identitätsprobleme besitzen - außer ihrem untypischen sexuellen Geschmack zusammen mit denjenigen Rollenkonflikten, die ihnen durch die jeweilige Kultur aufgezwungen werden. Es vernebelt die wesentlichen Fragen und führt Fehler in das theoretisches Modell und dessen Verifikation ein, wenn noch vor dem Beginn der Forschung selbst irgendwelche Vorannahmen gemacht werden.

Interdisziplinäre Forschungsansätze seit den 50er Jahren

Auf den folgenden Seiten möchte ich einen Überblick über einige Hauptgebiete der nicht psychoanalytischen Forschung zur männlichen Homosexualität seit den 50er Jahren geben, indem ich besonders solche Befunde hervorhebe, die deutlich für das analytische Modell und seine These von der homosexuellen Pathologie relevant sind. Die Notwendigkeit eines solchen interdisziplinären Ansatzes wird aus einigen einfachen methodologischen Gründen ersichtlich. Wie oft betont wird, beruht die klinische Forschung auf begrenzten und fehlerhaften Stichproben bereits als krank eingeschätzter Patienten, die nicht notwendigerweise repräsentativ für die Homosexuellen in unserer Gesellschaft oder in der gesamten Welt sind (Evans 1969, Marmor 1980). Die klinische Forschung kann insbesondere weder die Homosexualität eines Patienten aus dem Gesamtnetzwerk seiner neurotischen Probleme isolieren noch herausfinden, ob ein gestörter Familienhintergrund ursächlich für die homosexuelle Orientierung verantwortlich ist. Psychoanalytische Methoden sind darüber hinaus, wie Freud bemerkte, wenig geeignet, die der sexuellen Präferenz zugrundeliegenden angeborenen Faktoren zu identifizieren, die mit allen späteren Entwicklungseinflüssen verwoben sein können und somit unmöglich in ihrer ursprünglichen Form während einer analytischen Behandlung erfaßt werden können. Schließlich kann die Psychoanalyse nicht die gesamte Bandbreite homosexueller Phänomene erforschen, ohne auf die Daten anderer sozialer oder historischer Wissenschaften zurückzugreifen, die aus einer transkulturellen Perspektive ihre Schlüsse ziehen.

Rückblickend können wir den kontrovers diskutierten Kinsey-Report über Männer als maßgeblichen Wendepunkt der professionellen und öffentlichen Neueinschätzung der Homosexualität betrachten. Seit den späten 50er Jahren erschien auf dem Gebiet der Sexualforschung eine große Zahl an Arbeiten von Wissenschaftlern, die außerhalb der Psychiatrie ausgebildet waren und die bedachtsam versuchten, eine Haltung des kulturellen Relativismus einzunehmen (Weinberg u. Bell 1972). Kinsey selbst sah in der sexuellen Orientierung niemals eine absolute Einheit und entwickelte stattdessen eine Skala des Verhaltens, auf der ein Individuum in Abhängigkeit vom relativen Gleichgewicht seiner erotischen Erfahrungen mit demselben oder dem anderen Geschlecht zwischen den Werten 0 und 6 eingeschätzt werden konnte (1948, S. 636). Anhand dieser Definition gelangte Kinsey zu überraschenden Statistiken, die die existierenden stereotypen Vorstellungen von der Homosexualität als einer marginalen Abweichung erschütterten: 37 % der männlichen Gesamtbevölkerung verfügte während der Adoleszenz oder später zumindest über einige homosexuelle Erfahrungen. 25 % verfügten über mehr als eine gelegentliche Erfahrung für wenigstens 3 Jahre nach der Adoleszenz. 4 % verhielten sich ausschließlich homosexuell (S. 650). Kinsey selbst war davon überzeugt, daß diese Befunde nach einer radikalen Neuformulierung unserer ätiologischen Theorien verlangten. Seiner Ansicht nach läßt die weite Verbreitung der Homosexualität vermuten, daß in unserer Spezies eine grundlegende Fähigkeit des Einzelnen darin besteht, auf jede Art von Stimulus, der entweder von einer Person desselben oder einer des anderen Geschlechts ausgeht, zu reagieren (S. 660). Zur Frage der homosexuellen Pathologie meinte Kinsey, daß ein solch allgemein verbreitetes Verhalten nicht krank - außer infolge sozialer Diskriminierung - sein könne.

Auf dem Gebiet der außerklinischen Forschung stammt eine der umfassendsten und einflußreichsten Studien zur Homosexualität seit Kinsey von den beiden Psychiatern Marcel Saghir und Eli Robins (1971 1973). In diesem Projekt wurden Personen aus schwulen Organisationen gebeten, 89 männliche und 57 weibliche Homosexuelle, die mit unverheirateten Heterosexuellen gemischt wurden, zu befragen. Die Ergebnisse von Saghir und Robins deckten sich weitgehend mit den psychoanalytischen Befunden: bei der Mehrzahl der homosexuellen Männer ließ sich ein gestörter familiärer Hintergrund und insbesondere eine sehr schwache Beziehung zum Vater nachweisen. Ein Hauptwiderspruch zur psychoanalytischen Theorie trat jedoch hinsichtlich der Auffassung von der Pathologie der Homosexualität zutage, denn in der Studie wurden überraschend wenig signifikante Unterschiede hinsichtlich der Inzidenz psychopathologischer Phänomene zwischen den beiden Gruppen gefunden (1973, S. 130). Die homosexuelle und die heterosexuelle Gruppe präsentierten ähnliche Formen und Ausmaße bei allen weniger schweren neurotischen Störungen. Wo jedoch Unterschiede existierten, zeigten die Homosexuellen eine erhöhte Inzidenz. Sie hatten sehr deutlich eine erhöhte Neigung zu Suizidversuchen, Alkoholismus und Drogenmißbrauch, die sich vom Jugendalter bis etwa zum Alter von 20 Jahren zuspitzte. Nach Ansicht der Autoren kämpfen die meisten Homosexuellen auf sehr schmerzhafte Weise mit persönlichen und sozialen Schwierigkeiten, um - nach für gewöhnlich langen Zeiten der Unruhe und des Konflikts - einen Zustand von Gesundheit zu erlangen (1973, S. 136). Während sich eine große Anzahl dieser Männer nur wenig an die eigene Homosexualität anpassen konnte, geriet jedoch die Mehrheit mit der sexuellen Orientierung in Einklang und erreichte einen gesunden Lebensstil.

Das Hauptinteresse der außerklinischen Forschung galt der Ausarbeitung des familiären Hintergrundes und des elterlichen Einflusses als Ursachen für die männliche Homosexualität. In zahlreichen Studien wurden homosexuelle mit heterosexuellen Patienten vermischt, oder es wurden Stichproben aus offenbar gut angepaßten homosexuellen und heterosexuellen Freiwilligen rekrutiert. D. J. West prüfte diese Literatur, und obwohl die Ergebnisse in gewisser Weise inkonsistent waren, wird weitgehend der klinische Eindruck unterstützt, daß ein klassischer Familienhintergrund mit einer eng an sich bindenden Mutter und einem distanzierten und feindseligen Vater die Vulnerabilität für die männliche Homosexualität erhöhe (S. 86-94). In den meisten psychiatrischen Studien und Umfragen wurde die statistische Assoziation der männlichen Homosexualität mit solchen Müttern, die dominieren und zu sehr lieben, bzw. mit solchen Vätern, die unsympathisch, autokratisch und abwesend sind, erhärtet. Einige abweichende Berichte fanden allerdings, die typische Mutter sei zurückweisend und feindselig, was hinsichtlich der Dynamik der engen Bindung vermutlich wenig überrascht. Trotz dieser im Großen und Ganzen übereinstimmenden Ergebnisse bleiben die entwicklungsgeschichtliche Bedeutsamkeit dieser charakteristischen familiären Muster und die Erklärung vieler Anomalien für widersprüchliche Interpretationen offen. Eine wichtige Studie von Siegelman (1972 1974) ist besonders interessant. Er verglich anhand von Fragebögen die familiären Hintergründe von 307 sich nicht in Behandlung befindenden männlichen Homosexuellen mit denen von 138 heterosexuellen Kontrollpersonen. Anschließend unterteilte er die Probanden in Untergruppen mit jeweils hohen bzw. niedrigen Werten in "Neurotizismus". Wurden ausschließlich die weniger gestörten Männer verglichen, zeigten die gemischten Gruppen überhaupt keine signifikanten Unterschiede hinsichtlich des elterlichen Hintergrunds (S. 15). Siegelmans Ergebnisse wurden oft zur Unterstützung der Annahme herangezogen, daß das Auftreten psychischer Störungen - im Widerspruch zur psychoanalytischen Theorie - mehr mit den neurotischen Problemen der homosexuellen Männer als mit deren sexueller Orientierung an sich zu tun habe.

Ein für die Psychoanalyse bedeutsames Gebiet der empirischen Forschung befaßt sich mit den komplexen Fragestellungen nach der Identifikation mit dem Gegengeschlecht und der männlichen Verweiblichung. Obwohl seit Terman u. Miles (1936) mithilfe von Persönlichkeitstests versucht wurde, männliche Homosexuelle aufgrund ihrer femininen Eigenschaften zu identifizieren, waren deren Ergebnisse nicht reliabel und trafen nicht für solche Homosexuelle zu, die hypermaskulin oder in ihrem geschlechtsspezifischen Verhalten unauffällig waren (West 1977, S. 36-41). Psychoanalytikern sehr viel vertrauter sind einige Studien, die die Entwicklung der Geschlechtsidentität bei prähomosexuellen Jungen rekonstruierten. Saghir u. Robins (1973) fanden, daß sich ein deutliches Muster "polysymptomatischer Verweiblichung" bei zwei Dritteln der homosexuellegn, aber bei nahezu keinem der heterosexuellen Männer zeige. Ein konstruiertes Bild zeigt, daß solche Kinder die Gesellschaft anderer Jungen mieden, die Freundschaft von Mädchen suchten und weibliche Aktivitäten solchen wie Sport oder anderen Spielen vorzogen (S. 28). Es ist allerdings wiederum bemerkenswert, daß eine große Minderheit von einem Drittel der Homosexuellen typisch männlich war. Im Gegensatz zur psychoanalytischen Annahme hatten die effeminierten Jungen als Gruppe nicht weniger adäquate Väter. In einer weitgehend übereinstimmenden Follow-Up-Studie unterschied Whitam (1977) drei Muster der homosexuellen Entwicklung: effeminierte Jungen, die auch später so bleiben, effeminierte Jungen, die im Jugendalter maskulin werden, und eine kleinere Gruppe von Jungen, die immer schon maskulin sind. Sehr bedeutsam ist, daß nach Whitam der stärkste Indikator für die spätere Homosexualität nicht etwa eine der weiblichen Verhaltensweisen, sondern vielmehr die frühe und deutliche Freude an Sexspielen mit anderen Jungen ist. Vielleicht reflektiert dies die relative Unabhängigkeit der Homoerotik von anderen geschlechtsübergreifenden Eigenschaften.

Einen anderen Versuch, die Homosexualität und die Identifikation mit dem anderen Geschlecht zu verstehen, unternahmen Friedman u. Stern (1980) in einer kleinen Studie mit gut angepaßten homosexuellen Männern, die als Kind sogenannte *sissies* vor allen in Hinblick auf ihre Angst vor körperlicher Aggression gewesen waren. Obschon niemals verweiblicht, vermieden diese prähomosexuellen Jungen jede Art von Kampf und anstrengendem Sport aus der Befürchtung heraus, verletzt werden zu können. Deswegen waren sie ausgeschlossen, fühlten sich auf schmerzhafte Weise allein und haben so vielleicht ihr Bedürfnis nach männlichen Freunden sexualisiert. Die Autoren vermuten, daß, obwohl diese Männer als Kinder sogenannte *sissies* gewesen waren, deren geschlechtsübergreifende Verhaltensweisen mehr mit der Angst vor Aggression und der Zurückweisung durch Gleichaltrige als mit weiblichen Identifikationen als solchen zu tun hatten. Mit anderen Worten unterlag diese Untergruppe der homosexuellen Männer einer Entwicklung zu ihrer sexuellen Präferenz, die im wesentlichen ohne Beziehung zu einer Störung der Geschlechtsidentität stand.

Ein weiteres Forschungsdesign wurde angewandt, um verweiblichte Jungen klinisch in direkter Beziehung zu ihrer Herkunftsfamilie zu untersuchen. Zuger (1975) untersuchte 25 Jungen, die seit ihrer frühen Kindheit sehr weiblich aufgetreten waren und von denen die meisten sich in einer Folgeuntersuchung als homosexuell erwiesen. Zuger interviewte und untersuchte die gesamten Familien und konnte keine signifikanten Unterschiede zwischen den effeminierten Jungen und denen der Kontrollgruppe feststellen. Die meisten Eltern in beiden Gruppen wurden als warm bezeichnet, die Ehen waren weitgehend unauffällig, und immerhin waren wenigstens einige der Väter tatsächlich aktiv an der Erziehung beteiligt. Alle Jungen jedoch waren unerbittlich auf ihre Mütter bezogen, sogar wenn sie aktiv entmutigt wurden. In einer anderen, noch laufenden Längsschnittstudie verfolgt Richard Green (1980) 60 feminine Jungen und Kontrollpersonen, deren zukünftige sexuelle Orientierung noch unbekannt ist. Bis jetzt bestätigen die Beobachtungen Greens nicht das psychoanalytische Konzept von der durch die Eltern induzierten Verweiblichung. Er hebt besonders die Wechselseitigkeit der Vater-Sohn-Interaktionen hervor. Obwohl sich einige Väter von Anfang an distanziert verhielten, versuchten andere, männliche Aktivitäten bei ihren Söhnen zu fördern, fühlten sich dabei allerdings zurückgewiesen und fremd. Wie Green meint, sind Kinder einfach nicht von Geburt an gleich, so daß jedes Kind mit angeborenen geschlechtsübergreifenden Dispositionen es schwierig finden wird, sich dem väterlichen Rollenmodell entsprechend zu verhalten. Alle angeborenen Faktoren würden somit eine präexistierende Familienpathologie erst entfalten, die Verweiblichung verstärken und dann zur späteren homosexuellen Entwicklung beitragen.

Die wohl umfangreichsten und ambitioniertesten Forschungsprojekte zur Homosexualität wurden in den späteren 70er Jahren von Alan Bell, Martin Weinberg und ihren Mitarbeitern am *Kinsey Institute* durchgeführt. Ihre erste Arbeit *Homosexualities: A study of diversity among men and women* (Bell u. Weinberg 1978) versuchte mit dem Stereotyp der homosexuellen Pathologie zu brechen, indem sie aufzeigte, wie sehr die psychologische Anpassung von Homosexuellen von bestimmten Schlüsselfaktoren in ihrer Selbstakzeptanz und ihrem sozialen Lebensstil abhängig ist. Unglücklicherweise erlangte dieser Forschungsbericht für die Psychoanalytiker nur begrenzte Bedeutung, weil er an ernsthaften methodischen Fehlern litt und jeglicher theoretischen Grundlage bezüglich einer internalen Persönlichkeitsstruktur oder Ätiologie in der Kindheit entbehrte (Person 1983). Erst mit ihrem zweiten Forschungsbericht *Sexual Preference* (1981) präsentierten Bell, Weinberg u. Hammersmith eine groß angelegte Studie der homosexuellen Entwicklung, die seitens vieler Analytiker große Aufmerksamkeit erfuhr. In dieser Studie wurde eine Stichprobe von nahezu 1000 homosexuellen Männern und Frauen aus dem Gebiet von San Fransisco sowie eine große Kontrollgruppe untersucht. Alle wurden etwa 3 bis 5 Stunden interviewt. Von größtem Interesse ist die innovative und hochentwickelte Anwendung des Modells der Pfadanalyse, um die statistischen Daten in Längsschnittmuster umzuwandeln. Die meisten der vorhergehenden Untersuchungen hatten homosexuelle mit heterosexuellen Kontrollpersonen verglichen. Aber die Erforschung solcher Unterschiede hat tatsächlich wenig Klarheit darüber ergeben, welchen kausalen Einfluß Kindheitsfaktoren auf die Entwicklung der homosexuellen Orientierung selbst haben. Dieses Modell und die Technik der Pfadanalyse kontrollieren jedoch all die intervenierenden Variablen, um zu zeigen, wie sie kovariieren und zum abschließenden Ergebnis einer sexuellen Orientierung führen. Diese Ergebnisse werden dann in Pfaddiagrammen dargestellt, die sequentiell die initialen elterlichen Eigenschaften, die frühen familiären Beziehungen und die späteren Faktoren der Kindheit aufeinander beziehen. Alles in allem stimmt dieses Modell mit dem psychoanalytischen Verständnis der epigenetischen Progression überein (s. A. Freud 1965, S. 184-197).

Die Ergebnisse dieser Studie erhärten im wesentlichen frühere klinische und empirische Befunde, verleihen ihnen jedoch eine sehr differenzierte Deutung. Die klassischen Familien- und Kindheitsfaktoren erscheinen bei prähomosexuellen Jungen disproportional. Der abschließende kausale Effekt jedoch hängt der Pfadanalyse entsprechend sehr stark von der Verbindung mit anderen Faktoren ab und korreliert selbst dann nicht sehr hoch mit der erwachsenen Homosexualität. Sie sind als Prädiktoren einer zukünftigen sexuellen Orientierung tatsächlich unbrauchbar. Im Vergleich mit heterosexuellen Männern z. B. tendierten die Homosexuellen zu einer außerordentlich engen Bindung an die Mutter und fühlten sich folglich als Kind eher weiblich. Jenseits dieses Aspektes jedoch verschwinden in der Pfadanalyse die statistischen Effekte der mütterlichen Beziehung. In ähnlicher Weise hatten die homosexuellen Männer eher distanzierte und feindselige Väter und verfügten infolgedessen über eine nur schwache Vateridentifikation. Auch hier hatte wiederum der elterliche Einfluß einen nur geringen statistischen Effekt auf die sexuelle Orientierung des Erwachsenen. Der stärkste Prädiktor für die Homosexualität ist tatsächlich das Muster weiblicher Interessen und Gefühle, das diese Autoren als "kindliche Nonkonformität des Geschlechts" bezeichnet haben (S. 76). Auf verschiedenen Skalen zeigten die prähomosexuellen Jungen weiblich assoziierte Eigenschaften, obschon sich wieder einmal eine beachtliche Minderheit als typisch maskulin erwies. Ihrem Deutungsansatz entsprechend glauben Bell et al., daß die kindliche Nonkonformität des Geschlechts - ungeachtet des familiären Hintergrunds oder der Identifikationen mit den Eltern - die Wahrscheinlichkeit für eine Homosexualität stark erhöht (S. 189).

Zwei Befunde, die den prähomosexuellen Jungen und die Bedeutung des Vaters für ihn betreffen, sind für die Psychoanalyse relevant. Zunächst verglichen die Autoren eine Untergruppe von Homosexuellen, die sich in einer Psychotherapie befanden, mit der Gesamtgruppe der Homosexuellen. Der Hauptunterschied bestand darin, daß diese Männer - die in emotionaler Hinsicht als gestört galten - einen distanzierten bzw. feindseligen Vater gehabt hatten, was an das klassische klinische Bild erinnerte (S. 203). Dies mag klinische Eindrücke bestätigen, rechtfertigt aber nicht deren Erhebung zu einem allgemeinen Gesetz der Homosexualität. Zweitens führten die Autoren eine getrennte Pfadanalyse für solche Männer durch, die aufgrund ihrer geschlechtsübergreifenden Eigenschaften in der Kindheit und des gegenwärtigen Verhaltens als verweiblicht galten. Auf diese Weise betrachtet beschränkten sich die Identifikationsprobleme mit dem Vater auf diese verweiblichten Männer, worauf dann das Gesamtergebnis zurückzuführen war. Die Autoren schließen daraus mit Recht, daß die Verbindung zwischen einem schwachen Vater und der Verweiblichung zweideutig bleibt. So bleibe es unklar, ob eine fehlende Identifikation mit dem Vater die Verweiblichung hervorruft oder ob ein Junge, der - warum auch immer - auf eine bestimmte Weise verweiblicht ist, es schwierig finden wird, sich mit seinem Vater zu identifizieren (S. 199).

Die Autoren von *Sexual Preference* beenden ihren Forschungsbericht mit der Annahme, daß es möglicherweise eine der Entwicklung zur Homosexualität zugrundeliegende biologische Prädisposition gebe. Diese Hypothese kann statistisch nicht überprüft werden. Aber es gibt einen großen Varianzanteil in der Pfadanalyse der Homosexualität, der durch die Gesamtsumme der Kindheitsfaktoren unerklärt bleibt. Es ist dies ein unerklärtes und nicht dem Umweltfaktor anzurechnendes Residuum, das den unbekannten biologischen Faktoren zugeschrieben werden kann. Man könnte meinen, daß es solche Überlegungen waren, die Freud zu der Auffassung von einer "Ereignisreihe" veranlaßten. Was auch immer diese angeborene Disposition sein könnte, so scheint sie doch sowohl der Nonkonformität des Geschlechts vieler prähomosexueller Jungen als auch den späteren homoerotischen Erregungsmustern zugrundezuliegen. Diese Spekulationen können nur durch biologische Forschungergebnisse bestätigt werden. Was das Modell uns sagen will, ist jedoch, so glauben Bell et. al, daß "die sexuelle Präferenz bereits sehr früh im Leben auftritt und die erwachsene Homosexualität nur die letzte Stufe im Auftreten eines tiefsitzenden Grundmusters des homosexuellen Verlangens ist" (S. 104).

Ein neuer Ansatz bei der Erforschung der Homosexualität wurde gegen Ende der 50er Jahre durch die Pionierarbeit der psychologischen Testforschung von Evelyn Hooker (1957) eingebracht. Vor ihr hatten nur wenige Kliniker jemals Homosexuelle außerhalb von psychiatrischen Kliniken, Gefängnissen oder solchen Settings untersucht, die die Befunde ernsthaft beeinflußten. Dies bedenkend untersuchte Hooker eine Gruppe von Homosexuellen aus zwei Gruppen, die für homosexuelle Rechte kämpften, und die oberflächlich betrachtet wohlangepaßt erschienen. Sie verwendete den Rohrschach- und zwei andere projektive Tests. Es wurden 30 gemischte Paare von ausschließlich homosexuellen und heterosexuellen Männern untersucht. Schließlich wurden die Protokolle und die detaillierten Profile "blind" zwei Beurteilern vorgelegt. Ihr dabei beabsichtigtes Ziel war, eine fehlerfreie Beurteilung darüber zu bekommen, ob die Homosexuellen eine besondere Pathologie oder tatsächlich charakteristische Persönlichkeitseigenschaften besitzen. Hookers Ergebnisse bezweifelten eindeutig die zu jener Zeit vorherrschende Auffassung: zwischen beiden Gruppen gab es einfach keine Unterschiede im Ausmaß an Pathologie. Zwei Drittel jeder Gruppe erreichten eine durchschnittliche oder bessere Anpassung. Darüber hinaus fand Hooker, daß die Beurteiler nicht in der Lage waren, die homosexuellen Profile - es sei denn zufällig - zu identifizieren. Eine Ausnahme bestand lediglich bei einigen gestörten Homosexuellen mit bemerkenswerten analen und/oder femininen Zügen. Andererseits wurden die Vielzahl und der Reichtum homosexueller Persönlichkeiten, die mit den Kontrollpersonen vergleichbar waren, betrachtet. Es war Hookers Auffassung, daß die Homosexualität keine klinische Störung, aber eine untypische sexuelle Präferenz bei ansonsten normalen Individuen sei, deren Pathologie höchstens durch den Druck sozialer Intoleranz zustandekomme.

Die klassischen Arbeiten von Evelyn Hooker wurden über drei Jahrzehnte hinweg mit zusätzlichen psychologischen Teststudien wiederholt. Dabei haben sich ihre grundlegenden Ergebnisse als ziemlich stabil erwiesen. Bei einer Überprüfung dieser Literatur fand Riess (1980), daß allein in der Zeit zwischen 1967 und 1977 genau 58 projektive Studien und 35 Fragebogenerhebungen repliziert wurden, von denen keine erfolgreich irgendeine psychodynamische Typologie oder Ätiologie der männlichen Homosexualität nachweisen konnte. Auch wenn man die methodischen Probleme bei den verschiedenen Forschungsdesigns berücksichtigt, ist der übereinstimmende Konsens in der Testforschung besonders in Hinblick auf die feindselige Atmosphäre, in der sie durchgeführt wurde, immer noch beeindruckend (Morin 1977). Es ist deswegen traurig, daß die Psychoanalytiker größtenteils den Anschluß an die empirische Forschung verpaßt haben. Die Arbeit Hookers und anderer Psychologen haben weitgehende Akzeptanz erfahren und können nicht - wie einst durch Socarides - als ein beklagenswertes Hemmnis des wissenschaftlichen Fortschritts in der Sexualforschung abgewiesen werden (Stoller et al. 1973, S. 1212). Andere Analytiker meinten, die projektiven Instrumente seien gegenüber der auffallenden homosexuellen Pathologie nicht empfindlich genug (Bieber et al. 1962, S. 306). Doch dieses ad-hoc-Argument scheint wenig überzeugend, wenn die Homosexuellen wirklich so tief und auf charakteristische Weise befleckt sind, wie es die Analyse traditionell behauptete. Weil projektive Tests in der Regel herangezogen werden, um subtile oder maskierte Pathologien nachzuweisen, erklärt sich der Hauptwiderspruch zwischen den klinischen Eindrücken und der Testliteratur, um dies noch einmal deutlich zu machen, durch die einseitige Population derjenigen, die professionelle psychologische Hilfe suchen. Reiss (1980) meint am Ende seiner Befragung:

> Die große Anzahl der Professionellen im Bereich der seelischen Gesundheit identifiziert immer noch - a priori - die Homosexualität mit einer Pathologie. Man kann daran sehen, daß die professionelle Praxis blind gegenüber den experimentell nachgewiesenen Fakten ist (S. 308).

Seit den 50er Jahren hat sich durch die zunehmende Anzahl von historischen und kulturanthropologischen Studien eine breite Perspektive der männlichen Homosexualität eröffnet. Auch wenn diese Disziplinen unvermeidlich ihre eigenen methodischen Probleme besitzen und sie in der Regel bei der Anwendung psychologischer Konzepte zweideutig bleiben, muß jede ernstzunehmende Theorie der Homosexualität wenigstens mit diesen kulturübergreifenden Generalisierungen, die es nun einmal gibt, übereinstimmen. Der weltweit erste und einflußreichste solcher Forschungsansätze zur Homosexualität war *Patterns of Sexual Behavior* von Clellan Ford u. Frank Beach (1951), die die Daten von 76 Gesellschaften und auch von Primaten analysierten. Diese zuverlässige Umfrage ergab, daß in vielen repressiven Kulturen wie der unsrigen Sexualität zwischen Männern verboten oder verabscheut war und Bestrafungen, Verdammung oder Spott erfuhr. In einer anderen Reihe von Kulturen jedoch, die fast zwei Drittel der insgesamt untersuchten darstellten, waren die sozialen Kodizes permissiver, so daß wenigstens einige homosexuelle Handlungen als normal und annehmbar akzeptiert wurden. Die Erhebungen bei Tieren zeigten ebenso ein weitgestreutes sexuelles Verhalten zwischen den Männchen - und auch wenn heterosexuelles Werben konkurrierend hinzukam, gab es keinen Anlaß anzunehmen, daß solche homosexuellen Verhaltensweisen bloße Ersatzhandlungen gewesen waren. Wie bereits Kinsey kurz zuvor kamen auch Ford u. Beach zu der Ansicht, daß das Potential für die Homosexualität universell sei, nämlich das Produkt eines fundamentalen Erbes bei der Gattung der Säugetiere, das in der generellen sexuellen Reaktionsmöglichkeit, die jeweils unter dem Einfluß der Erfahrung modifiziert wird, besteht (S. 259). Sie fügten hinzu,

> daß Männer und Frauen, die überhaupt kein Bewußtsein ihrer homosexuellen Anteile besitzen, insoweit das Produkt kultureller Konditionierung sind, als sie sich ausschließlich heterosexuell verhalten. ... Beide Extreme stellen die Bewegung fort von der ursprünglichen, intermediären Bedingung dar, die die Fähigkeit zu beiden Formen des sexuellen Ausdrucks einschließt (S. 258).

Die kulturübergreifende und historische Forschung hat sich seit den 50er Jahren darum bemüht, die sozialen Determinanten der männlichen Homosexualität zu dokumentieren (s. überblickend Carrier 1980, Karlen 1980). Von früher bis heute erscheinen viele homosexuelle Verhaltensweisen mit bemerkenswerter Lebendigkeit, ohne jedoch jemals als vollständige sexuelle Alternative akzeptiert zu werden. So tolerieren beispielsweise einige Kulturen das homosexuelle Spiel bei Kindern, aber nicht bei Erwachsenen. Bei anderen gibt es die Erlaubnis für die Homosexualität dann, wenn Frauen nicht zur Verfügung stehen, wenn etwa die Heirat hinausgeschoben wird oder die Männer getrennt von den Frauen leben. Es wird oft daran erinnert, daß die Liebe eines älteren Mann zu einem pubertierenden Jüngling zumindest in der aristokratischen Schicht des alten Griechenlands idealisiert wurde. In den exotischeren Gesellschaften des Hochlandes von Neuguinea werden homosexuelle Praktiken über viele Jahre hinweg als Teil des männlichen Initiationsritus vollzogen.

Bei diesem Männlichkeitskult wird das Schlucken des Samens eines älteren Mannes als eine Vorbedingung für die Verwandlung eines Jungen in einen Mann betrachtet (s. Lidz u. Lidz in diesem Band). Eine Anzahl amerikanischer indianischer und anderer Gesellschaften institutionalisieren den gelegentlichen männlichen Transvestiten, indem sie ihm die volle weibliche Rolle einschließlich des Status der Gefährtin eines Mannes zubilligen. Aber trotz dieses großen kulturellen Spielraums zeigt die Menschheit in der Tat einen universellen Widerstand, die männliche Homosexualität als vollkommen gleichwertig zu akzeptieren. Wie Opler (1965) zusammenfassend erklärt, betrachten - abgesehen von wenigen besonderen Ausnahmen einiger Statusgruppen - selbst die permissivsten Kulturen die lebenslange und ausschließliche Homosexualität als eine nicht sanktionierte Abweichung von vorherrschenden Wertvorstellungen (S. 114).

Die kulturübergreifende Erforschung der Homosexualität lädt zu psychoanalytischen Deutungen ein, beantwortet jedoch keineswegs grundlegende theoretische Fragen. Die Ubiquität homosexueller Praktiken stimmt besonders mit Freuds ursprünglicher Ansicht von der angeborenen Bisexualität überein. Aus dieser Sicht muß jede Gesellschaft zwischen der stabilen Kernfamilie, dem beabsichtigen Ziel der Selbsterhaltung, und den drängenden Wünschen des homosexuellen Triebes einen Kompromiß schließen. Kulturelle Werthaltungen werden die zugrundeliegende homosexuelle Komponente, deren Ausdruck bei jeder Person durch intrapsychische und kollektive Faktoren beeinflußt wird, dann und wann verbieten oder erlauben (Liebert 1986). Seit Rado werden darauf jedoch die meisten orthodoxen Psychoanalytiker wahrscheinlich mit dem heterosexuellen Primat antworten und die weit verbreitete Toleranz gegenüber gelegentlichem homosexuellen Verhalten als eine Adaptation an ökonomische Bedingungen und andere Zwänge erklären, während die ausschließliche Homosexualität immer noch ein Indiz für Psychopathologie bleibt. Obwohl diese Interpretation auf plausible Weise mit den Befunden kulturübergreifender Forschung übereinstimmt, entspricht es jedoch weder der institutionalisierten Form der Homosexualität bei den alten Griechen noch den längeren homosexuellen Lehrjahren, die es bei einigen Stämmen in Neuguinea gibt, um die Männlichkeit zu erreichen. Nicht zuletzt verfehlt die gegenwärtige psychoanalytische Sichtweise der Homosexualität diese als eine gewohnheitsmäßige Variation zwischen älteren und jüngeren Männern, wenn sie die Homosexualität bloß als reparativ einschätzt. Viele Gesellschaften haben offenbar solche Arrangements als normal angesehen und betrachten dies auch nicht im Verhältnis zum anderen Geschlecht als unmännlich.

Eine abschließende kulturübergreifende Generalisierung, die für die Psychoanalyse von besonderem Interesse zu sein scheint, ist offenbar die universelle Auffassung, daß die Unterschiede zwischen der männlichen

Geschlechtsrollen- und der Kerngeschlechtsidentiät fundamentaler sind als zwischen homo- und heterosexuellen Verhaltensweisen. Viele Kulturen sehen die Homosexualität als vollkommen normal und männlich an, solange sie nicht andere Rollenunterschiede zwischen den Geschlechtern, die als unantastbar gelten, verletzt. In vielen Gebieten der Welt ist es wichtiger, Verweiblichung und passive sexuelle Verhaltensweisen zu vermeiden als die Homosexualität selbst zu unterlassen. Dies gilt vollständig für Lateinamerika, Nordafrika und vielleicht auch für den Nahen und Fernen Osten - überall dort, wo die Geschlechtsunterschiede sehr stark dichotomisiert werden und wo Männer im Besitz der sozialen Überlegenheit sind (Carrier 1980; Vanggaard 1974). Die aktive Homosexualität kann somit mit der männlichen Macht vereinbart werden und kann sogar unter Männern zum Prestige beitragen, während die passive Homosexualität mit weiblicher Schwäche gleichgesetzt und verachtet wird. Psychoanalytisch gesprochen bedeutet dies, daß Männer sich scheinbar nicht so sehr vor dem homosexuellen Kontakt selbst, sondern vor der unbewußten weiblichen Identifikation, die die passive Homosexualität implizieren könnte, fürchten. Homosexuelle Praktiken sind solange akzeptabel, wie eine Kultur sie irgendwie als eine männliche Aktivität auffassen kann, die die phallische Potenz erhält. Die Gefahr der Homosexualität und homophobischer Reaktionen geht nicht allein auf den Kastrationskomplex zurück, sondern viel tiefer auf die Alles-oder-Nichts-Angst vor der symbiotischen Regression, die mit dem Verlust der männlichen Identität und Selbstheit droht.

In den letzten Jahrzehnten tauchte erneut das Interesse an denjenigen grundlegenden biologischen Annahmen auf, von denen Freud glaubte, daß sie eines Tages als das physiologische Substrat der Homosexualität nachgewiesen werden könnten. Der biologische Ansatz hat in der Sexualforschung seit dem 19. Jahrhundert eine zentrale Rolle gespielt und wird immer wieder dann diskutiert, wenn theoretische oder experimentelle Ansätze harte Daten anbieten, um schwache psychologische Spekulationen zu beweisen. Die Spannbreite dieser biologischen Forschungsansätze ist extrem groß und berührt die Endokrinologie, die Genetik und die Neurophysiologie, und ihr enormer technischer Aufwand verbietet die voreilige Evaluierung außer durch Experten. Für unser Anliegen sind einige wenige biologische Befunde von wesentlichem Interesse.

Mit der Entdeckung des endokrinen Systems und der Sexualhormone behaupteten die Biologen natürlich, daß die männliche Homosexualität mit einer subtilen Geschlechtsdrüsendefizienz oder gestörten Rückkoppelungsprozessen zu tun habe und somit durch rein körperliche Interventionen behandelt werden könne. In den 30er und 40er Jahre wurden viele Experimente mit der Androgentherapie durchgeführt, die alle zu enttäuschenden Ergebnissen führten. Obwohl ein Anheben des männlichen Hormonspiegels bei homosexuellen Männern zu einer Zunahme der libidiniösen Appetenz führen kann, hat es keinen Effekt auf die Richtung der sexuellen Objektwahl (Meyer-Bahlburg 1977). In den 50er Jahren wurde ein genetischer Forschungsansatz von F. J. Kallman eingeführt. Diese Forschung ging zeitweise von einer fast vollständigen hereditären Bestimmung der homosexuellen Orientierung aus, die ihrerseits auf Befunde einer Konkordanzrate von 100 % für die sexuelle Orientierung bei eineiigen Zwillingen beruhte. Kallmans Ergebnisse, die an schweren methodischen Fehlern litten, konnten jedoch nie repliziert werden (Hoult 1984). Heute haben es die Genforscher tatsächlich aufgegeben, nach spezifischen Chromosomen zu suchen, die möglicherweise direkt die sexuelle Orientierung von Erwachsenen bestimmen. (Money 1980, West 1977). Die in den frühen 70er Jahren publizierten Forschungsberichte von Kolodny und Mitarbeitern regten zu Versuchen an, die Verbindung zwischen männlicher Homosexualität und einem verringerten Testosteronspiegel im Blutplasma (sowie einem geringen Spermaanteil) nachzuweisen. Diese Literatur wurde von Meyer-Bahlburg (1977), West (1977) und Tourney (1980) kritisch geprüft. Alle stimmten darin überein, daß die veröffentlichten Befunde sowohl inkonsistent als auch theoretisch verwirrend seien. Alles in allem machen die heute verfügbaren Daten es unwahrscheinlich, daß bloße Abweichungen vom Testosteronspiegel für die männliche Homosexualität verantwortlich seien. Man kann allerdings die Beteiligung des endokrinen Systems nicht ausschließen, denn untypische hormonale Zustände können mit einigen Formen des homosexuellen Verhalten korreliert sein.

In den letzten Jahren gehen die vielversprechendsten biologischen Forschungsansätze auf Neurophysiologen zurück, die die Effekte hormonaler Faktoren auf die pränatale sexuelle Differenzierung des Gehirns untersuchten (Money u. Erhardt 1972). Es ist bekannt, daß in der pränatalen Entwicklung die fetale Anlage des genetischen Gewebes anfangs sexuell undifferenziert ist und daß die Bildung der männlichen Fortpflanzungsorgane erst im 3. Monat ausgelöst wird, wenn das Y-Chromosom die Differenzierung der männlichen Gonaden und die Sekretion der fetalen Androgene veranlaßt. Von nun an regulieren Spiegel und Zusammensetzung der zirkulierenden Hormone die männliche Entwicklung in verschiedener Hinsicht. Der Leithypothese entsprechend kommt es nach der vollen Ausbildung der Geschlechtsorgane zu einer kritischen pränatalen Periode, in der männliche Hormone eine neurophysiologische "Maskulinisierung" des Gehirns veranlassen. Im Anschluß daran, so wird weiter vermutet, vermitteln die physikalischen Eigenschaften des männlichen und weiblichen Gehirns alle geschlechtspezifischen Verhaltensunterschiede. Die engagierteste und heftig diskutierte Forschung auf diesem Gebiet wurde von Günter Dörner (1975) in der damaligen DDR durchgeführt, der angeblich männliche und weibliche Zentren im Hypothalamus lokalisieren konnte. Man nahm an, daß diese unterschiedliche neuronale Reflexe verursachen und deswegen weibliche und männliche sexuelle Reaktionen vermitteln würden, die schließlich männliche und weibliche geschlechtsspezifische Verhaltensweisen bestimmten. Nach dieser Theorie würde man die Homosexualität durch eine endokrine Abnormalität - verursacht vielleicht durch Stress, Drogen oder andere Komplikationen - während der kritischen pränatalen Phase erklären: ein verringerter Androgenspiegel würde die Maskulinisierung dann verhindern und einen Mann mit einem dominanten weiblichen Gehirnzentrum zurücklassen. Dörner ging davon aus, daß die Richtung des Sexualtriebes vollständig durch solche Mechanismen vorherbestimmt wird und daß Homosexualität bzw. Heterosexualität, wenn sie sich einmal etabliert haben, von weiteren biologischen oder Umwelteinflüssen unberührt bleiben (s. West 1977, S. 70-74).

So suggestiv all diese verschiedenen biologischen Hypothesen erscheinen mögen, muß auch, wie mir scheint, die experimentelle Forschung als weit von einer auch nur rudimentären Erklärung der Homosexualität beim Menschen entfernt eingeschätzt werden. Die führende Theorie von der pränatalen, neuroendokrinen Verursachung der Homosexualität wurde beispielsweise von Dörner fast gänzlich durch die Befunde aus Experimenten mit Ratten gewonnen, bei denen ein bestimmter kritischer Androgenmangel eventuell Kopulationsversuche mit anderen Männchen hervorrufen kann. Diese Ergebnisse werden nun auf Menschen übertragen. Sie beruhen nur auf der Analogie, daß offenbar eine bestimmte positive "Östrogen-Feedback-Antwort" auf künstliche Hormoninjektionen sowohl bei experimentell verweiblichten Ratten als auch bei einigen homosexuellen Männern auftaucht. In einer Übersicht identifizierte Meyer-Bahlburg (1977) für diese Forschungsstrategie ernsthafte methodische Probleme. Als viel wichtiger noch betonte er den theoretischen Gedanken, daß bei den Reaktionen der Nagetiere und der Verursachung oder dem typischen Muster des homosexuellen Verhaltens beim Menschen nichts gleich sei. Er kam zu dem Schluß, daß es nur sehr schwache Anhaltspunkte für eine endokrine Grundlage der Homosexualität gebe (S. 318). Tourney (1980) unterstrich ebenso die Insuffizienz des hormonalen Ansatzes, es sei denn, wir könnten auch die Wege erklären, auf denen die pränatalen Faktoren durch die folgende Entwicklung vermittelt werden, um die endgültige sexuelle Entwicklung hervorzubringen. Hoult (1984), der eine große Anzahl biologischer Theorien untersuchte, ist immer noch ziemlich unerbittlich und meint, daß alle nicht überprüft und ohne die Hinzunahme von komplementären Umweltfaktoren absolut unbedeutend seien. Die moderne Biologie könnte mit anderen Worten sehr wohl prädisponierende Faktoren der männlichen Homosexualität identifizieren, sofern diese kompatibel mit anderen vornehmlich psychodynamischen und kulturellen Faktoren in ein interdisziplinäres Modell der sexuellen Orientierung integriert werden könnten.

Zusammenfassung

Diese Zusammenfassung soll einen kurzen Überblick und eine abschließende Analyse des psychoanalytischen Modells der männlichen Homosexualität geben, wobei deren grundlegende These von der homosexuellen Pathologie wieder betont werden soll. Psychoanalytiker haben sich sehr häufig zu diesem Thema geäußert und zahllose Behauptungen bezüglich einer medizinischen Krankheit oder einer psychologischen Minderwertigkeit aufgestellt. Wie D. J. West spöttisch meint, besitzt die Psychoanalyse ein beachtenswertes Repertoire an unangenehmen Etiketten, die fast alle früher oder später auf Homosexuelle angewendet werden (1977, S. 103). Nach der obigen kritischen Diskussion ist jedenfalls Zweifel an der psychoanalytischen Doktrin angesagt. Was aus dem Literaturüberblick hervorgeht, ist nicht wirklich ein zwingendes wissenschaftliches Argument oder ein Beweis, sondern vielmehr ein Vermächtnis brillanter, zum Teil klinischer und theoretischer Freudscher Ideen, die die impliziten kulturellen Urteile der frühen Freudianischen Zeit aufrechterhielten. Das Modell der Homosexualität wurde dann überarbeitet und vorsichtig revidiert, nicht als eine Antwort auf neue interdisziplinäre Befunde - die in der Tat weitestgehend ignoriert wurden - aber in einer scheinbar gültigen und auf wohletablierte psychoanalytische Vorläufer zurückgreifenden Art und Weise. Die psychoanalytisch orientierten Forscher arbeiteten in einer relativen Isolation, indem sie ihre Ideen - wie ehedem Freud - allein aufgrund ihrer Arbeit mit homosexuellen Patienten überprüften. Obwohl dies für gewöhnlich die Verifikationsprozedur für psychoanalytische Mutmaßungen darstellt, sollte offensichtlich sein, daß dieses besondere Thema spezielle methodische Probleme der Objektivität mit sich bringt. Aus diesem Grunde fügten unter anderen Bieber und andere Mitglieder der *New York Society of Medical Psychoanalysists* ihre Befunde zusammen. Sie waren jedoch, wie ich meine, immer noch unfähig, den ihrem führenden theoretischen Modell innewohnenden Fehlannahmen zu entgehen.

Von den vielen Versuchen, die These von der Pathologie der Homosexualität zu stützen, kristallisiert sich im wesentlichen ein Kern von vier Ansätzen aus. Die Psychoanalytiker sind sich sicher, daß homosexuelle Männer an einer Form des Entwicklungsstillstands leiden, der seinerseits verursacht wird 1. durch frühe narzißtische Fixierungen, 2. durch gestörte Familienbeziehungen, 3. durch eine zugrundeliegende Störung der Geschlechtsidentität und 4. durch eine pathologische Abwehrhaltung gegenüber biologisch primär angelegter Heterosexualität. Diese Ansätze erscheinen auf entwaffnende Weise einfach. Wie ich gezeigt habe, verbergen sie alle eine logische Ambiguität und sehr zweifelhafte theoriebeladene Vorannahmen. In dem Ausmaß, in dem diese Behauptungen in der Tat definiert und empirisch überprüft wurden, erfuhren sie nie mehr als nur eine partielle Bestätigung. Sie haben vielmehr zahlreiche Anomalien unerklärt gelassen und laden somit zu einer Verfeinerung und Erweiterung des theoretischen Modells ein. Wir wollen diese Ansätze nacheinander betrachten.

Das erste die Pathologiethese favorisierende Argument besagt, daß homosexuelle Männer an den Entwicklungszeitraum des frühen Narzißmus fixiert sind, so daß, selbst wenn sie in anderer Hinsicht normal sind, ihre Fähigkeit zu Liebesbeziehungen automatisch oberflächlich und defizitär sei. Wieder und wieder hören wir, die Homosexuellen seien auf primitiven Stufen der Ich-Entwicklung stehen geblieben, hätten sich niemals von ihren Müttern getrennt und würden keine Selbstkonstanz besitzen (Panel 1960). Folglich können Homosexuelle in ihren Objektbeziehungen nicht objektbezogen sein und gehen lediglich unechte Beziehungen ein (Bergler 1951), die bedürfnisabhängig, ambivalent und instabil seien. Diese Behauptungen werden teilweise verallgemeinert durch Beobachtungen an einer kleinen verzerrten Stichprobe von depressiven, Borderline- oder sexuell besessenen Patienten, die als das Stereotyp aller homosexuellen Männer betrachtet wurden. Dies ist nicht nur ein Beispiel für eine schwache Methodologie. Ich glaube vielmehr, daß die psychoanalytische Theorie sich von vornherein der Idee des homosexuellen Narzißmus als Definitonsmöglichkeit überlassen hat. Ein homosexueller Mann nimmt sich mit anderen Worten ein Wesen desselben Geschlechts nicht aus wirklich erotischen oder gefühlvollen Motiven heraus, sondern weil er eine von Grund auf unreife Person ist, die sich nur selbst lieben kann. Wie diese Idee des pathologischen Narzißmus sich zu der ansonsten hochstrukturierten psychischen Entwicklung vieler homosexueller Männer verhält, ist nie ernsthaft hinterfragt worden. Es ist natürlich wahr, daß viele Homosexuelle Partner suchen, die wie sie selbst sind. Aber es gibt keinen offensichtlichen Grund dafür anzunehmen, daß diese Ähnlichkeit des Geschlechts irgendeine Selbstsüchtigkeit, das Bedürfnis nach archaischer Spiegelung oder andere für den pathologischen Narzißmus typische Qualitäten nach sich ziehen sollte (Leavy 1985). Ebensowenig kann die wahre Natur der homosexuellen Beziehungen von einem abstrakten Niveau der Freudschen Metapsychologie, nach dem die narzißtischen Stadien angeblich der Objektbezogenheit vorangehen, erklärt werden, besonders insofern diese Vorannahme selbst durch viele Analytiker und andere Kindheitsforscher hinterfragt wird (Lichtenberg 1983).

Das zweite psychoanalytische Argument für die Pathologie der Homosexualität fußt auf der Störung der frühen Familienbeziehungen vor ihrem entwicklungsgeschichtlichen Hintergrund. Freud und andere Psychoanalytiker haben diese pathogenen Muster rekonstruiert, während Biebers Forschungen versuchten, sie in ihrer regelmäßigen Gestalt nachzuweisen. Wie oben bereits angemerkt, wurde die zunehmende Inzidenz früher familiärer Pathologien unter homosexuellen Männern im Durchschnitt durch umfangreich skalierte, statistische Studien an nichtklinischen Populationen erhärtet. Wie allgemein bekannt betreffen die meisten der Hintergrundfaktoren lediglich die kleine Mehrheit einer Minderheit der Homosexuellen und lassen somit den großen Rest unerklärt. Wie oben zusammenfassend dargestellt wurde, war die jüngste Arbeit von Bell et al. (1981) in dieser Hinsicht besonders überzeugend. Unter Zuhilfenahme besonders anspruchsvoller statistischer Verfahren konnten sie zeigen, daß jede spezifische Hintergrundsdynamik nur schwach mit der abschließenden sexuellen Orientierung korrelierte, die in ihrem Effekt letztlich von der Summe anderer Faktoren abhing und wenig Vorhersagewert besaß. Es besteht deswegen einfach eine zu große Variabilität in den Wurzeln der Entwicklung, als daß man von der klassischen, triangulären Familienkonstellation des männlichen Homosexuellen im allgemeinen sprechen könnte. Obwohl viele Psychoanalytiker in diesem Punkt zustimmen würden, würden nur wenige die weiteren Implikation akzeptieren, die von nichtklinischen Forschern formuliert wurde und nach der die neurotische Familiendynamik einen Jungen für die Homosexualität empfänglich mache und sogar seine erwachsene Neurose vorherbestimme, ohne daß dies aber die grundlegende Ursache für dessen sexuelle Orientierung sei. Ebensowenig würden viele die Ansicht begrüßen, daß homosexuelle Männer, ob gestört oder nicht, sehr wohl ihre sexuelle Präferenz auf entwicklungsgeschichtlichen Pfaden, die im wesentlichen nicht pathologisch sind, erreicht haben.

Das dritte Argument für das Modell einer homosexuellen Pathologie besagt, daß Homosexuelle in bestimmter Hinsicht an einer intrapsychischen Störung der Geschlechtsidentität leiden. Wie oben gezeigt wurde, findet sich dieses Argument wie ein Leitmotiv in psychoanalytischen Schriften und wurde als explizite These spätestens seit den 50er Jahren formuliert. Kurz gesagt gehen die meisten Analytiker davon aus, daß alle gesunden Männer sowohl maskulin als auch heterosexuell sind, so daß sie niemals ernsthaft in Erwägung ziehen, daß männliche Männer sich gegenseitig auf erotische Weise lieben könnten. Trotz dieser offensichtlichen logischen Vereinfachung hat sich der Versuch, männliche Homosexualität und Verweiblichung gleichzusetzen, als überraschend widerstandsfähig gegenüber jeglicher empirischen Bestätigung erwiesen. Wie oben gezeigt wurde, ist die hypothetisch angenommene Störung der Geschlechtsidentität tatsächlich ein breit angelegtes und abstraktes theoretisches Konstrukt, das zunächst einmal definiert werden muß, bevor es überprüft werden kann. So könnte beispielsweise dieses Konzept auf der Verhaltensebene gemessen werden. Es scheinen aber viele homosexuelle Männer in ihren oberflächlichen Eigenschaften sehr durchschnittlich zu sein. Die Verweiblichung könnte ebenso durch psychologische Tests gemessen werden. Wie aber diskutiert wurde, sind die Ergebnisse äußerst unzuverlässig und für das Problem einer gestörten Geschlechtsidentität unbedeutend, außer man manipuliert diesen Gesichtspunkt und definiert weiblich gefärbte Antworten einiger homosexueller Männer als ein Anzeichen von Psychopathologie. Das Konzept der männlichen Verweiblichung bei Homosexuellen erfährt ebensowenig eine klare Bestätigung durch die Selbstbeschreibungen dieser Männer, von denen die Mehrheit sich weder besonders männlich noch besonders weiblich fühlt (Bell et al. 1981, S. 80). Als Hypothese über die kindliche Entwicklung bleibt die psychoanalytische Auffassung schließlich zweideutig und aus einer Anzahl verschiedener Konzepte zusammengeschustert, die angeborene Tendenzen, psychologische Identifikationsprozesse und ebenso die ausgesprochenen Ängste vor der männlichen Aggression behandeln, die ihrerseits die homosexuelle Präferenz beeinflussen sollen. Während andere Disziplinen versuchen, diese komplizierten Sachverhalte auseinanderzuhalten, vermischt das psychoanalytische Modell sie in einer Weise, durch die die entscheidende Forschung nicht einmal betrachtet werden kann.

Meiner Ansicht nach ist es dieser Gegenstand der männlichen Verweiblichung, der die Psychoanalytiker zu dem antihomosexuellen Vorurteil verleitet hat, dessen ihre Kritiker sie beschuldigen und der sowohl verurteilend wie herablassend ist. Nur beispielhaft soll die folgende typische Bemerkung Biebers betrachtet werden: "Im allgemeinen besitzen die Homosexuellen kein Konzept von sich als realem Mann. Ebensowenig sehen sie andere homosexuelle Männer als vollständig maskulin an. Sie schätzen sich selbst als kastriert ein und sprechen herablassend von anderen Homosexuellen" (1965, S. 257). Es gibt sicherlich viele persönliche und kulturelle Gründe, weshalb ein homosexueller Mann diese selbstverachtende Einstellung äußern kann. Aber hier ist es wieder von Psychoanalytikern sehr unwissenschaftlich, dieses unglückliche Ergebnis als einen intrinsischen Teil der homosexuellen Orientierung darzustellen. Sie ignorieren schlichtweg die zunehmende Untergruppe der Homosexuellen, die ihre Identität ebenso akzeptieren, wie dies alle anderen Kulturen tun, wo lebenslange homosexuelle Praktiken als vollkommen männlich angesehen werden.

Das vierte Argument für die homosexuelle Pathologie behauptet, daß die sexuelle Abweichung eine Abwehr gegen das biologisch vorgegebene Primat der Heterosexualität sei. Obschon von Freud antizipiert, erreichte dieses Argument keine Bedeutung, bis die Psychoanalytiker ihr eigenes Konzept von der Bisexualität hinterfragten. Wie Rado korrekt wahrgenommen hat, würde jeder die Angeborenheit betreffende Kompromiß den Glauben eines Homosexuellen, er sei eben auf diese Weise zur Welt gekommen, unterstützen und dabei ebenso die Hauptgründe für eine Therapie schwächen. Seit den 50er Jahren hat deswegen das vorherrschende psychoanalytische Modell unzweideutig die Annahme vertreten, daß alle normalen Männer aus biologischer Sicht für einen Partner des anderen Gechlechts programmiert seien. Dies wurde auf verschiedene Weise formuliert. Psychoanalytiker betonen oft den Fehler, den die Biologie dabei machte, irgendeine definitive Heredität oder hormonelle Gründe für die Homosexualität anzunehmen, und zieht dann auf inkorrekte Weise den Schluß, daß diese das biologische Primat der Heterosexualität nachweist (s. Bieber et al. 1962, S. 173). Wie ich aber versucht habe zu zeigen, wurde die Annahme von angeborenen und Umweltfaktoren in einer "Ergänzungsreihe" ursprünglich von Freud sehr präzise als eine Art theoretischer Platzhalter eingeführt, die durch weitere biologische Erkenntnisse bewiesen werden sollten. Die Psychoanalytiker seit Freud haben den Versuch unternommen, die tatsächliche Existenz eines frühen heterosexuellen Stadiums in der Entwicklung von männlichen Homosexuellen nachzuweisen. Obschon dieser Gegenstand zugebenermaßen komplex ist, ist das eine für die Psychoanalytiker sehr deutlich, daß nämlich selbst bei ausschließlich homosexuellen Männern heterosexuelle Wurzeln existieren. Soweit scheint der psychoanalytische Ansatz wenig überzeugend - besonders im Hinblick auf die offensichtliche Tatsache, daß keine der besagten Fälle in erster Linie ausschließlich homosexuell waren. Die psychoanalytische Vorstellung, daß homosexuelle Männer tatsächlich ihre natürliche, physiologische Anziehung durch Frauen unterdrücken, erwies sich durch experimentelle Studien nicht ganz als Produkt der Phantasie, führte aber auch nicht zu einer theoretischen Absicherung. Weil es, um es einfach ausdrücken, schlichtweg keinen Trieb gibt, durch den ein anderer abgewehrt werden kann, hat die einseitige These, daß Homosexuelle in der Analyse als "latente Heterosexuelle" entlarvt werden können, keine Berechtigung.

Es ist ebenso wichtig, sich daran zu erinnern, daß die psychoanalytische Zurückweisung einer angeborenen Prädisposition der Homosexualität in der Zeit der 40er und 50er Jahre auftauchte, als die Analytiker nicht vollständig die generelle Bedeutung konstitutioneller Faktoren bei der kindlichen Entwicklung anerkannten. Insbesondere das psychoanalytische Denken über die Homosexualität konsolidierte sich zu einer Zeit, als die pathogenetische Familiendynamik überbetont wurde, und erfuhr keine Unterstützung durch neuere konstitutionelle Konzepte, wie sie später von der psychoanalytischen Kindheitsforschung herausgearbeitet wurden. Daraus folgt, daß in den psychoanalytischen Schriften zur Homosexualität immer noch die absolute Priorität von "nurture over nature" zu einer Zeit gilt, in der die zeitgenössische Psychoanalyse schon längst diese Dichotomie überwunden hat. Sowie die Konzepte von Angeborenheit uns dabei behilflich waren, andere atypische Eigenschaften zu verstehen und Temperamentsunterschiede zu klären, können sie zu einem multifaktoriellen Modell der Homosexualität beitragen, ohne die Integrität der Psychoanalyse zu gefährden.

Ich hoffe, in diesem Beitrag demonstriert haben zu können, daß das analytische Modell der Homosexualität ein wissenschaftliches Paradigma mit kulturellen Ursprüngen ist und einen historischen Ort in der Welt der Sexualforschung hat, die keinen Absolutheitsanspruch besitzt. Psychoanalytiker treten, wie sie es sonst tun, nicht länger überzeugend der wissenschaftlichen Gemeinschaft gegenüber auf. Sie können nur die Psychoanalyse in die Forschungsgewässer stoßen, wo theoretischer Fortschritt sich langsam, wenn nicht zirkulär vollzieht. Unglücklicherweise führt das theoretische Modell von der homosexuellen Pathologie so nah in die tatsächliche Praxis, daß wahrhaft wertfreie klinische Beobachtungen unmöglich werden. Viele Psychoanalytiker haben behauptet, daß niemals Homosexuelle behandelt werden sollten, ohne daß man sich vorher davon überzeugt, ob es sich bei ihrer sexuellen Orientierung um eine Perversion oder eine emotionale Störung handelt. Ich kann nicht auf die klinischen Probleme, die hier entstehen könnten, noch auf die technischen Probleme eingehen, die unmittelbar in der psychoanalytischen Übertragung und Gegenübertragung, dem Widerstand und dem Gegenwiderstand auftauchen würden. Einige dieser Probleme werden von Psychoanalytikern aufgegriffen, die nicht notwendig von einem pathologischen Standpunkt ausgehen (z.B. Isay 1985, 1986; Leavy 1985; Liebert 1986). Die klinischen Lösungen treten jedoch graduell in Erscheinung und gehen Hand in Hand mit der konzeptuellen Aufklärung des zugrundeliegenden theoretischen Modells. Schließlich diskutiere ich nicht die vielen sozialen und ethischen Probleme, die das Phänomen der Homosexualität umgeben. Natürlich aber kann man auf eine objektive Theorie der sexuellen Orientierung, die einer größeren sozialen Ausgewogenheit gegenüber homosexuellen Männern und Frauen förderlich ist, nur hoffen.

Literatur

Bayer R (1981) Homosexuality and american psychiatry. Basic Books, New York

Bell A (1975) Research on homosexuality: Back to the drawing board. Arch Sex Behav 4:121-132

Bell A, Weinberg M (1978) Homosexualities: A study of diversity among men and women. Simon & Schuster, New York

Bell A, Weinberg M, Hammersmith S (1981) Sexual preference: Its development in men and women. Indiana Univ Press, Bloomington

Bergler E. (1951) Neurotic counterfeit-sex. Grune & Stratton, New York

Bieber I et al. (1962) Homosexuality: A psychoanalytic study. Basic Books, New York

Bieber I (1965) Clinical aspects of male homosexuality. In Marmor J (ed.) Sexual inversion: The multiple roots of male homosexuality. Basic Books, New York

Boswell J (1980) Christianity, social tolerance, and homosexuality. Univ Chicago Press, Chicago London

Carrier J (1980) Homosexual behavior in cross-cultural perspective. In Marmor J (Ed.) Homosexual behavior: A modern reappraisal. Basic Books, New York

Dörner G (1975) A neuroendocrine predisposition for homosexuality in men. Arch Sex Behav 4:1-8
Evans R (1969) Childhood parental relationships of homosexual men. J Consul Clin Psych 33:129-135
Fenichel O (1945) The psychoanalytic theory of neurosis. W Norton & Company, New York
Ford C, Beach F (1951) Patterns of sexual bahavior. Harper, New York
Friedman R, Stern L (1980) Juvenile aggressivity and sissiness in homosexual and heterosexual males. J Am Acad Psychoanal 8: 427-440
Freud A (1949) Some clinical remarks concernig the treatment of cases of male homosexuality. Int J Psychoanal 8: 427-440
Freud A (1951) Homosexuality: Abstract Bull Amer Psychoanal 30: 195
Freud A (1952) Sudies in passivity. In: The writings of Anna Freud, vol 4, Int Univ Press, New York, pp 245-259
Freud A (1965) Normality and pathology in childhood: Assesment of development. In: The writings of Anna Freud, vol 6, Inter Univ Press, New York (Dt. 1968: Wege und Irrwege in der Kinderentwicklung. Klett, Stuttgart)
Freud S (1905d) Drei Abhandlungen zur Sexualtheorie. GW Bd 5, S 27-145
Freud S (1910c) Eine Kindheitserinnerung des Leonardo da Vinci. GW Bd 8, S 127-211
Freud S (1911c) Psychoanalytische Bemerkungen über einen autobiographisch beschriebenen Fall von Paranoia (Dementia paranoides). GW Bd 8, S 240-320
Freud S (1920a) Über die Pathogenese eines Falles von weiblicher Homosexualität. GW Bd 12, S 303-306
Freud S (1922b) Über einige neurotische Mechanismen bei Eifersucht, Paranoia und Homosexualität. GW Bd 13, S 195-207
Freud S (1923b) Das Ich und das Es. GW Bd 13, 234-289
Freud S (1930a) Das Unbehagen in der Kultur. GW Bd 14, S 419-506
Freud S (1933a) Neue Folge der Vorlesungen zur Einführung in die Psychoanalyse. GW Bd 14
Freud S (1937c) Die endliche und die unendliche Analyse. GW Bd 16, S 57-99
Freud S (1951) A letter to a grateful mother (1935). Int J Psychoanal 32: 331
Green R (1972) Homosexuality as a mental illness. Int J Psychiatry 10: 70-98
Green R (1980) Patterns of sexual identity in childhood: Relationship to subsequent sexual partner experience. In: Marmor J (ed) Homosexual behavior: A modern reappraisal. Basic Books, New York
Hooker E (1957) The adjustment of the male overt homosexual. J Projective Techniques 21: 18-31
Hooker E (1968) Homosexuality. In: International Encyclopedia of Social Sciences. Macmillan, New York
Hoult T (1984) Human sexuality in biological perspective: Theoretical and methodological considerations. J Homosexuality 9: 137-155
Isay R (1985) On the analytic therapy of homosexual men. Psychoanal Study Child 40: 235-254
Isay R (1986) Homosexuality in homosexual and heterosexual man: Some distinctions and implications for treatment. In: Fogel G, Lane F, Liebert R (eds) The psychology of men: New psychoanalytic perspectives. Basic Books, New York
Karlen A (1980) Homosexuality in history. In: Marmor J (ed) Homosexual behavior: A modern reappraisal. Basic Books, New York
Kinsey A (1948) Sexual behavior in the human male. Saunders, London Philadelphia
Kuhn T (1962) On the structure of scientific revolutions. Univ Chicago Press, Chicago London
Leavy S (1985) Male homosexuality reconsidered. Int J Psychonal Psychother 11: 155-174

Lichtenberg J (1983) Psychoanalysis and infant research. Analytic Press, Hillsdale/NJ (Dt. 1991: Psychoanalyse des Säuglings. Springer, Berlin Heidelberg New York)

Liebert R (1986) The history of male homosexuality from ancient Greece through the Renaissance: Implications for psychoanalytic theory. In: Fogel G, Lane F, Liebert R (eds) The psychology of men: New psychoanalytic perspectives. Basic Books, New York

Maccoby E, Jacklin C (1974) The psychology of sex difference. Stanford Univ Press, Stanford/CA

Marmor J (ed) (1965) Sexual inversion: The multiple roots of homosexuality. Basic Books, New York

Marmor J (1980) Homosexuality and the issue of mental illness. In: Marmor J (ed) Homosexual behavior: A modern reappraisal. Basic Books, New York

Meyer-Bahlburg H (1977) Sex hormones and male homosexuality in comparative perspective. Arch Sex Behav 6: 297-325

Mitchell S (1978) Psychodynamics, homosexuality, and the question of pathology. Psychiatry 41: 254-263

Money J (1980) Genetic and chromosomal aspects of homosexual etiology. In: Marmor J (ed) Homosexual behavior: A modern reappraisal. Basic Books, New York

Money J, Erhardt A (1972) Man and woman, boy and girl. John Hopkins Univ Press, Baltimore

Morin S (1977) Heterosexual bias in psychological research on lesbianism and male homosexuality. Amer Psychologist 32: 629-637

Murphy T (1984) Freud reconsidered: Bisexuality, homosexuality, and moral judgment. J Homosexuality 9: 65-77

Opler M (1965) Anthropological and cross-cultural aspects of homosexuality. In: Marmor J (ed) (1965) Sexual inversion: The multiple roots of homosexuality. Basic Books, New York

Ovesey L (1969) Homosexuality and pseudohomosexuality. Science House, New York

Ovesey L, Person E (1973) Gender identity and sexual psychopathology in men: A psychodynamic analysis of homosexuality, transsexualism, and transvestism. J Amer Acad Psychoanal 1: 53-72

Ovesey L, Woods S (1980) Pseudohomosexuality and homosexuality in men: Psychodynamics as a guide to treatment. In: Marmor J (ed) Homosexual behavior: A modern reappraisal. Basic Books, New York

Person E, Ovesey L (1983) Psychoanalyitc theories of gender identity. J Amer Acad Psychoanal 11: 203-226

Person E (1983) Review of homosexuality by A. P. Bell and M. S. Weinberg. J Amer Psychoanal Assoc 31: 306-314

Panel (1954) Perversion. J. Arlow, reporter. J Amer Psychoanal Assoc 2: 336-345

Panel (1960) Theoretical and clinical aspects of male homosexuality. C. Socarides, reporter. J Amer Psychoanal Assoc 8: 552-566

Panel (1977) The psychoanalytic treatment of male homosexuality. E. Payne, reporter. J Amer Psychoanal Assoc 25: 183-200

Panel (1982) Gender and gender role. S. Wagonfeld, reporter. J Amer Psychoanal Assoc 30: 185-196

Pleck J (1982) The myth of masculinity. MIT Press, Cambridge/MA

Pleck J (1983) The theory of male sex identity. Its rise and fall, 1936 to the present. In: Lewis M (ed) In the shadow of the past: Psychology portrays the sexes. Columbia Univ Press, New York

Rado S (1940) A critical reexamination of the concept of homosexuality. In: Psychoanalysis of behavior: Collected papers. Grune & Stratton, New York London

Rado S (1949) An adaptional view of sexual behavior. In: Psychoanalysis of behavior: Collected papers. Grune & Stratton, New York London

Riess B (1980) Psychological tests in homosexuality. In: Marmor J (ed) Homosexual behavior: A modern reappraisal. Basic Books, New York
Saghir M, Robins E (1971) Male and female homosexuality: Natural History. Comprehensive Psychiatry 11: 503-510
Saghir M, Robins E (1973) Male and female homosexuality: A comprehensive investigation. Williams & Wilkins, Baltimore
Saul L, Beck A (1961) Psychodynamics of male homosexuality. Int J Psychoanal 42: 43-48
Siegelman M (1972) Adjustment of male homosexuals and heterosexuals. Archs Sex Behav 2: 9-26
Siegelman M (1974) Parental background of male homosexuals and heterosexuals. Archs Sex Behav 3: 3-18
Socarides C (1968) The overt homosexual. Gruine & Stratton, New York (Dt. 1971: Der offene Homosexuelle. Suhrkamp, Frankfurt am Main)
Socarides C (1978) Homosexuality. Aronoson, New York
Stoller R (1968) Sex and Gender. Science House, New York
Stoller R (1972) The bedrock of maculinity and femininity: Bisexuality. Arch Gen Psychiatry 26: 207-212
Stoller R (1974) Symbiosis Anxiety and the development of masculinity. Arch Gen Psychiatry 30: 164-173
Stoller R (1978) Boyhood gender aberrations: Treatment issues. J Amer Psychoanal Assoc 26: 541-558
Stoller R et. al (1973) A symposium: Shuold homosexuality be in the APA nomenclature? Amer J Psychiatry 130: 1207-1216
Terman L, Miles C (1935) Sex and personality, McGraw Hill, New York
Tourney G (1980) Hormones and homosexuality. In: Marmor J (ed) Homosexual behavior: A modern reappraisal. Basic Books, New York
Tyson P (1982) A developmental line of gender identity, gender role and choice of love object. J Amer Psychoanal Assoc 30: 61-86
Vanggaard T (1974) Phallos: A symbol and its history in the male world. Int Univ Press, New York
Wiedeman G (1962) Survey of psychoanalytic literature on overt male homosexuality. J Amer Psychoanal Assoc 10: 386-409
Wiedeman G (1984) Homosexuality, a survey. J Amer Psychoanal Assoc 22: 651-696
Weinberg M, Bell A (1972) Homosexuality. A annoted bibliography. Harper & Row, New York
West DJ (1977) Homosexuality re-examined. Univ Minnesota Press, Minneapolis
Whitam F (1977) Childhood indicators of male homosexuality. Arch Sex Behav 6: 89-96
Zuger B (1970) The role of familial factors on persistent effeminate behavior in byos. Amer J Psychiatry 126: 1167-1170

Weibliches in Männliches verwandeln: Männlichkeitsrituale in Papua Neuguinea

Theodore Lidz u. Ruth W. Lidz

Bei der Untersuchung derjenigen Zeitspanne in der Kindheit, die sie den ödipalen Übergang nannte, konzentrierte sich die Psychoanalyse vornehmlich auf die Rivalität zwischen Vater und Sohn um die Mutter. Bis vor kurzem wurde noch den Problemen der männlichen Entwicklung, die durch die anfängliche Identifikation des kleinen Jungen mit seiner Mutter entstehen, wenig Beachtung geschenkt (Greenson 1966; Lidz u. Lidz 1977, 1984; Stoller 1966, 1968, 1974). In Übereinstimmung mit derjenigen Kultur, innerhalb derer sie sich entwickelte, ist die Psychoanalyse im allgemeinen davon ausgegangen, daß der Besitz eines Penis ausreichte, um die Entwicklung des Jungen zum Mann zu gewährleisten. Mädchen und Frauen hingegen würden am Penisneid leiden und hätten Schwierigkeiten mit der Akzeptanz ihrer weiblichen Identität. Freud dachte, daß die Entwicklung eines Mädchens komplizierter sei als die eines Jungen, weil sie die anfängliche Besetzung des Liebesobjekts von einer Frau auf einen Mann, von ihrer Mutter auf ihren Vater, übertragen müsse, während der Junge seine Bindung an das weibliche Objekt beibehalten könne. Das Erforschung männlicher Transsexueller, deren Kerngeschlechtsidentität scheinbar und unwiderruflich eine weibliche ist, lenkte die Aufmerksamkeit auf die potentielle Wichtigkeit der Identifikation des kleinen Jungen mit seiner Mutter, die sich körperlich von ihrem Sohn nicht trennen kann und ihn so als eine phallische Erweiterung ihrer selbst benutzt (Stoller 1966, 1974).

In früheren Arbeiten (Lidz u. Lidz 1977, 1984) haben wir diskutiert, wie in Papua Neuguinea sich die Entwicklung des Jungen anders als in den westlichen Kulturen vollzieht. Dabei betrachteten wir besonders solche Aspekte der männlichen Entwicklung, die die psychoanalytische Theorie tendenziell außer acht gelassen hatte. Unsere Untersuchungen zeigen, daß der kleine Junge die erotischen Anteile in seiner Beziehung zur Mutter unterdrückt und verdrängt. Dies wird deutlich und vehement von Männern in vielen Kulturen erzwungen. Bei den Völkern in Papua Neuguinea wird der Aufhebung der primären Identifikation mit der Mutter und den Anfängen einer festen, männlichen Identität beim Jungen eine große Bedeutung beigemessen. Der Entwicklungsprozeß in Papua Neuguinea stellt auch die Verallgemeinbarkeit einiger Phänomene in unserer Kultur in Frage. Dies sind besonders die klar abgegrenzte ödipale Periode, das Konzept der Latenzzeit, die Abwehr des Neids von Jungen und Männern auf die natürlichen versorgenden und kreativen Fähigkeiten der Frau sowie die Bedeutung der männlichen Reaktionsbildung, um den Wünschen nach weiblichen Eigenschaften sowohl in Bezug auf die Persönlichkeitsentwicklung als auch in Bezug auf gesellschaftliche Strukturen entgegenzutreten.

Die meisten Stämme in Papua Neuguinea legen großen Wert auf die Entweiblichung und Vermännlichung ihrer Jungen. Beides geht sowohl aus der Familienstruktur als auch aus der Notwendigkeit hervor, große Krieger zu erziehen, die das Dorf oder den Gau im ununterbrochenen, wenn auch zeitweise aussetzenden Kampf vor benachbarten Feindesgruppen schützen. Bei vielen der insgesamt 700 oder mehr verschiedenen Kulturen in Papua Neuguinea leben die Väter nicht in derselben Hütte wie ihre Frauen und haben wenig mit ihren kleinen Kindern während der ersten Lebensjahre zu tun. Die Männer bilden einen geheimen Kult, der den ehelichen und elterlichen Verbindungen gegenüber Vorrang genießt. Sie leben mit anderen Männern in einem Kultgebäude, das Frauen und Kinder nicht betreten dürfen. Der augenscheinliche Grund dafür, daß die Männer getrennt von ihren Frauen leben, besteht in ihrer Furcht vor dem Menstruationsblut und anderen genitalen Ausflüssen (womit die weibliche Libido gemeint ist), die sie schwächen und die sogar den vorzeitigen Tod eines Mannes verursachen können. Sie glauben sogar, daß die kleinen Kinder von ihren Müttern verunreinigt werden. Die Furcht ist tatsächlich so groß, daß bei einigen Stämmen Männer und Frauen verschiedene Pfade gehen, damit sie nicht von einem Strauch, der vielleicht von einer Frau berührt wurde, gestreift werden. Wir können uns fragen, ob tatsächlich eine Kernfamilie mit Eltern und Kindern in vielen solcher Gesellschaften existiert oder zumindest auf einem Stadium verblieben ist, wo zwar eheliche und elterliche Verbindungen extrem wichtig sind, die Haushaltsfamilie jedoch kaum existiert.

Die Kinder leben mit ihren Müttern zusammen, und sowohl Jungen als auch Mädchen gelten als "Leute aus den Frauenhäusern". Die Verbindung zwischen Mutter und Kind kann extrem intensiv sein. Bei den Völkern im Telefomin-Gebiet haben die Mütter große Schwierigkeiten damit, ihre noch sehr kleinen Kinder allein zu lassen. Diese geraten in Panik, wenn ihre Mütter nicht anwesend sind (Brumbaugh 1980a). Ohne größere Einmischung seitens der Väter bleiben die Jungen bei ihren Müttern, bis sie 8 oder 12 Jahre alt sind. Wie wir bereits in einer unserer früheren Arbeiten beschrieben haben (Lidz u. Lidz 1977), nehmen dann die Männer des Männerkults unvermittelt und brutal die Jungen von ihren Müttern weg und unterziehen sie der ersten von einer ganzen Anzahl quälender Initiationsriten. Der erste Ritus ist kein Pubertätsritus, sondern einer, der es den Jungen ermöglicht, in die Pubertät zu gelangen.

Die Nase, der Penis, die Zunge und selbst die Harnröhren der Jungen werden zum Bluten gebracht, um sie, zumindest symbolisch, von dem Gebärmutterblut ihrer Mütter zu reinigen. Dieses Blut trat in sie ein, denn der Fötus wird aus dem Blut der Gebärmutter und dem Samen aus vielfachen Befruchtungen gebildet. Von der weiblichen Verunreinigung werden die Jungen gesäubert, indem man sie mit Nesseln abreibt. Die Befreiung vom Menstruationsblut und von anderen weiblichen Verunreinigungen, die sie mit der Nahrung von der Mutter zu sich genommen haben, wird durch eine gefährliche Prozedur vollzogen, bei der ein langes Rohr in ihre Speiseröhre eingeführt und so lange vor und zurück bewegt wird, bis der Junge sich übergibt. Diese Rituale entfernen die weiblichen Elemente und Verunreinigungen, die das Eintreten in die Pubertät verhindern.

Wir diskutierten diese Initiationspraktiken in einer Arbeit (Lidz u. Lidz 1984), deren Grundlage die Studien von Gilbert Herdt (1981, 1982) über das Volk der Sambia, die am Rande des östlichen Hochlands leben, sind. Die jungen Knaben werden von ihren Müttern getrennt und ausgehungert, geschlagen, an der Haut aufgescheuert und an ihren Nasen blutig gemacht. Danach kehren sie in das Männerhaus zurück, wo als weibliche Dorfgeister verkleidete Junggesellen auftreten, auf heiligen Flöten spielen und die Jungen lehren, Fellatio zu machen. Der ehrwürdige, älteste Mann der Sippe versichert den Neulingen eindringlich, daß sie nicht zu Männern heranreifen können, ohne daß sie wiederholt befruchtet werden. Sie selbst und alle Männer hätten den Penis "gegessen", um Männer zu werden. Der Samen, dessen sich die Jungen sehr bald erfreuen dürften, sei von gleicher Qualität wie die Milch aus der Mutterbrust. Die Sambia glauben wie andere Völker in Papua Neuguinea, daß Männer nicht von allein Samen produzieren können, aber über ein Behältnis verfügen, in welchem sie ihn speichern können. Sie verlangen nach dem Samen, den sie in sich aufnehmen und der sie so in die Pubertät versetzt. Es ist wichtig für sie, soviel wie nur möglich davon von den nachpubertären Jünglingen zu erwerben. Diese sind sogar ganz wild darauf, den Bestand zu sichern, der für den Rest des Lebens reicht (Der Samen kann und wird auch öfter nach einem heterosexuellen Geschlechtsverkehr ergänzt, indem der Milchsaft von bestimmten Bäumen abgesaugt wird.). Die Novizen bleiben dann von allen Kontakten zu Frauen isoliert, bis sie in 5 bis 15 Jahren mit ihren sehr viel jüngeren Frauen zusammenleben werden. Natürlich müssen sie sich selbst vor der Verunreinigung schützen, die dadurch entstehen kann, daß sie Frauen sehen oder von ihnen gesehen werden. Zu diesem Zweck bedecken sie sich mit Fellmänteln, wenn sie es wagen, das Haus zu verlassen.

Die Sambia unterziehen sich 5 weiteren Stufen der Initiation. Die 3. Stufe ist erreicht, wenn die Jungen pubertieren und Jünglinge sind, die nun selber befruchten und nicht länger befruchtet werden. Während dieser und der folgenden Stufen der Initiation hämmert man ihnen die tödlichen Gefahren der weiblichen Aussonderungen und Ausflüsse ein. Man wanrt sie vor dem vorehelichen und außerehelichen Geschlechtsverkehr mit einer Frau. Dies könnte dazu führen, daß der Mann der Frau oder ihre Verwandten sie kastrieren und töten würden. Es werden ihnen strengste Vorsichtsmaßnahmen befohlen, die sie während und nach einem vaginalen Geschlechtsverkehr mit ihren Frauen besonders dann, wenn diese noch jung sind, treffen müssen. Sie müssen Minzblätter in ihre Nasenlöcher stopfen, um den Geruch der weiblichen Geschlechtsteile zu überdecken, und an einer Rinde kauen, die den Geruch absorbieren kann, und diese dann ausspucken, sobald sie ihre Frauen verlassen. Sie dürfen nicht zu tief eindringen, damit nicht die weiblichen Flüssigkeiten in ihre Harnleiter eintreten. Nach dem Geschlechtsverkehr müssen sie ihren Unterleib mit Nesseln abreiben und sich in Schlamm baden. Immer dann, wenn ihre Frauen menstruieren, müssen sie ihre Nasen blutig machen, um sich selbst von der Verunreinigung zu befreien. Damit wird deutlich, daß viele Faktoren den Genuß des Geschlechtsverkehrs verhindern. Bei einigen Völkern wird der Geschlechtsverkehr nur, so wird es jedenfalls gesagt, in Hinblick auf die Fortpflanzung vollzogen (Mergitt 1970).

Wie Herdt (1984) in der Einleitung zu seinem Buch *Ritual homosexuality in Melanesia* schreibt, ist die rituelle Homosexualität in Papua Neuguinea weit verbreitet, obwohl der anale Geschlechtsverkehr üblicher als die Fellatio ist. Die Überzeugungen und Praktiken sind von Kultur zu Kultur verschieden. Im allgemeinen besteht jedoch der Glaube, daß ein Junge nicht zum Mann werden kann, ohne daß er befruchtet wird. Es ist allerdings ebenso üblich, sich ohne homosexuelle Praktiken mit dem Samen auszustatten. Dies kann etwa durch die Nahrung, in mit Samen befruchteten Tarowurzeln oder in Form eines Ersatzes mit einer Mischung aus dem Blut eines Wildschweins und weißer Farbe geschehen oder dadurch, daß die Jungen mit solchen Substanzen eingesalbt werden.

Einhergehend mit diesen Warnungen und Prozeduren werden die Frauen den Initianden gegenüber herabgesetzt und ununterbrochen als verunreinigte und beschmutzte Wesen dargestellt. Die Macht der Männer hingegen wird demonstriert und hochverehrt. Das Trauma, das die plötzliche Trennung der Initianden vom fürsorglichen Schutz der Mutter und der Eintritt in die harte und stoische Welt der Männer hervorrufen, fördert die Regression. Dieser Regression begegnen die Sambia dadurch, daß die Jungen an einem Penis anstatt an einer Brustwarze saugen sollen. Es wird sie gelehrt, daß der Samen dasselbe sei wie die Milch aus der Brust. Die Identifikation mit der Mutter und der Neid auf die Frauen werden durch den Anspruch der Männer auf mütterliche Eigenschaften ausgeglichen. Dies wird etwa in der Bereitstellung eines Penis zum Saugen oder in dem Glauben deutlich, daß die Milch in der Brust ihrer

Frauen ihr umgewandelter Samen sei. Ferner besteht die Überzeugung, daß Frauen zwar Kinder machen können, daß aber nur Männer aus den Jungen wieder Männer machen können. Der wichtigste Glaube aber ist der, daß die Männer in der Lage sind, die Ahnengeister anzurufen und zu besänftigen. Die Ahnengeister verfügen über die Fruchtbarkeit der Frauen, können sie herstellen und pflegen, so daß die Männer nun durch den Kontakt mit ihnen über eine Macht verfügen, die stärker als die natürliche Gebärfähigkeit der Frauen ist.

Die letzte und 6. Stufe der Initiation tritt dann ein, wenn ein Mann der Vater von wenigstens einem oder am besten von zwei Kindern ist. Der Männerkult scheint nun den Ritus zum Wohle der Initianden vollzogen zu haben. Sie wurden von ihren Müttern getrennt und differenziert, in die Lage versetzt, sexuell zu reifen, vor den giftigen Ausflüssen der Frauen beschützt und gelehrt, wie man sich fortpflanzen kann, ohne von den weiblichen Aussonderungen verletzt zu werden. Wie Brumbaugh (1980b) ausgeführt hat, versucht der Männerkult, das Bedürfnis nach Frauen zu ersetzen, und demonstriert, daß Männer die besseren Mütter als die tatsächlichen Mütter der Jungen sind und daß sie in der Tat das tun können, was Mütter nicht vermögen: die Verwandlung von Jungen in Männer auf dem Wege der Wiedergeburt durch Männer und der Aufnahme von Samen.

Natürlich werden die Jungen, bevor sie eine Beziehung zu ihren Frauen eingehen, durch eine Praktik, die die Umkehrung des *purdah* darstellt, von jedem Kontakt zu Frauen abgehalten. Dies hat Freud (1913) bereits in *Totem und Tabu* angenommen. Während der 6. Stufe hören die Initianden dann die Erzählung des sehr geheim gehaltenen, heiligen Mythos, der die Bedeutung und den Sinn der vorangegangenen 5 Stufen zu verändern scheint. Die wesentlichen Bestandteile dieses Mythos sind folgende:

> Die Urahnen der Sambia, die die Gewohnheiten, die Riten und die Lebensweise des Volkes begründeten, waren Numboolyu und Chenchi, die ihrerseits von einem Baum abstammten. Obwohl beide im Grunde Männer waren, war ihr Geschlecht irgendwie zweideutig, wenn nicht gar androgyn. Als Numboolyu die ersten Erektionen erlebte, masturbierte er. Weil sein Samen aussah wie der Saft von Pandanus-Nüssen, dachte er, daß es gut sei, ihn zu essen. Nach dem oralen Verkehr mit Chenchi wurde sein Penis größer und Chenchis Brust voller, während Numboolyus Brust zurückging. Anschließend vergrößerte sich Chenchis Bauch und sie begann, über Schmerzen zu klagen. Numboolyu schnitt die betreffende Körperstelle auf, um Chenchi von den Schmerzen zu befreien. Er machte eine Vagina, aus der ein Baby herauskam. Durch Numboolyus Tat kamen die Frauen auf die Welt und waren in der Lage, Kinder zu gebären. Jahre später kam Numboolyus ältester Sohn zu ihm mit der Frage, was er gegen seine unangenhmen Erektionen tun solle. Numboolyu überlegte, ob er seinen Sohn zu seiner Frau Chenchi schicken solle. Er dachte aber, daß Chenchi sein sexuelles Ventil sei und daß er und sein Sohn um sie kämpfen würden. Er sagte zu seinem ältesten Sohn, daß er gehen und oral mit seinem jüngeren Bruder verkehren solle (zusammengefaßt nach Herdt 1981, S. 256-260).

Dieser Mythos legt die Vermutung sehr nahe, daß der fundamentale oder ursprüngliche Grund für den Vollzug der Praktik der Fellatio bei den Sambia-Männern darin besteht, den adoleszenten Söhnen ein sexuelles Ventil bereitzustellen, das sie von der Verwirklichung ödipaler Phantasien abhält.

Es ist von Interesse, daß die Informanten Herdts in folgender Vermutung übereinstimmten. Hätte Numboolyu seinem Sohn die Erlaubnis zum Geschlechtsverkehr mit Chenchi erteilt, würden die Sambia-Männer heute ihre Frauen an ihre Söhne abtreten. Und tatsächlich würden ihre Frauen gerne mit ihren Söhnen schlafen. Wir können daraus schließen, daß diese Männer, die glauben, ihre Frauen hätten gerne Geschlechtsverkehr mit ihren Söhnen, und die selbst so abrupt von ihren Müttern getrennt wurden, nie ihre eigenen ödipalen Wünsche aufgegeben haben. Deswegen sind sie auch der Überzeugung, daß sie ohne diese strengen Maßnahmen ihre Frauen an ihre Söhne verlieren würden. Im übrigen haben die Frauen nur eine geringfügige libidinöse Bindung an ihre älteren Männer, die den sexuellen Akt so vorsichtig ausführen, daß die Frauen nur wenig Freude daran haben können.

Wie wir bereits gezeigt haben (Lidz u. Lidz 1984) und hier erneut nachweisen, muß kein notwendiger Widerspruch zwischen dem Zerbrechen der erotisierten Aspekte der Bindung des Jungen an die Mutter und dem Einsatz von Ritualen bestehen, die der Überwindung seiner weiblichen Identifikation dienen, ihn also entweiblichen und damit vermännlichen sollen. Dies sind alles zusammenhängende Aspekte des ödipalen Übergangs, den die Jungen durchmachen müssen, weil sie von Frauen geboren und aufgezogen wurden. Die rudimentäre, weibliche Identität, die sie sich von ihren Müttern erwerben, muß überwunden werden, damit die Jungen eine männliche Kerngeschlechtsidentität internalisieren können, die es ihnen erlaubt, sich männlich zu verhalten. Dies kann sie freilich in Konflikt mit ihren Vätern bringen. Der Mythos von Numboolyu und Chenchi hat schließlich zu Zweifeln an der vornehmlichen Funktion der Initiationsriten, besonders der kritischen ersten Stufe, geführt, von der Jane Harrison (1912) einsichtig annahm, sie bestehe in der Verwandlung "eines weiblichen Dings in ein männliches Ding". Die hauptsächliche Dynamik scheint statt dessen nicht darin zu bestehen, daß Männlichkeit bedeutet, nicht länger Frau zu sein; vielmehr bedeutet Männlichkeit die Vermeidung des ödipalen Konflikts. Herdt (1981, S. 305) behauptet, daß erstens das lange Zusammensein der Jungen mit ihren Müttern eine so starke, weibliche Kerngeschlechtsidentität erzeugt, daß diese Männer ungeheure Anstrengungen auf sich nehmen müssen, um die gewünschte Veränderung selbst ihres physischen, geschlechtsspezifischen Verhaltens herbeizuführen, und daß sie zweitens dieser Aufgabe nie voll gerecht werden können.

Wir meinen, daß die Forschungsarbeiten Pooles über das Volk der Bimin-Kuskusmin (Poole 1976, 1981, 1982a, 1982b, 1983) sowie die Arbeiten Brumbaughs über das verwandte Volk der Telefol (Brumbaugh 1980a, 1980b) dieses Problem aufklären und unser Verständnis von der Funktion der Initiationsriten erweitern. Die Bimin-Kuskusmin bestehen aus etwa 1000 Menschen, die auf den niedrigen Bergen um die Hauptarme des Strickland-Flußes leben. Sie sind die östlichste Gruppe der miteinander verwandten Völker, die eine *Mountain Ok* Sprache sprechen. Mittelpunkt ist das Telefomin-Gebiet, das in der Nähe der Gabelung der Flüsse Sepik und Fly, der beiden großen Wasseradern Papua Neuguineas, liegt. Bis zu dem Zeitpunkt, als Poole sie zwischen 1970 und 1972 erforschte, hatten die Bimin-Kuskusmin nur sehr begrenzten Kontakt zu Europäern einschließlich der australischen Herrscher gehabt. Obwohl sie von den australischen Patrouilleoffizieren erzwungermaßen befriedet wurden, aßen sie immer noch Teile von ihren eigenen Toten. Die Bimin-Kuskusmin waren stolz auf ihre Geschicklichkeit als furchtlose Krieger und ebenso auf die Kompliziertheit und die Komplexitität ihrer Rituale. Diese erhielten sozusagen ihre Grundverfassung von den Mythen über ihre beiden androgynen Vorfahren, die eher feminine Afek und deren Sohn, Bruder oder Gefährte, den eher maskulinen Yomnok. Im wesentlichen geht diese Grundverfassung aber auf den Mythenzyklus der Afek zurück.

Die Bimin-Kuskusmin praktizieren keine Form der rituellen Homosexualität. Ebensowenig drohen sie den Initianden mit Tod oder Kastration. Das lange erste Stadium ihres zehnstufigen Initiationsvorganges hat, wie dies auch bei den Telefol-Ritualen der Fall ist, das ausgesprochene Ziel einer eingehenden Veränderung des Selbstkonzepts der Jungen. So vollständig wie möglich sollen sie von der weiblichen Identität und der Abhängigkeit von ihren Müttern gereinigt werden. Es ist ihr Ziel, die Jungen in unbändige und grausame Krieger zu verwandeln, die jederzeit vor drohenden Gefahren auf der Hut sind. Ihnen soll eine Feindseligkeit eingebleut werden, die sich nicht gegen die eigene Gruppe, sondern gegen äußere Feinde richten soll. Von Bedeutung ist, daß die Mythen und Rituale beider Völker den in Papua Neuguinea weit verbreiteten Glauben verdeutlichen, nach dem - trotz der extremen Dominanz der Männer und des Ausschlusses der Frauen von den geheimen Ritualen des Männerkults - ursprünglich die Frauen im Besitz der Rituale und rituellen Objekte waren.

Die Bimin-Kuskusmin pflegen eine andere Kultur als die Sambia. Und obwohl es gewagt ist, Schlüsse aus dem Vergleich solch verschiedener Kulturen zu ziehen, gibt es genügend grundlegende Ähnlichkeiten hinsichtlich der ersten Stufe der Initiation, so daß davon ausgegangen werden kann, daß beide Kulturen von einem verwandten Glaubenssystem abstammen. Bei beiden Völkern werden die Jungen unvermittelt von ihren Müttern getrennt. Man sagt ihnen, daß sie getötet werden. Sie werden dann als weiblich beschimpft, weil sie von ihren beschmutzten Müttern verunreinigt worden sind. Daraufhin werden sie blutig geschlagen und gezwungen, sich zu übergeben, damit sie sich vom Blut ihrer Mütter und deren verdorbener Nahrung reinigen. Schließlich werden sie befruchtet (bei den Bimin-Kuskusmin allerdings indirekt). Dann werden sie in das grundlegende Geheimnis des Männerkultes eingeweiht, allerdings in einer Weise, die ihnen ein noch grundlegenderes Geheimnis vorenthält. Man führt sie in Riten ein, an denen die androgynen Geister ihrer Vorfahren teilnehmen. In beiden Kulturen werden die Jungen nach Abschluß der ersten Stufe des Rituals für viele Jahre von den Frauen getrennt.

Die erste Stufe der Initiation, das sogenannte *Ais Am*, fördert die deutliche Differenzierung zwischen den Geschlechtern. Wir können hier nicht dazu übergehen, das ausschweifende und komplexe Ritual zu beschreiben, das mit offenen und sehr verdeckten mythischen Implikationen angereichert ist. Selbst die Leiter des Rituals versichern, daß dies auf kognitivem Wege nicht verstanden werden kann, sondern erlebt werden muß. Die Bimin-Kuskusmin glauben offensichtlich, daß eine Veränderung der Kerngeschlechtsidentität der Initianden nur dann stattfinden kann, wenn sie die Jungen durch körperlichen und emotionalen Mißbrauch in einen Zustand der Desorganisation hineinzwingen. Durch eine ganze Reihe von *double binds* wird eine Verwirrung hergestellt, die ihrerseits zu Depression, Hilflosigkeit und dem Gefühl eines grundlegenden Verrats führt. Es entsteht eine hilflose Apathie, denn der Ausdruck von Wut gegenüber ihren Peinigern ruft noch stärkere Mißhandlung hervor. Die Jungen müssen den Älteren gehorchen und sie achten, und die so erzeugte Feindseligkeit wird gegen die äußeren Feinde und in gewisser Weise auch gegen die Mütter gewendet, die ihre Söhne dem Männerkult ausgeliefert haben.

Das dreiwöchige *Ais Am* beginnt mit wiederholter Demütigung und Degradierung der Jungen als beschmutzte, weibliche Wesen, und ihre Mütter werden als Beschmutzerinnen bezeichnet. Ihnen wird gesagt, daß sie getötet werden. Mehrmals werden sie mit Ruten blutig geschlagen und mit Striemen bedeckt zurückgelassen. Daraufhin werden sie in einer kleinen Hütte zusammengepfercht, und versteckte Initiatoren werfen ihnen weiterhin vor, welch scheußliche, verdorbene und moralisch degenerierte Wesen sie aufgrund der Verunreinigung durch ihre Mütter sind.

Die 2. Phase, das *Ritual der Süßkartoffel*, dauert 4 Tage. Die demütigenden Gesänge der Initiatoren halten an, und an jedem Tag nötigen sie die Novizen, nacheinander fünf verschiedene "weibliche" Nahrungsmittel zu essen. Nach jedem Gang wird ihre blutige und zerbeulte Haut kräftig mit Nesseln abgerieben, und sie werden gezwungen, sich zu übergeben. In der 3. Phase, dem zweitägigen *Ritual des Hausschweins*, werden die

Initianden mit Säuen verglichen, die ihre Dörfer mit Exkrementen beschmutzen. Sie müssen dann die rohen Geschlechtsteile von toten Säuen essen, die in der Hütte aufgehängt wurden. Sie hören zwar, daß sie diese nie wieder zu sich nehmen müssen. Am nächsten Tag jedoch werden sie erneut dazu gezwungen, nachdem die Initiatoren die Ahnen der Schweine darum bitten, die Jungen als Rache für den Verzehr ihres Fleisches zu töten. Nunmehr sind die Jungen hoffnungslos demoralisiert.

Das 4. und zentrale Ritual, das *Große Ritual des Kasuaren Ahnens und des Spinnenhaften Ameisenfressers*, dauert acht schreckliche und furchterregende Tage, in denen die Jungen eine Reihe qualvoller Ereignisse mitmachen müssen. Bei einem werden sie durch das Anzünden des Dachs ihrer Hütte in Schrecken versetzt. Man führt sie aber in ein benachbartes, größeres Waldhaus, in das sie eintreten, indem sie zwischen den Beinen des männlichen Initiatoren hindurchkriechen müssen. Dies ist ein gängiges Symbol für die Wiedergeburt durch die Männer. Dann werden sie an der rechten Schläfe geschnitten, um von menstruellen Resten befreit zu werden. Das Blut von Jungen einer anderen Gruppe wird über ihren Penis gegossen. Über dieses Blut wird ihnen gesagt, es enthalte menstruelles Blut und werde ihren Penis zerstören. Einhergehend mit vielen anderen Prüfungen wird ihre Nasenscheidewand in einem erschütternden Vorgang plötzlich und brutal durchstoßen. Die blutüberströmten Jungen hören, daß sie nun sterben müssen. Jetzt sind sie in einer verzweifelten Verfassung. Man pflegt ihre Wunden, doch am Abend des fünften Tages wird plötzlich heißes Beuteltierfett über ihre rechten Vorderarme geschüttet, und große Brandblasen enstehen. Die Ahnin Afek wird angerufen und erscheint in der Person zweier höherstehender, ritueller Führerinnen. Die Anwesenheit und die Bedeutung der rituellen Führerinnen wird vor den Jungen geheim gehalten.[1] Die Darstellerinnen tragen übertrieben große Brüste und rote Pandanusfrüchte als erigierte Penisse und sind mit Kasuarenfedern geschmückt. Die Initiatoren stechen in die Brandblasen der Jungen und geben das ausströmende Serum, das sie als dasselbe wie den Samen betrachten, auf Afeks Phallus. Die Initianden hören dann eine lange Erzählung des Mythenzyklus um Afek. Es wird erzählt, wie Yomnok, der eher männliche Urahne, zunehmend an Überlegenheit Afek gegenüber gewonnen hat (eine Enthüllung, der

---

[1]Die Anwesenheit von Frauen bei einem Initiationsritual ist höchst ungewöhnlich. Bei den Bimin-Kuskusmin gibt es höherstehende Frauen, die als rituelle Führerinnen fungieren. Es handelt sich dabei um zwei je Sippe, die bereits die Menopause hinter sich haben und wie die Urahnen als androgyn betrachtet werden. Diese Frauen haben sich einer besonderen, rituellen Zeremonie unterzogen. Sie dürfen anderen Frauen gegenüber nicht ihr Wissen von den männlichen Ritualen und dem mythischen Afek-Zyklus preisgeben und tun dies auch nicht (Poole 1981).

später, wie wir noch sehen werden, widersprochen wird oder die Jahre später während der letzten Stufen der Initiation größtenteils verändert wird). Sie hören ebenso von einem Mythos, nach dem Frauen ursprünglich das *Ais Am Ritual* durchführten. Die Frauen wurden aber von den Männern von diesem Ritual ausgeschlossen. Die Initianden werden darüber informiert, daß sie nunmehr zu neuen Männern werden. Von den noch vor ihnen liegenden Prüfungen erfahren die Initianden gleichwohl nichts. Gegen Ende dieses Abschnitts erhalten die Novizen mehr Unterstützung, und wenn in der letzten Nacht die Hütte abgerissen wird, wird ihre wachsende Männlichkeit gepriesen. Sie werden in eine andere Hütte geführt oder getragen, wo sie schließlich vor Erschöpfung und Schmerz zusammenbrechen.

Das 5. Stadium, das *Ritual des Wildschweins*, ist eine Umkehrung des Hausschweinrituals. Zwei Tage lang wird die wachsende Männlichkeit der Jungen gelobt und durch Wildschweinfleisch gestärkt, mit dem sie in einer mit den Geschlechtsteilen eines Ebers geschmückten Hütte verpflegt werden. Es folgt das viertägige *Ritual der Tarowurzel*, während dem sie mit fünf unterschiedlich gekochten männlichen Speisen und dann mit Tarowurzeln und Ingwer gefüttert werden. Obwohl die Jungen nicht darüber aufgeklärt sind, wurden die Tarowurzeln mit Samen befruchtet, so daß die Jungen wieder symbolisch Samen in sich aufnehmen. Während der siebten und abschließenden Phase werden die Jungen dorthin gebracht, wo sie am ersten Tag zusammengekommen waren. Sie werden mit ihrer Stärke und ihrer wachsenden Männlichkeit gepriesen. Ihre Haut wird durch eine Mischung von Wildschweinfett und weißer Farbe zum Glänzen gebracht. Später werden sie noch lernen, daß dies als Äquivalent für den Samen betrachtet wird. Wenn sie dann mit Wildschweinblut übergossen werden, ist die erste Stufe der Inititation vorüber.

Poole (1982b) fand aus Gesprächen mit den Initianden heraus, daß die Rituale einen grundlegenden Einfluß auf sie hatten. Sie fühlen sich selber als "Menschen aus den Frauenhäusern", deren Dispositionen sich größtenteils verändert haben bzw. verwandelt wurden. Das *Ais Am* ist nicht ohne Gefahren, denn es ist bekannt, daß Initianden Selbstmord begingen oder krank wurden. Die Jungen nahmen sehr deutlich wahr, daß sie den Frauen gegenüber überlegen geworden waren. Poole zweifelte jedoch daran, daß die Umwandlung in die Männlichkeit selbst nach den 9 weiteren Stufen der Initiation, die während der darauffolgenden 10 Jahre stattfanden, vollständig vollzogen worden war. Je männlicher die Initianden geworden sind und je mehr sie das gefährliche und geheime Wisen aushalten können, desto mehr verändern die nächsten 9 Stufen die strenge Dichotomie zwischen den Männern und Frauen, die das *Ais Am* ursprünglich etabliert hatte.

Wenn wir einige der grundlegenden Überzeugungen der Bimin-Kuskusmin über die Männlichkeit und die Weiblichkeit betrachten, finden wir

Gründe dafür, daß das Ausmaß der offenen Herabsetzung und Unterwerfung der Frauen durch die Männer und deren Beharren auf die von der weiblichen Sexualität ausgehenden Gefahren mit ihrer Verwirrung über Männlichkeit und Weiblichkeit einhergehen. Ihre Unsicherheit die eigene Männlichkeit betreffend und ihr Bedürfnis, die Grenzen zwischen dem Weiblichen und dem Männlichen zu verschärfen, scheint dem zugrundeliegenden Glauben an die größere, natürliche Selbstgenügsamkeit und die Macht der Frauen sowie ihres Neids auf die Mütter entgegenzuwirken, von denen sie sich erzwungenermaßen trennen mußten.

Wie bei vielen anderen Völkern in Papua Neuguinea überlagert die Aufteilung der Welt in "männlich" und "weiblich" alle anderen Kategorisierungen. Diese schließt nicht nur das Tier- und Pflanzenleben ein, sondern kennzeichnet auch solche Kategorien wie heiß und kalt, trocken und feucht, hoch und niedrig usw. Die Körper von Männern und Frauen sind aber weder vollkommen männlich noch vollkommen weiblich. Bei den Bimin-Kuskusmin werden das Herz, das Gehirn, der Schädel, die Knochen und die "harten" Teile des Körpers als männlich betrachtet, während der Magen, die Haut, die feinen Gewebe, die Eingeweide usw. als weiblich angesehen werden. Von noch größerer Bedeutung ist vielleicht, daß der Geist einer Person, sein oder ihr *kusem*, aus einer männlichen Wesenheit, dem *finiik*, und einer weiblichen, der *khaapkhabuurien*, besteht (Poole in Druck a). Nach dieser Auffassung hat ein Baby wenig *finiik*, aber einen starken Anteil der *khaapkhabuurien*, der bei den Frauen weiterhin dominiert. Sowohl Männer als auch Frauen sind jedoch im Besitz beider Wesenheiten. *finiik* ist zwar mächtig, aber sozialisiert und mit den Ritualen und der Kontinuität der Gruppe vertraut, während *khaapkhabuurien* freier, natürlicher und wilder ist und den Frauen mehr entspricht, die als wild, impulsiv und sinnlich eingeschätzt werden und die die Rituale nicht kennen. Die Jungen werden umgewandelt, und die Männer werden gestärkt durch das Ritual und den Samen, einschließlich der Tarowurzel, der Pandanus-Nuß, einer Mischung aus dem Wildschweinblut und einer weißen Farbe, die mit dem Samen gleichgesetzt wird.

Die Stämme in der Region des Telefomin haben einen ähnlichen Glauben. Sie glauben, daß die Männer über einen "Pfeil"-Anteil und über einen "Tarowurzel"-Anteil verfügen. Die mit dem "Pfeil" umschriebene Komponente gilt als unbändig männlich, sicher und kampfbereit, während die "Tarowurzel"-Komponente mit dem Zuhause und der Gemeinschaft in Verbindung gebracht wird. Ein Mann sollte beide Anteile oder Triebe beherrschen (Brumbaugh 1980b), gemeinschaftsfähig und gegebenenfalls gleichzeitig in der Lage sein, Aggressivität und Sexualität in Bewegung zu setzen. Der Glaube der Bimin-Kuskusmin an die Androgynie ihrer beiden Urahnen macht deutlich, daß die Männer nicht ausschließlich männlich sind, sondern wenigstens einige ihrer primären Identifikationen mit ihren Müttern beibehalten haben.

Die Bimin-Kuskusmin sehen eine wesentliche Aufgabe darin, die Identifikation der Jungen mit ihren Müttern und die Abhängigkeit von ihnen zu überwinden. Man bringt sie gegen ihre Mütter auf und jagt ihnen schließlich Angst vor den Frauen ein. Während der darauffolgenden 10 Jahre verändern die Älteren dies jedoch und kehren das in gewisser Hinsicht fast um, was sie den Jungen während des *Ais Am* so eindringlich eingeschärft haben.

Diese Umorientierung wird auf zwei miteinander verbundenen Wegen vollzogen: 1. wird im Verlauf der folgenden 9 Stufen der Initiation immer mehr die wahre Bedeutung der Frauen und der eher weiblichen Ahnin Afek enthüllt; und 2. wird die Lehre von einer männlichen und einer weiblichen mythischen Figur auf dem Wege der Interpretation von Volksmärchen verbreitet (Poole in Druck a). Einer der Älteren unterstützt die Initianden im Verständnis der Märchen, die den rechten Weg für einen Mann lehren und darüber hinaus zeigen, daß gute Frauen ebenso über Führungskraft und Stärke verfügen. Sie vermitteln darüber hinaus, wie man Hexen in der Gestalt normaler Frauen aus dem Wege gehen kann.

Von größerer Bedeutung sind jedoch die fortschreitenden Veränderungen bei den Initiationsritualen, die nunmehr das erlauben, was vorher verboten war, denn die Frauen waren als beschmutzt angesehen und die Sehnsucht der Männer nach ihnen und ihre Abhängigkeit von ihnen ins Gegenteil verkehrt. Diese Veränderungen werden in dem Maße vorgenommen, wie die wachsende Männlichkeit der Initianden zunimmt. Diese Umkehrungen erlauben ihnen jetzt, das Wissen und den Einfluß der Frauen anzuerkennen, was ihnen bei den früheren Initiationsritualen den Tod gebracht hätte. Wir wollen nur einige wenige der vielen symbolischen, rituellen Handlungen beschreiben (Poole in Druck b).

Die Initianden nehmen mehr und mehr Beuteltierfleisch zu sich, das tatsächlich oder symbolisch Menstruationsblut enthält. Sie lernen, daß die höherstehenden, rituellen Führerinnen eine bedeutende Rolle bei den Initiationen spielen. Auf der 7. Stufe der Initiation wird ihnen erzählt, daß Yomnok seinen Sohn, das Tarogewächs, nicht initiieren (vermännlichen) konnte, so daß ein Adler ihn mit Wildschweinfett und weißer Farbe, dem Äquivalent des Samens, abreiben mußte. Allerdings wird ihnen die "Wahrheit", daß wilde Eber das Tarogewächs mit ihrem Samen zum Mann machten, noch verheimlicht. Dann, auf der 9. Stufe der Initiation, werden Süßkartoffeln, Tarowurzeln, Fleisch von Säuen und von Ebern zusammengekocht und von den Initianden zusammen mit männlichen und weiblichen rituellen Führern gegessen. Das 10 Tage dauernde, abschließende Stadium des *En Am* enthüllt schließlich viele Geheimnisse, Geheimnisse aus dem Inneren des Herzens, und endet mit einem erstaunlichen Ritual. Dieses scheint die zweite Geburt von Männern und

Frauen sowie die Notwendigkeit der Vermischung des menstruellen Bluts (der Gebärmutter?) mit dem Samen für die Fortpflanzung und die Herausbildung des reifen Mannes zu symbolisieren. Wir können an dieser Stelle nicht dieses komplexe Ritual beschreiben, uns aber dem geheimsten Abschnitt aus dem mythischen Zyklus der Afek zuwenden, der den Initianden gegen Ende des 10. und letzten Stadiums ihrer Initiation mitgeteilt wird.

Afek stammte ursprünglich von einer großen Eidechse ab. Afek befruchtete die Eidechse, und es wurde Yomnok geboren. Yomnok war aber zu klein und zu schwach, um Afek mit Samen zu befruchten oder heilige Handlungen auszuführen. Afek ließ ihn in ihren Vaginen schlafen (sie hatte eine in jedem Gesäßteil und ebenso einen Penis). Yomnok wurde groß und stark, und seine Rituale wurden mächtig. Yomnok verließ Afek für eine lange Zeit und wurde wieder klein und schwach. Sein Samen war ebenfalls schwach. Yomnok legte seinen Kopf in die Vaginen Afeks und wurde wieder kräftig. Afek gebar daraufhin den Kasuar und Echidna. Später brachten sie das Tarogewächs und die Süßkartoffel hervor. Die Umkehrung endet folgendermaßen: "Wir (die Männer) sind wie Afek unsere Mutter, wie Afek unser Vater, und ebenso wie Yomnok".

Ritual und Mythos sind zweideutig und erlauben viele Interpretationen. Die Bimin-Kuskusmin unterscheiden nicht zwischen dem Kognitiven und dem Affektiven. Beides sind Teile der Sprache des Herzens, und das Ritual muß erlebt werden, damit seine Botschaft verstanden werden kann. Wir glauben jedoch, daß einige verschiedene, aber miteinander verwandte Botschaften den Initianden während dieser letzten Stufen der Initiation übereignet werden. Sie sind verwandt mit verschiedenen Aspekten der ursprünglichen Symbiose des Mannes mit seiner Mutter, seiner Abhängigkeit von ihr und seiner Verehrung für sie.

Wie wir gesehen haben, hat das *Ais Am* die Funktion der Entweiblichung der Jungen und der Überwindung ihrer initialen Identifikationen mit ihren Müttern und der Abhängigkeit von ihnen. Das Ritual jagt den Jungen eine grundlegende Angst vor den Frauen ein und vermännlicht sie schließlich, indem es ihnen die Macht der Männer, ihre Einzigartigkeit und ihre Fähigkeit, ohne die Frauen auszukommen, demonstriert. Dies wird durch deren Speisung mit "Samen" und Wildschweinfleisch, das von mächtiger männlicher Art ist, und durch die Salbung mit Wildschweinblut und weißer Farbe symbolisiert. Der erotischen Komponente der Bindung der Jungen an ihre Mütter (ihre ödipale Bindung) wird in zweifacher Weise begegnet. Ihre Mütter und alle Frauen werden als lebensgefährlich oder als kastrierende Wesen hingestellt. Männer drohen nicht mit Kastration, aber ihre Mütter verwandeln sich von versorgende in entmännlichende Gestalten. Nach dem *Ais Am* werden dann die Initianden wie bei den Sambia und vielen anderen Völkern in Papua Neuguinea für viele Jahre von allen Frauen getrennt.

Während die Sambia die Jungen lehren, wie sie sich vor den giftigen vaginalen Ausflüssen schützen und wie sie sich nach dem Geschlechtsverkehr selbst reinigen können, lehren die Bimin-Kuskusmin sehr langsam und vorsichtig, daß Frauen in Wirklichkeit nicht so gefährlich sind. Bei dem *En Am* schließlich lassen sie das Bedürfnis der Männer nach den Frauen zu und legen die untergründige oder unbewußte restliche Identifikation der Männer mit ihren Müttern und deren Glauben an die Macht des Weiblichen offen. Die weibliche und mütterliche Afek wird die wichtige Urahnin, und somit wird die Verleugnung aufgehoben, durch die Yomnok sich an ihre Stelle gesetzt hatte. Es ist ihr mythischer Zyklus, der nicht nur die Grundregeln der Initiationsrituale, sondern die meisten der Lebensgewohnheiten der Bimin-Kuskusmin vorgibt. Gleichwohl androgyn, ist Afek doch sehr deutlich weiblich, eine Frau mit einem Penis, die auf analem Wege gebiert, so wie es sich viele kleine Kinder bei ihren Müttern vorstellen. Das Schlußritual setzt die Initianden davon in Kenntnis, daß Yomnok allein dadurch an Stärke gewann, daß er/sie in Afeks Gebärmutter eintrat. Yomnok wurde schwach, als er/sie sich von ihr trennte und kam wieder zu Kräften, als er/sie ihr/sein Haupt in seine/ihre Vaginen legte. Dieses so tief verborgene Geheimnis des Afekmythos spiegelt vielleicht den zutiefst unbewußten und gefürchteten Wunsch eines Jungen oder eines Mannes nach der Rückkehr in den Schutz der mütterlichen Gebärmutter wider. Loewald (1951) und andere betrachteten diesen Wunsch als eine der Hauptschwierigkeiten auf dem Wege zur Heterosexualität, dem begegnet werden muß durch die Anwesenheit einer Vaterfigur, der diesem Wunsch entgegentritt und ein männliches Objekt anbietet, mit dem der Junge sich identifizieren und von der er Macht erlangen kann, um die Frauen zu schützen und sogar zu beherrschen.

Das *Ais Am* pocht an die Tore von Leben und Tod, um sein Ziel zu erreichen, und es riskiert, die Initianden in den Suizid oder eine Krankheit zu treiben, um ihnen die Wut einzuschärfen, die unbändigen Kriegern eigen ist. Wir glauben, daß es jedoch offensichtlich ist, daß die Männer weiterhin Zweifel an ihrer Männlichkeit haben und immer noch die Frauen wegen ihrer natürlichen Fähigkeiten beneiden. Trotz ihrer oberflächlich sichtbaren Verachtung kehren ihre Sehnsucht und ihr Glaube an die beschützenden und versorgenden Fähigkeiten der Mutter in der versteckten Überzeugung wieder, daß Yomnok ohne Afek machtlos sei. Wir können uns deshalb vorstellen, daß die Hinwendung der Bimin-Kuskusmin zu einer patriarchalischen Gottheit in Gestalt des Glaubens an einen männlichen Urahnen oberflächlich ist. Es ist ein Glaube, der Frauen und Kinder gelehrt wird, während die Männer sich weiterhin heimlich auf die weibliche Urahnin verlassen. Die Überzeugung, daß der Urahn, der Schöpfer von Menschen, Tieren und Dingen, eine Urahnin war, ist ein offenkundiger und inhärenter Bestandteil der grundlegenden Mythologie verschiedener Stämme, die in der Nähe des Telefomin leben. Afek bedeutet für sie die "alte Frau" oder die "alte Mutter", die alles erschuf, nachdem sie von dem "alten Mann" geraubt wurde und ihn tötete. Dieser alte Mann scheint in Gestalt ihres Bruders und Gefährten wieder aufgetaucht zu sein. Sie errichtete das erste Kulthaus am Telefol, wo sie lebte und auf die Jagd ging, während ihr Bruder Gartenarbeiten verrichtete und Schweine hütete. Die Umkehrung der Rollen und die männliche Vorherrschaft traten ein, als es Afek einleuchtete, daß sie alles erschaffen hat und es ihr mehr entspreche, Schweine zu hüten und Gemüse anzubauen. Ihr Bruder fand, es würde den Hunger am ehesten befriedigen, wenn man die Beuteltiere mit einem klebrigen, weißen Zeug füttert (Brumbaugh 1980b) oder wenn man, einer anderen Version folgend, den geheimen Nutzen des Wildschweinfetts kennenlernt (Brumbaugh 1980a).

Wir dürfen sehr wohl davon ausgehen, daß der Mythos nahelegt, Männer könnten ohne die mütterliche Nahrung oder die Milch der Mutterbrust auskommen, als sie einsahen, daß der Samen viel kräftigender sei. Die Afekmythen der Bimin-Kuskusmin und der Telefomin bringen nicht nur Licht in den in Papua Neuguinea weit verbreiteten Glauben, daß ursprünglich die Frauen im Besitz der Rituale waren. Sie führen uns auch zu der Frage, warum im Altertum die mütterlichen Göttinnen so wichtig waren, wie dies besonders in den Kulten der Magna Mater in Kleinasien der Fall war; etwa beim Kult der Cybele, deren Priester sich selbst kastrierten, um sich mit ihr zu identifizieren und ihr asexuell zu dienen (Weigert 1938). Die Gründe für die Bedeutung dieser Göttinnen können wir in diesem Beitrag leider nicht behandeln.

Wir haben gezeigt, daß die Entweiblichung, die Vermännlichung und die Kontrolle der ödipalen Bestrebungen des Jungen in Papua Neuguinea gleichzeitig ausgeführt werden. Bis vor kurzem hat in der psychoanalytischen Theorie allerdings die Entidentifizierung von der Mutter und das Bedürfnis nach Vermännlichung wenig Beachtung erfahren. Demgegenüber wurde die Unterdrückung der erotischen Komponente der Objektliebe des Jungen für seine Mutter betont und zum Hauptwendepunkt der männlichen Entwicklung erhoben. Dies war gleichwohl, wenn auch nicht so deutlich, für die weibliche Entwicklung der Fall.

Ein unvermeidlicher Bestandteil der conditio humana besteht in der Tatsache, daß Jungen von Müttern auf die Welt gebracht werden und ihr Leben in einer abhängigen Symbiose mit ihnen beginnen. Sie müssen nicht allein die Symbiose überwinden, um sich zu trennen und zu individuieren, wie dies Mahler et al. (1975) deutlich gemacht haben. Es ist ebenso klar, daß im Alter von 3 Jahren die Individuation keineswegs vollständig sein kann. Darauf folgt nun die als ödipaler Übergang bezeichnete Phase, die aber mehr ist als die Verdrängung ödipaler Impulse und die Einrichtung eines Über-Ichs. Die Symbiose bricht auseinander in eine Identifikation mit der Mutter und eine Objektliebe zu ihr, die durch die weiterhin bestehende körperliche Versorgung und Intimität, nach denen das Kind verlangt, begünstigt werden. Die Identifikation mit der Mutter schafft eine primäre weibliche Identität, die als Kern im Wesen eines Kindes verbleibt und die aber beim Jungen durch die Identifikation mit einer männlichen Gestalt ersetzt werden muß. Sie kann ihrerseits durch ein Weiterbestehen der Identifikation mit der Mutter gefährdet oder aufgegeben werden. Der Verlust des Gefühls der Einheit mit der Mutter und des Abhängigseins von ihr wird zur unvermeidbaren Quelle der Unlust und der Angst. Die Aufgabe der Identifikation mit der Mutter hinterläßt eine Leere, wenn sie nicht durch ein männliches Modell, mit dem man sich identifizieren kann, ersetzt wird. Die Jungen müssen allerdings nicht nur ihre Identifikation mit der Mutter und die Abhängigkeit von ihr aufgeben, sondern ebenso die erotischen Aspekte der Objektliebe verdrängen oder unterdrücken, um für den Prozeß der Individuation frei zu werden und ein Gefühl für die eigenen Fähigkeiten und die eigene Initiative zu bekommen. Wie vielfach betont wurde, führt die Beibehaltung der erotischen Bindung an die Mutter den Jungen in einen wirklichen oder imaginierten Konflikt mit seinem Vater, der seinerseits den primären und oft beneideten Zugang zur Sexualität der Mutter hat.

In Gesellschaften, in denen die aus Eltern und Kindern bestehende Kernfamilie zusammenlebt und in der beide Eltern das Kind von Geburt an beeinflussen, findet der Junge in seinem Vater ein männliches Modell, das er verinnerlichen wird, wenn er sich von der Mutter differenziert. Im strengen Sinne betrifft der ödipale Konflikt die Verdrängung der auf die Mutter gerichteten erotischen Wünsche beim 3- bis 5jährigen Jungen, denn er projiziert die Phantasien über die Befreiung von seinem väterlichen Rivalen auf seinen Vater. Infolge der Angst, daß sein Vater ihn töten oder kastrieren könnte, verdrängt er dann seine ödipalen Wünsche und bildet durch den selbst auferlegten Verzicht ein Über-Ich heraus. In solchen Familien jedoch, in denen es einen versorgenden Vater gibt, der in besonderer Weise von seiner Frau geliebt und bewundert wird, wird die Anwesenheit des Vaters nicht allein die Fortdauer der erotischen Bindung und die Identifikation mit der Mutter blockieren, sondern dem Jungen ebenso ein männliches Modell, das er verinnerlichen kann, bieten und ihn motivieren, sich so wie er zu verhalten. Entweiblichung und Vermännlichung sind integrale Aspekte des ödipalen Übergangs und erscheinen so unauffällig und sogar unbewußt, daß sie bislang in der psychoanalytischen Theorie kaum Beachtung fanden.

In Papua Neuguinea gibt es eine andere Struktur der Familie, wo die Väter nicht mit ihren Frauen zusammenleben, wenig mit ihren Kindern während ihrer ersten Lebensjahre zu tun haben und sie für viele Jahre ganz der Kontrolle der Mütter überlassen. Deswegen kann man hier von anderen Aspekten der männlichen Entwicklung ausgehen als solchen, wie wir sie in europäischen Gesellschaften beobachten. Die Jungen bleiben nicht nur sehr eng bei ihren Müttern. Die Beziehung wird sehr oft von den Müttern hoch erotisiert, denn diese erfahren wenig sexuelle Befriedigung durch die sie dominierenden und ihre sexuellen Ausflüsse fürchtenden, älteren Männer. Die Identifikation der Jungen mit ihren Müttern, ihre Abhängigkeit von ihnen sowie ihre erotische Bindung an sie werden nicht durch die Anwesenheit eines Vaters gehemmt oder durchkreuzt. Ebensowenig verfügen sie im Hause über Väter, die als Identifikationsmodelle dienen oder deutlich zur Verinnerlichung der väterlichen Gestalt motivieren. Es ist jedoch von äußerster Wichtigkeit, daß die Jungen zu unbändigen Kriegern herangezogen werden.

In Papua Neuguinea scheint es keine klar abgegrenzte ödipale Periode zu geben. Bei den Sambia und bei vielen anderen Gruppen, wo der Übergang zur Männlichkeit sich in Phasen passiver und aktiver Homosexualität vollzieht, ist die sogenannte Latenzzeit durch homosexuelles Verhalten sehr hoch erotisiert. Dies dient als ein Mittel, sowohl männlichen Geist und männliche Kraft als auch eine männliche Identität von den befruchtenden Männern zu erlangen. Unbändigkeit und Brutalität werden durch die Brutalität der Initiationsriten eingeprägt. Ödipale Bestrebungen werden durch ein Ritual ausgelöscht, das die Frauen herabsetzt und lehrt, sie seien verunreinigt, erniedrigend sowie kastrierend in dem Sinne, daß sie die vitalen Energien eines Mannes austrocknen. Die Verdrängung der Bindung an die Mutter und die damit einhergehende Entwicklung von Feindseligkeit Frauen gegenüber werden durch die Desillusionierung und den Zorn des Jungen begünstigt, von der verlängerten Versorgung durch die Mutter plötzlich depriviert und der Grausamkeit des Männerkultes ausgeliefert zu sein. Dieser führt seinerseits, mit einiger Verspätung, die Aufgaben der Entweiblichung und Vermännlichung sowie des Abbruchs der Beziehung zwischen dem Jungen und der Mutter aus.

Obwohl sich die männliche Entwicklung in Papua Neuguinea sehr von derjenigen bei uns unterscheidet, hoffen wir deutlich gemacht zu haben, daß es sich um dieselben wesentlichen Wünsche der Jungen in unserer Gesellschaft handelt. Die Untersuchung der Kulturen in Papua Neuguinea ist deswegen für uns von Bedeutung, weil sie zeigt, daß es verschiedene Wege gibt, die Entwicklungsaufgaben zu bewältigen, die Folgen der conditio humana sind. Sie macht ebenso deutlich, daß diese anderen Sozialisationsvorgänge grundlegende psychoanalytische Entwicklungstheorien in Zweifel ziehen und in der Tat seit tausenden von Jahren bestanden haben und gerade deswegen unsere Aufmerksamkeit fordern. Es ist auch sichtbar, daß diese fremden Wege der Erziehung solche Muster aufhellen, die, freilich abgeschwächter Form, bei einigen Familien in westlichen Kulturen auftreten. Hier führen sie allerdings zu Persönlichkeiten mit abweichendem Verhalten oder zumindest ernsthaften Störungen. Was wir aus der Betrachtung der Familien und der Aufzucht von Jungen in Papua Neuguinea lernen können, mag dazu dienen, unser Verständnis für die Probleme von Kindern zu schärfen, die in vaterlosen Familien aufwachsen. Sie deutet die Gründe dafür an, warum Jungen sich zu Banden zusammenschließen und oft eine hypermaskuline Fassade aufweisen. Sie zeigt vielleicht auch, warum manche homosexuellen Männer zwanghaft und immer wieder nach "Befruchtung" suchen. Sie wirft, um die Auflistung dieser Beispiele abzuschließen, ein Licht auf die allgemeinere Frage, ob die Tatsache, daß so viele Männer Frauen abwerten und unterdrücken, Ausdruck einer Reaktionsbildung ist. Tatsächlich würde eine solche Betrachtung die Frage als dringlicher erscheinen lassen, auf welche Weise die Interaktion der Eltern und die Familienstruktur die Persönlichkeitsentwicklung in allen Kulturen und in jeder Familie innerhalb einer Kultur beeinflussen.

Literatur

Brumbaugh RC (1980a) A secret cult in the West Sepik Highlands. Ph. D. Thesis, Department of Anthropology, State University of New York, Stony Brook

Brumbaugh RC (1980b) Models of separation and an Mountain Ok Religion. Ethos 8: 332-348

Freud S (1913) Totem und Tabu. GW Bd 9

Greenson R (1966) A transvestite boy and a hypothesis. Int J Psychoanal 47: 396-403 (Dt. 1982: Ein transsexueller Junge und eine Hypothese. In: Psychoanalytische Erkundungen. Klett, Stuttgar, S. 241-256)

Harrison J (1912) Themis. Meridian Books, New York (1969)

Herdt G (1981) Guardians of the flutes. McGraw-Hill, New York

Herdt G (ed) (1982) Rituals of manhood. Univ California Press, Berkeley

Herdt G (ed) (1984) Ritualized homosexuality in Melanesia. Univ California Press, Berkeley

Lidz RW, Lidz T (1984) Male menstruation: A ritual alternative to the oedipal transition. Int J Psychoanal 58: 17-31

Lidz T, Lidz RW (1984) Oedipus in the Stone Age. J Amer Psychoanal Assoc 32: 507-527

Loewald H (1951) Ego and reality. Int J Psychoanal 32: 10-18 (Dt. 1986: Ich und Realität. In: Psychoanalyse. Aufsätze aus den Jahren 1951 - 1979. Klett, Stuttgart, S. 15-34)

Mahler M, Pine F, Bergman A (1975) The psychological birth of the human infant. Basic Books, New York (Dt. 1978: Die psychische Geburt des Menschen - Symbiose und Individuation. Fischer, Fankfurt am Main)

Meggitt MJ (1970) Male-female relationship in the highlands of Australian New Guinea. In: Harding T, Wallace J (eds) Cultures of the Pacific. Free Press, New York

Poole FJP (1976) The Ais Am. Ph. D. Thesis, Department of Anthropology, Cornell University

Poole FJP (1981) Taman: Ideological and sociological configuration of "Witchcraft" among Bimin-Kuskusmin. Social Analysis 8

Poole FJP (1982a) Couvade and clinic in a New Guinea society: Birth among the Bimin-Kuskusmin. In: de Vries MW, Berg RL, Lipkin M (eds) The use and abuse of medicine. Praeger, New York

Poole FJP (1982b) In: Herolt G (ed) The ritual forging if identity in rituals of manhood. Univ Calilfornia Press, Berkely, pp 99-154

Poole FJP (1983) Folk models of eroticism in mothers and son: Aspects of sexuality among Bimin-Kuskusmin. Paper presented at 82nd annual meeting of the American Anthropologiocal Association

Poole FJP (in press a) Morality, personhood, tricksters and youths: Some narrative images of ethics among Bimin-Kuskusmin. In: Langness L, Hays T (eds) Anthropology an the High Valley: Essays on the New Guinea Highlands in honor of Kenneth E. Read

Poole FJP (in press b) Veils of illusion, kernels of truth: Secrecy and revelation in Bimin-Kuskusmin ritual. In: Jorgensen DW, Schwinner E (eds) Ritual secrecy. Univ Toronto Press, Toronto

Stoller R (1966) The mother's contribution to infantile transvestite behavior. Int J Psychoanal 47: 384-395

Stoller R (1968) A further contribution to the study of gender identity. Int J Psychoanal 49: 364-368

Stoller R (1974) Symbiosis anxiety and the development of masculinity. Arch Gen Psychiatry 30: 164-172

Weigert E (1938) The cult and mythology of the Magna Mater from the standpoint of psychoanalysis. Psychiatry 1: 347-278

Ödipus und der alternde Mann: Eine vergleichende Betrachtung

David Gutmann

Eine der wichtigsten, aber außer acht gelassenen Fragen bei der Erforschung des menschlichen Alterns hat nicht etwa etwas mit der besonderen Schwäche unserer alten Leute, sondern mit der offenen und unausweichlichen Tatsache ihres Überlebens zu tun. Besonders ist hier auf das Überleben der älteren Männer als eines allgemeinen menschlichen Typus hinzuweisen. Wenn wir befriedigende Antworten auf die Frage nach den älteren Menschen (oder alternativ danach, wie ältere Menschen leben) finden könnten, würden möglicherweise andere Fragen, die sich auf ihre Versorgung, ihre angemessene Forderung nach nationalen Ressourcen und ihre Funktion in der Gesellschaft beziehen, an Bedeutung verlieren.

Die Frage nach den älteren Menschen wird greifbarer, wenn man sie in ihrer Reichweite auf die Betrachtung älterer Männer und einer männlichen Gerontokratie begrenzt. Wir sind unter den Primaten die einzige Spezies, in der es in der gesamten Geschichte und in allen Kulturen immer schon eine Gruppe mächtiger älterer Männer gegeben hat, die nach ihrem produktiven und körperlichen Zenit für viele Jahre als Führer überleben konnten. Diese bedeutende Frage nach den älteren Männern könnte nun ein Ausgangspunkt für die psychoanalytische Forschung sein, denn die Strukturen und Mechanismen, die zum Überleben einer postreproduktiven männlichen Kohorte beitragen, sind, wie wir sehen werden, solche, die fast ausschließlich durch die Psychoanalyse erforscht worden sind.

Um diese Frage zu stellen und um die Gegensätze aufzuzeigen, will ich nur sehr kurz auf einiges verfügbare Material über das Schicksal älterer weiblicher und männlicher Affen eingehen, die einer weit fortgeschrittenen und sozial organisierten Spezies angehören. Ich möchte dann die Situation älterer Männer auf einer einfacheren und primitiveren Stufe der menschlichen, sozialen Organisation umreißen: die Jäger und Sammler sowie die präliterarischen Sippengesellschaften. Anschließend werde ich über Praktiken und Institutionen der menschlichen Gattung nachdenken, auf die einige wichtige Unterschiede zwischen Menschen und Affen hinsichtlich der Psychologie der alten Männer und ihrer sozialen Handhabung zurückzuführen sind.

Wenden wir uns zunächst den niederen Primaten zu. Einige medizinische Anthropologen haben, wie wir sehen, bereits Pionierstudien auf diesem Niveau durchgeführt. So hat Hrdy (1980), eine Anthropologin von der Harvard-Universität, kürzlich die Bedeutung und die vitalen, sozialen Funktionen der postreproduktiven, weiblichen Affen demonstriert. Ihren Befunden nach spielen die älteren Weibchen - selbst bei den niederen Primaten - zu wichtigen Zeitpunkten der frühen Entwicklung eine bedeutende Rolle in der Führung und beim körperlichen Schutz ihrer Enkel. Sie übernehmen sogar einige "maskuline" Verantwortlichkeiten, wenn es darum geht, die Horde als Ganzes an ihren äußeren Verteidigungslinien zu schützen. Wie bei den Menschen verfügt die Äffin über zwei, voneinander abgegrenzte Leben. Das eine wird im jungen Erwachsenenalter als Mutter erlebt. Das andere Leben vollzieht sich im Alter als aktive Großmutter - oder gar als "Matriarchin" - ihrer erweiterten Dreigenerationenfamilie. Dies gilt weniger für die älteren Männchen und besonders für eine männliche Gerontokratie unter den niederen Affen. Erst wenn wir die Grenze zwischen Affen und Menschen überschreiten, tritt der ältere Mann deutlich in Erscheinung, der eine bedeutende und sogar dominante Kraft im menschlichen Leben darstellt.

Im Gegensatz zu ihren zweimal geborenen Gefährtinnen besitzen die männlichen Affen nur *ein* Leben. Ihre Existenz gründet sich auf ihre körperliche Stärke und auf ihre Fähigkeit, sexuellen Schutz durch ihre erfolgreiche Aggression anderen Männchen gegenüber zu bieten. Im Laufe des erwachsenen Lebens können sie sich praktisches Wissen aneignen, aber ihre erworbene Weisheit kann in den späteren Jahren nicht den Verlust der körperlichen Stärke und Wildheit kompensieren. So geschickt und erfahren sie auch sein mögen, sie fallen aus der männlichen Dominanzhierarchie heraus. Sie verlieren ihre sexuellen Privilegien in dem Maße, wie ihre Kampffähigkeit nachläßt. Ohne den sexuellen Zugang zu den Weibchen werden die alten Männchen teilnahmslos, sogar niedergeschlagen und verschwinden bald aus dem Bund der Primaten. Weil die medizinischen Anthropologen nicht gleichzeitig alle Sippen einer gegebenen Spezies in derselben Gegend beobachten können, wissen wir nichts über das Schicksal dieser alten ausgestoßenen Männchen. Vielleicht wandern sie auf der Suche nach einer Gruppe umher, in deren Dominanzhierarchie noch eine Nische für sie besteht. Oder sie verschwinden aus der Gesellschaft, um einen einsamen, unbemerkten Tod zu erleiden.

Es gibt vereinzelte Berichte über alternde Männchen, die in der Primatensippe selbst dann bleiben, wenn sie nicht mehr über eine dominante Position anderen Männchen gegenüber verfügen. Diese Überlebenden werden aber nicht aufgrund ihres Erfahrungsreichtums toleriert, sondern hauptsächlich deswegen, weil sie in einem symbolischen Sinne aufgehört haben, Männer zu sein. So können sie zu Begleitern eines jüngeren, dominanten Männchens werden, das sie sexuell benutzt. Sie neigen dazu, deutlich weibliche Verhaltensweisen, so z. B. die weibliche "quietschende" Stimme, anzunehmen. Ebenso verlieren diese alternden, männlichen Überlebenden ihren Zutritt zu den Weibchen. Schließlich werden sie selber zu "Weibchen", die sexuell benutzt werden. Wären sie ältere Menschen anstelle von Affen, so würden Psychoanalytiker anmerken, daß sie nun ihre abgetrennte Verbindung zu den Frauen wiederhergestellt hätten, indem sie das verlorene Objekt introjizierten und selbst zu diesem würden.

So geht es in der Regel bei den meisten fortgeschrittenen und sozial organisierten Primatengruppen zu, ob es sich um Paviane, Rhesusaffen oder Makaken handelt. Unter ihnen finden wir die Vorläufer eines Matriarchats der Alten, aber wenig Hinweise für eine patriarchalische Gerontokratie. Wenn wir aber die Evolutionsskala ein wenig zu den sehr primitiv organisierten menschlichen Jäger- und Sammlerbünden hinaufwandern, kehrt sich die Situation um. Zum ersten Mal erscheint der alte Mann als ein bedeutender und etablierter Akteur auf der sozialen Szene. Wahr ist aber auch, daß Jäger und Sammler manchmal ihre Alten zurücklassen, wenn sie zu schwach geworden sind, um der Gruppe auf ihren Wanderungen zu folgen. In den meisten bekannten Fällen ist dies aber nicht ein Akt der Gleichgültigkeit der Jugend, sondern vielmehr ein Ereignis von grundlegender spiritueller Bedeutung, das in der Regel zu einem von den Alten selbst gewählten Zeitpunkt stattfindet.

Wenn wir nun die Nomadengesellschaften verlassen und uns den stabilen Gesellschaften zuwenden, die seßhaft sind und Landwirtschaft treiben, finden wir klare und unbestreitbare Anhaltspunkte für eine universelle männliche Gerontokratie. Auf dieser Stufe der menschlichen Organisation ist die ehemals bei den Primaten vorgefundene Korrelation zwischen Muskelmasse und Führerschaft umgedreht. Jetzt ist genau der Mann, der zu alt für den Kampf ist, derjenige, der die ausschließliche Führung ausübt. In einigen Fällen regiert er aufgrund seiner Macht, der angesammelten Reichtümer und Erfahrungen, die er in seinen körperlich aktiven Jahren zusammengetragen hat. In unserer amerikanischen Gerontokratie werden wir natürlich von Führern beherrscht, die auf dem Boden einer Macht stehen, die sie bereits in ihrer Jugend erworben haben. Aber in der präliterarischen, traditionsgeleiteten und seßhaften Gesellschaft unterstützten die Regeln größtenteils eine partizipatorische Gerontokratie. Ob arm oder reich, der alte Mann übt die Führung aufgrund seines Alters und seines privilegierten Zugangs zu übernatürlichen Machtquellen aus, worin die natürliche Begabung des fortgeschrittenen Alters besteht. So kann der Fluch eines alten Mannes bzw. der Fluch eines Vaters mehr gefürchtet werden und größeren Schaden anrichten als ein Hieb mit dem Schwert. In der Standeshierarchie behalten die Alten ihren Platz, indem sie neue Kraftquellen finden, die von einer Art sind, die für junge Männer (oder für männliche Affen irgendeines Alters) nicht zugänglich sind. Eine solche Macht ist nicht in den Muskeln lokalisiert, sondern von übernatürlichen "Gönnern" auf rituellem Wege und durch die Leiden entliehen, die sie im Verlauf des Lebens erfahren haben. Alte Männer schöpfen die Macht nicht aus sich selbst, sondern sind die Brückenköpfe zu einer gefährlichen und übernatürlichen Macht. So ist das Gesicht des Zauberers stets das Gesicht eines alten Mannes.

Aber die von uns entdeckte Gleichsetzung von fortgeschrittenem Alter und der Macht des Totems beantwortet nicht unsere Ausgangsfrage nach den älteren Männern. Ihre übernatürliche "Gönnerhaftigkeit" unterstreicht nur die geschlechtsbezogene Macht alter Männer in einer sozialen Atmosphäre, die ihrerseits von der Hauptbedingung der männlichen Gerontokratie hervorgebracht wurde. Aufgrund der sozialen Macht, die sie bereits ausüben, können alte Männer nach und nach ihre speziellen Prioritäten - die Macht des Übernatürlichen über die Macht der Muskeln, die der Weisheit über die der impulsiven Handlung - entwickeln. Diese werden schließlich Allgemeingesetz für Männer und Frauen jeden Alters. Haben sie einmal die soziale Macht erreicht, ersinnen alte Männer zweifellos Ökologien und Philosophien, besonders Religionen, die ihnen die fehlende Körperkraft ersetzen. Wir haben jedoch über die organisierten Religionen hinauszuschauen, um die grundlegenden Quellen der Macht der Alten in menschlichen Gesellschaften zu entdecken.

Freud spricht die Frage der organischen Verbindung zwischen den alten Männern und den Göttern in *Totem und Tabu* (1913) an. Er nimmt an, daß in der menschlichen Vorgeschichte die Männer ein Recht auf alle sexuell verfügbaren Frauen hatten. Der Preis für ihre Selbstsucht offenbarte sich jedoch, als die rebellischen Söhne sich zusammenschlossen, den Vater töteten, ihn verzehrten und ihn schließlich zum Gott erhoben. So sollte die intrinsische Verbindung zwischen dem Altern und der Gottheit hergestellt werden. Waren sie einmal auf kannibalischem Wege inkorporiert, wurden die "gestohlenen" Kräfte des Vaters zu einem feindseligen und vergeltenden Objekt innerhalb der psychischen Konstitution des Sohnes. Somit entstand die Schuld als ein höchstpersönliches Erlebnis und als eine soziale Institution, um die zukünftigen Generationen der Väter vor dem Verbrechen des Vatermords zu bewahren.

Wenngleich die Fabel Freuds einen kreativen und imaginativen Versuch darstellt, die Frage nach den älteren Männern zu beantworten, so wird sein interessanter Mythos jedoch nicht durch ernstzunehmende anthropologische Beobachtungen bei Primatengruppen unterstützt. Wir haben gesehen, daß unter protohumanen Bedingungen und in Gesellschaften, wo es noch kein Über-Ich gab, die Männer nicht kraft ihres Alters, sondern aufgrund ihrer körperlichen Kraft, einen sexuellen Zugang zu den Frauen hatten. Wenn dies so war, wie konnten dann in Zeiten der abnehmenden Vitalität die Urväter in der Geschichte Freuds es schaffen, ihren Harem aufzufüllen und zusammenzuhalten? Und wie konnte das Verbot gegen den Vatermord, ein genetischer Zug der menschlichen Psyche und eine universelle Institution in der menschlichen Gesellschaft, festgesetzt werden? Die Vermutung, daß dieses Verbot zunächst im Falle eines vatermörderischen Akts erlernt und schließlich genetisch durch das Keimplasma übertragen wurde, ist ein unhaltbarer Lamarckianischer Standpunkt.

Es ist sehr wahr, daß unsere Spezies hinsichtlich der Toleranz alten Männern gegenüber einzigartig ist. Sie ist ebenso einzigartig in ihrem Festhalten an dem großen und universellen Inzesttabu. Zwar haben einige Ethologen behauptet, daß Prototypen dieses Tabus bereits auf prähumanen Entwicklungsstufen gefunden werden. So gibt es bei den männlichen Hamadrya-Pavianen das Hemmnis, sich irgendwelche Weibchen zu nehmen, die sich bereits mit anderen Männchen ihrer Truppe gepaart haben. Wir wissen aber nicht, ob sich diese Hemmung auch auf die biologischen Mütter, Töchter oder Schwestern, die sich nicht mit anderen Männchen der Truppe gepaart haben, bezieht. In jedem Fall wurde die unter den Affen gefundene Hemmschwelle unter den Menschen zu einem ausdrücklichen und universellen Verbot erhoben: Männer und Frauen sollten nicht mit ihren Eltern, ihren Kindern oder Geschwistern zusammensein. Auch wenn Freud für das Inzesttabu einen ursprünglichen Mythos erfand, kann es korrekterweise nur als das Ergebnis einer evolutionären Selektion (und nicht als eine Offenbarung) verstanden werden. Das auf einzigartige Weise verletzliche menschliche Kind bedarf einer stabilen Familie. Diese Stabilität wird zum Teil durch das Inzesttabu aufrechterhalten, das seinerseits die Familie in Hinblick auf die sexuelle Konkurrenz in eine "entmilitarisierte" oder neutrale Zone überführt.

Es gibt also, um noch es einmal deutlich zu machen, ein spezifisch menschliches und explizites Inzestverbot, das auf allen Stufen der menschlichen, sozialen Organisation gefunden wird. Oft genug wird dieses Verbot nicht eingehalten, was weit häufiger zwischen Vätern und Töchtern als zwischen Müttern und Söhnen der Fall ist. Solche Verletzungen sind oft mit Angst beladen, selbst wenn sie - wie im Falle des Ödipus - ohne Absicht begangen werden. Im Schauspiel des Sophokles werden die Stärke und die Kraft des Gesetzes durch die drastischen Folgen seiner Überschreitung offenbar.

Wir wissen nicht, ob nun dieses große Gesetz im menschlichen Genpool verankert ist oder ob es seine Herkunft in einem mythischen Mord hat, der den Vater- in einen Gottesmord überführte. Jedenfalls spielt das Inzesttabu, das uns von den Affen unterscheidet, einen vitalen Part bei einer weiteren und ebenso wichtigen Unterscheidung zwischen dem Menschen und dem Affen. Diese besteht in der menschlichen Institution der männlichen Gerontokratie. Das Inzesttabu schützt nicht allein die

Kinder. In den menschlichen Gesellschaften finden wir eine klare Verbindung zwischen dem sozialen Schicksal der Kinder und dem sozialen Schicksal der Alten. Deshalb gewährleistet das Inzesttabu ebenso die emotionale Sicherheit und die physische Existenz des alten Mannes. Das Inzesttabu garantiert ihm den sexuellen und emotionalen Zugang zu wenigstens einer Frau - selbst zu einer Zeit, wenn seine körperlichen Kräfte abnehmen. Anders als das alte Affenmännchen kann er sich an seiner Gefährtin erfreuen, ohne mit seinen Söhnen (oder mit jungen Männern im allgemeinen) um die ehelichen Rechte kämpfen zu müssen. Er verliert nicht, wie das unter den Affen der Fall wäre, mit dem Verlust der körperlichen Kraft seinen Zugang zu den Frauen. Indem er nun mit der Hauptquelle des physischen und emotionalen Wohlergehens in Berührung bleibt, trifft ihn nicht das unvermeidliche Schicksal der Depression. Ebensowenig fällt er aus der menschlichen Gesellschaft heraus. Mit der Sicherheit zumindest einer mehr oder weniger versorgenden Gefährtin kann er in der Gemeinschaft bleiben, der nun die angesammelte Erfahrung und Weisheit zugute kommt.

Während die soziale Evolution einen großartigen Schutz des älteren Mannes in Gestalt des Inzesttabus hervorgebracht hat, stellt die psychologische Evolution des Lebensabends einen zweiten großartigen Schutz bereit: die normale Androgynie des Lebensabends. Diese spätere Entwicklung scheint bei der menschlichen Spezies das vorherzudatieren, was wir als Spuren bereits bei subhumanen Gruppen finden. Wie oben schon hervorgehoben, wird unter den Primaten das ältere Weibchen in ihren postreproduktiven Jahren irgendwie zu einem "maskulinisierten" Krieger, der die eigenen Blutsverwandten und die Gruppe als Ganzes beschützt. Auf der anderen Seite haben wir gesehen, daß das geschwächte alte Männchen in der Primatengruppe nur dann unbelästigt überleben kann, wenn es stereotype weibliche Eigenschaften zeigt. Jung war der erste Analytiker, der diese großartige Umkehrung der Geschlechterrollen im späteren Leben an klinischen Stichproben bei Menschen zur Kenntnis nahm. Ich selbst habe es als ein universelles menschliches Phänomen für verschiedene Kulturen dargestellt, besonders für urbane Zentren der Vereinigten Staaten, für die Navajos, die Mayas und die Druzes (Gutmann 1969, 1975). Diese Androgynie des Lebensabends scheint in der Natur der menschlichen Entwicklung angelegt zu sein und ist wie andere universelle Bilder des menschlichen Lebenszyklus auch mit den besonderen Bedürfnissen und Potentialen des menschlichen Kindes verbunden. Gegenwärtige Forschungsbefunde zeigen dementsprechend, daß Kinder zwar darin geschickt sind, sozioemotionale Unterstützung bei den sie umsorgenden Personen hervorzurufen. Es mangelt ihnen aber fast vollständig an Fähigkeiten, die zum physischen Überleben notwendig sind. Es gibt aber unter den Menschen ein Abkommen zwischen der Bedürftigkeit des Kindes und dem, was Menschen potentiell geben können. Das menschliche Kind ist relativ frei von vorprogrammierten, instinkthaften Lernvorgängen. Daher kommt es zu seiner auffälligen Vulnerabilität. Trotzdem ist es in einer einzigartigen Weise dazu bereit, neu Erlerntes für sich selbst und für unsere Spezies als Ganzes zu erwerben. Die Freiheit des Kindes von unflexiblen Instinktmustern zwingt jedoch den Erwachsenen zu einer langen Elternschaft. Das menschliche Kind verlangt von seinen Eltern die Zusicherung von zwei Arten der Sicherheit: die emotionale und die physische Sicherheit. Unter den üblichen menschlichen Bedingungen der Gefahr und des Mangels können diese verschiedenen Formen des Versorgens nicht leicht von einem Elternteil allein übernommen werden. Dementsprechend besteht über die Kulturen hinweg die Tendenz, anhand des Geschlechts die Verantwortung zur Bereitstellung dieser beiden grundlegenden Sicherheiten auszusortieren. Männer werden in der Regel verantwortlich gehalten, für die Bereitstellung der körperlichen Sicherheit zu sorgen, während von Frauen in der Regel erwartet wird, daß sie für die emotionale Sicherheit verantwortlich sind.

Die elterliche Investition in diese Dienstleistung beansprucht Zeit, Arbeit und Ärger. Ebenso schließt sie das Opfer persönlicher Potentiale mit ein. Um die physische Sicherheit zu gewährleisten, bewegen sich die Väter in der Regel am Verteidigungsgürtel der Gemeinschaft. Indem sie so handeln, geben sie einige der intensiven Sehnsüchte nach Kontakt, die sie eng an das Haus binden, aber von der vitalen Aufgabe des Schutzes der Umgebung abhalten würden, auf. Die Mütter verzichten auf das aggressive Potential und ihre Wutgefühle, die die Kinder einschüchtern, den versorgenden Ehemann entfremden, den Hausfrieden zerstören und die emotionale Sicherheit der Kinder bedrohen könnten. Jeder Partner lebt zwar ersatzweise durch seinen Partner bedrohliche Tendenzen aus. Doch unterdrückt jeder bei sich die gefährlichen Tendenzen, die mit ihrer besonderen elterlichen Bestimmung in Konflikt geraten könnten.

In der Elternschaft wird der Vater Träger der Aggression beider Elternteile. Er wendet sie vom häuslichen Bereich nach außen hin ab und setzt sie gegen die Übergriffe und die Herausforderungen der unpersönlichen physischen, sozialen oder menschlichen Natur ein.

Weil aber die Kinder im Laufe der Zeit Fähigkeiten entwickeln, um ihre Bedürfnisse nach körperlicher und emotionaler Sicherheit zu befriedigen, nimmt die Gewißheit der ständigen Hilfe seitens der Eltern ab. Mütter und Väter beginnen damit, sich auf sich selbst zu besinnen und die der Elternschaft und der Sexualität entgegengesetzten Aspekte ihrer eigenen Natur selbst anstatt ersatzweise durch den anderen auszuleben. Indem der Vater das bislang vernachlässigte Selbstpotential kultiviert, gewinnt er die sanfteren, mehr versorgenden und emotionalen Eigenschaften zurück, die er beiseite gestellt hatte, um für die physische Sicherheit seines Nachwuchses zu sorgen. Die Frauen, die unter normalen Umständen für die emotionale Sicherheit zuständig sind, können das vornehmlich aggressive Potential zurückgewinnen, das ihre Kinder in psychischer und sogar in physischer Hinsicht hätte verletzen können. Nicht länger lassen sie ihre Aggression stellvertretend ausleben. Auf dem Wege der Identifikation mit ihrem Partner und seinen Handlungen können die Frauen ihr eigenes Selbst in die ehemals vernachlässigte Richtung erweitern. Natürlich verlangen solche Fortschritte ihren Preis, der besonders im Fall älterer Frauen sichtbar wird. Bewaffnet mit ihrer wiedergefundenen Aggression ernten in vielen Gesellschaften die "phallischen" alten Frauen den Titel einer "Hexe". Ein marokkanisches Sprichwort drückt es jedenfalls so aus: "Wenn ein Mädchen geboren wird, ist es von 100 Engeln umgeben, und wenn ein Junge geboren wird, ist er von 100 Teufeln umgeben. Aber mit jedem vergehenden Jahr wird ein Engel mit einem Teufel ausgetauscht, so daß, wenn eine Frau hundert wird, sie von 100 Teufeln und ein Mann von 100 Engeln umgeben ist." Wenn also die Männer in Form von Schamgefühlen einen inneren psychischen Preis für ihre Befriedung und "Feminisierung" zahlen, machen sie einen deutlichen und übereinstimmenden Fortschritt auf eine offenere, soziale Stufe. Dieser androgyne und freundliche alte Mann ist befreit von der Unruhe und Last der männlichen Konkurrenz. So wie das Inzesttabu seine sexuellen Rechte aufrechterhält, schützt die Androgynie im späteren Leben seine sozialen Rechte. Aufgrund seiner sanfteren Natur kann er zu neuen Ufern aufbrechen. Er kann neue soziale Positionen erreichen, ohne verletzende Auseinandersetzungen zu führen. Wie unser alter Präsident (und Eisenhower vor ihm) steht er irgendwie über dem Streit und wird von den jüngeren "Speerträgern" eher geschützt als angegriffen. Befreit von dem Druck, aus dem pragmatischen Verstand und der Impulsivität heraus zu leben, wird er die sanfteren Eigenschaften der Weisheit, Sensitivität und Objektivität annehmen. Er kann, wie dies für menschliche Gesellschaften einzigartig ist, die Statusleitern hinaufklettern, die für die Errungenschaften in den edleren Meritokratien der Kunst, der Religion, der Wissenschaft und der Staatskunst vorgesehen sind. Wir haben gesehen, daß die Feminisierung des alten männlichen Affen ihn auf einen untergeordneten Platz im Gefolge eines jungen, dominanten Männchens verweist. Im Falle des Menschen aber setzt dieselbe androgyne Natur beim alten Mann Errungenschaften auf konservativen Gebieten wie etwa der Religion oder der Aufrechterhaltung großer Traditionen frei. Von diesen sind junge Männer relativ ausgeschlossen und interessieren sich auch nicht für sie. Indem sie nun durch das Inzesttabu die emotionale Sicherheit und durch die Androgynie die physische Sicherheit garantiert bekommen, haben alte Männer einen Platz in der menschlichen Gesellschaft. Sie fügen ihre im Laufe des Lebens entstandene Weisheit dem allgemeinen Pool des Wissens hinzu und unterstützen die kulturellen Traditionen, die die Grundlage eines freundlichen sozialen Lebens sind.

Daß diese Schutzvorkehrungen ineinander verwoben sind, wird darin sichtbar, daß sie die Manifestationen des Ödipuskomplexes in den späteren Stadien der erweiterten Familie berühren. Eine Anzahl ethnographischer Forscher, die ein großes Spektrum traditioneller Dorfgesellschaften untersuchten, haben unabhängig voneinander ein Standardmuster von Familienbeziehungen nachgewiesen. Dies tritt dann in Erscheinung, wenn der älteste Sohn als verheirateter Mann seine Volljährigkeit erlangt und seine alten Eltern von ihren elterlichen Pflichten entbindet. Diese Beobachtungen konzentrieren sich auf die Wiederherstellung eines höchst beladenen, ambivalenten und verdeckt erotischen Arrangements zwischen der alternden Mutter und ihrem ältesten Sohn im Rahmen einer ausschließlich auf den Vater bezogenen Familie. In diesen Arrangements ist es üblich, daß der Sohn nach der Heirat seine Frau nach Hause auf den elterlichen Hof bringt. Dort erhält seine Frau den Status eines Dienstmädchens der Matriarchin, seiner Mutter. Während ältere Männer sich von der aktiven Rolle des Haushaltsvorstandes zurückziehen, behalten alte Frauen im Einvernehmen mit ihren Söhnen die Macht auf dem familiären Besitz. Ihre Gatten indes sind zu "spirituellen" Dingen aufgebrochen.

Das folgende Zitat aus dem afrikanischen Sudan faßt alle derzeitigen, generischen Bilder dieses universellen Musters zusammen. Hyes (1975) meint:

> Die alten Frauen gewinnen einen Status, der sehr an den der Männer erinnert. Sie haben einen Einfluß und eine Autorität über die Schwiegertöchter und die eigenen Töchter auf dem Hof. Die Mütter werden von ihren Söhnen voll respektiert, und die Söhne haben zu ihren Müttern oft engere emotionale Verbindungen als zu ihren patriarchalischen Vätern.

Der ödipale Charakter dieser Umkehrung, der den Rückzug des Vaters von den weltlichen Angelegenheiten und eine starke Allianz zwischen der Mutter und ihrem ältesten Sohn beinhaltet, zeigt sich nach Pehrson (in einer persönlichen Mitteilung) in diesem Ausmaß bei den kriegsähnlichen, patriarchalischen Kämpfen der Baluchi im afghanischen Hochland. Bei ihnen verliert der alte Mann, obwohl er nominell noch im Amt ist, sein Interesse an den weltlichen Angelegenheiten und verbringt seine Zeit mit Unterhaltungen mit den Priestern. Unterdessen wird die Kontrolle über die alltäglichen Angelegenheiten von einer *Junta* übernommen, die aus der alten Frau und dem ältesten Sohn besteht.

Die Berichte der oben erwähnten Forscher kommen aus verschiedenen, unterschiedlichen und unabhängigen Kulturen wie etwa aus Afrika, China und Indien. Sie alle stimmen in dem Bild der Rollenumkehrung in der erweiterten Dreigenerationenfamilie überein. Diese folgen typischerweise zwei wichtigen, entwicklungsgeschichtlichen Ereignissen. Das eine Ereignis besteht darin, daß der älteste Sohn die sexuelle und soziale

Reife durch die Heirat erfährt. Das andere Ereignis ist, daß die ältere Frau am Ende ihrer prokreativen Zeit eine "maskuline" Virilität annimmt. Beide Veränderungen gehen mit einem dritten Kernereignis einher oder fordern es sogar heraus. Dies ist der freiwillige Verzicht des alternden Vaters auf die patriarchalische, weltliche Macht zugunsten der patriarchalischen Macht des Totems.

Es ist, als ob die ödipalen Bestrebungen, die während der ersten Familienjahre nur in der Phantasie bestanden hatten, schließlich (mit Ausnahme ihrer besonderen mörderischen und sexuellen Ziele) im Erwachsenenalter des Sohnes und im Nacherwachsenenalter der alternden Mutter ihre Befriedigung fänden. Will man die Begriffe der ödipalen Phantasie beibehalten, so übt der Vater Verzicht (ohne getötet zu werden), während der Sohn (wenn auch in akzeptabler Gestalt) die verfügbare Frau gewinnt. Unter der Macht des Inzesttabus spaltet er seine Affekte. Er behält die sexuelle Leidenschaft seiner Frau und die eher ehrfürchtigen Gefühle seiner Mutter vor. In Einklang mit ihr regelt er das Familienleben. Hier sehen wir, wie der Vater seine Androgynie lebt, indem er seinem Sohn die weltliche Macht überläßt, während er selbst durch den Ritus und die Religion nach einer totemistischen, spirituellen Macht sucht. Ganz anders als der männliche Affe bringt der alternde Mann seine eindringlichen Bedürfnisse eher einem Gott als einem jüngeren Führer vor. Hat er sich in dieser Weise entwickelt, erntet der alte Mann durch seine Androgynie einen Schutzmantel mit übernatürlicher Macht anstatt soziale Herabsetzung.

Alles in allem suchen die befreiten nachelterlichen Energien von Männern und Frauen nach neuen Rollen und bringen solche hervor. Um ihre geschlechtsbezogenen Funktionen verstehen zu können, greifen wir wieder wie vorher auf das elterliche, imperative Modell zurück. Nun aber betrachten wir die Bedürfnisse sowohl der Eltern als auch ihres Nachwuchses. Dieses Modell erinnert uns an das in einzigartiger Weise bedürftige Kind, das nach Pflegepersonen außerhalb der Kernfamilie und den biologischen Eltern verlangt. Um unnachgiebige Kinder zu ernähren, die später selbst zu angemessenen Eltern werden, greifen die Eltern zu zwei wichtigen Formen der Unterstützung. Die erste ist die erweiterte Familie, die die Last der Kinderpflege unter einer Anzahl von in die Pflicht genommenen Verwandten aufteilt und die die emotionale Versorgung, besonders der jungen Mütter, sicherstellt. Die zweite große soziale Unterstützung in der Elternschaft kommt von dem sozialen System, unter dem hier ein Satz idealisierter Regeln und Normen verstanden wird und das entsprechend kultivierte Individuum auf die grundlegenden Mythen seiner Gesellschaft zurückbezieht. Die Kultur entschädigt die Eltern - besonders die Väter - mit dem Wissen um den tieferen Sinn und den Beginn ihrer Freiheit, die sie für die Elternschaft aufgegeben haben. Es sollte uns nicht überraschen, innerhalb dieser beiden Unterstützungssysteme alte, nachelterliche Individuen auf ausführenden Positionen zu finden. Es ist für die Menschen typisch, daß sich alte Frauen von der handlichen Pflege zur Administration bewegen und zu den starken, matriarchalischen Exekutiven der Großfamilien werden, während die älteren Männer ihren auf Körperlichkeit beruhenden Rang aufgegeben haben und sich fortan an einem spirituellen Maßstab orientieren. Als die Meister der Riten und die Erhalter der Kultur vermitteln sie zwischen der Gemeinschaft und ihren Göttern. Ältere Affen mögen vielleicht auf der Suche nach einem illusorischen Wohlbefinden umherwandern. Alte Männer hingegen bleiben zuhause in einem physischen Sinne. Ihr Denken und ihre Vorstellungskraft schweifen nicht umher, sondern treffen auf die übernatürlichen Gönner ihrer Gesellschaft. Indem sie die Verbindung der Gesellschaft zu ihren besonderen Beschützern auffrischen, erhalten die alten Männer das Wissen um die einzigartigen, mythischen Wurzeln aufrecht, von denen eine Kultur als Ganzes abhängt. Erik Erikson sagte einmal (in einer persönlichen Mitteilung), daß nicht die Entbehrung an sich, sondern nur eine Entbehrung ohne Sinn psychisch destruktiv sei. Durch ihre auf die Mythen gerichteten Bemühungen sind die alten Männer dabei behilflich, die Bedeutungen und das Wissen um die Sinnhaftigkeit aufrechtzuerhalten, die von den Entbehrungen entlasten, die das alltägliche Leben und das der Eltern mit sich bringt.

Wenn alte Männer die Bedeutungen pflegen, die von einer Entbehrung entlasten können, dann können sie auch solche psychischen Strukturen schaffen, die den Verlust der persönlichen Ansprüche bekräftigen. In *Das Unbehagen in der Kultur* zeigte uns Freud (1930), daß die individuenübergreifende, soziale Ordnung nach einer intraindividuellen Institution, dem Über-Ich, verlangt, um die antisoziale Aggression in eine prosoziale zu überführen. Wenn aber das Über-Ich bei jungen Männern ein sorgenfreies Zuhause finden soll, braucht es Unterstützung von außen und Modelle. Diese werden in der Regel von älteren Männern repränsentiert. Im Widerspruch zur traditionellen psychoanalytischen Doktrin endet die psychische Entwicklung des Mannes nicht mit der Errichtung eines Über-Ichs zum Zeitpunkt der Adoleszenz. Hat der alte Mann die Last des Über-Ichs während seiner frühen Jahre ertragen, wird er unter glücklichen Umständen und, beschützt sowohl durch das Inzesttabu als auch durch seine privilegierte Verbindung zu den Göttern, zu einer integrierten Form des Über-Ichs für die Gesellschaft und besonders für die jungen Männer. So wie die Großfamilie als Institution im Grunde genommen von den administrativen Bemühungen der alten Frauen abhängt, so hängt die allgemeine Kultur grundlegend von der Ausrichtung am Über-Ich und von den die Mythen beschwörenden Anstrengungen der alten Männer ab.

Wir wissen, daß Eltern auf ihre bedürftigen Kinder bezogen sind. Aber in ihren beiden Rollen als Hüter der Verwandtschaft und als Hüter der Kultur kümmern sich die Alten nach ihrer eigenen Elternschaft um bedürftige Eltern. Ohne die Hilfe der Alten könnten junge Mütter nur schwer die körperliche und emotionale Belastung der Kindererziehung ertragen. Die Männer würden sich immer nach einem Zustand ungezügelter Barbarei sehnen und sich schnell abwenden.

An dieser Stelle möchte ich zu meiner Ausgangsfrage nach den älteren Männer zurückkehren. Es scheint, daß solche Entwicklungen und Protektionen, die eine besondere Wirkung auf das Überleben der alten Männer als charakteristisches Erscheinungsbild des menschlichen Lebens haben, im Grunde uns alle schützen. Wenn der alte Mann, wie wir gesehen haben, eine dauerhafte und feste Institution des sozialen Lebens ist, so erscheint mit ihm die Kultur in ihren mythischen, ritualisierten und dauerhaften Aspekten. Mit der Unterhöhlung seiner Gestalt geht die Schwächung der kulturellen Regulation des sozialen Lebens einher. Für die letztere Annahme gibt es eine zwingende Evidenz. Wenn diese Gesellschaft von der partizipatorischen Gerontokratie Abstand nimmt und wenn sie sich von der Rolle der alten Männer als Hüter des Über-Ichs und der Kultur abwendet, bewegt sie sich in die Richtung der Dekulturation. Wenn die Kultur und die Großfamilie nicht mehr von starken Alten aufrechterhalten werden, wird die ungestützte und isolierte Kernfamilie zum Tatort verschiedener Formen der Kindesmißhandlung. Wenn also die Sinn- und Stabilitätskrise, die mit der Dekulturation einhergeht, besondere Konsequenzen für die Alten hat und womöglich sie als erste trifft, wird sie schließlich als ein geteiltes Leiden offenbar, das mit der Zerstörung der Kinder endet. Am Ende könnten wir die Frage nach den älteren Männern dahingehend beantworten, daß wir sie nun für die vitale Aufgabe der "Rekulturation", die jetzt auf uns zukommt, in Anspruch nehmen.

Literatur

Freud S (1913) Totem und Tabu. GW Bd 9

Freud S (1930a) Das Unbehagen in der Kultur. GW Bd 14, S 419-506

Gutmann DL (1969) The country of old men: Cross-cultural studies in the psychology of later life. In: Levine R (ed) Culture and personality: Selected readings. Aldine Press, New York, pp 95 - 122

Gutmann DL (1975) Parenthood. A key to the comparative psychology of life cycle. In: Datan N, Ginsberg L (eds) Life span developmental psychology: Normative life cycles. Academic Press, New York, pp 167 - 184

Hrdy SR (1981) Nepotists and altruists: The behavior of old females among Macaques and Langur monkeys. In: Amoss PT, Harrel S (eds) Other ways of growing old: Anthropological perspectives. Stanford Univ Press, Paolo Alto, pp 59 - 76

Der Mythos vom Tod des Helden: Die Jungsche Psychologie der Männlichkeit

Jeffrey Satinover

Einleitung

Jungs Ansichten zur Psychologie der Männlichkeit unterscheiden sich in einigen grundlegenden Aspekten von den klassisch psychoanalytischen Konzepten. So versprechen Jungs Theorien in einer zwar psychologischen Sprache, aber letztlich doch in einem religiösen Sinne die Erfüllung von Wünschen, während sich die Psychoanalyse ausdrücklich dieses Versprechens enthält. Ein Anhänger der psychoanalytischen Methode hofft auf Verständnis; ein Anhänger der Jungschen "analytischen Psychologie" hofft auf Erlösung. Das größte Interesse der Psychoanalyse galt traditionell den Neurosen, die durch Verdrängung und Abwehr innerhalb eines im wesentlichen schon konsolidierten Selbst charakterisiert sind. Das größte Interesse der Jungschen Psychologie richtete sich neben dem religiösen Erleben mehr auf die schweren psychotischen, Borderline- und narzißtischen Pathologien, deren zentrales Problem in dem Erreichen eines stabilen und geeinten Selbst besteht (Satinover 1980, 1984, 1985a, 1985b).

Obwohl die meisten Freudianer ebenso wie die meisten Jungianer diese Unterschiede als so fundamental hervorheben, daß sie den Versuch einer gegenseitigen Befruchtung unterlassen, gab es unlängst in einigen Interessensgebieten und Forschungsansätzen Übereinstimmung. In dem Maße, in dem sich die Psychoanalyse auf Jungsche Interessensgebiete (wie etwa die frühen, primitiven und schwer gestörten Bewußtseinszustände der Psyche, aber auch die Religion und andere kreative Prozesse) ausgeweitet hat, begannen ihre Konzepte denen der analytischen Psychologie zu ähneln. Tatsächlich sympathisieren psychoanalytische Autoren, die über Narzißmus und Psychosen arbeiten, oft mit Jung, falls sie mit seinem Werk vertraut sind. Die späten Arbeiten von Kohut (1977, 1984) erinnern ebenfalls an Jung. War in Großbritannien Jung bereits bei den Objektbeziehungstheoretikern (Fordham 1984) angesehen, kommen sich heute die Kleinianer und Jungianer in London immer näher. Wie ich bereits früher hervorgehoben habe (Satinover 1985), findet eine starke Antizipation Jungscher Gedanken in den psychoanalytischen Ideen über den Narzißmus, die psychische Spaltung und das fragmentierte Selbst statt, sobald man sie ihrer mystischen Begriffe entkleidet und von ihrem Predigerton absieht. Obwohl er sie als eine allgemeine Psychologie präsentierte, ist die Jungsche Theorie in der Tat eine höchst intuitive Beschreibung des primitiven Ichs, die mit einer Art Heilung in einem religiösen Geist gepaart ist.

Die Verwandlung des Männlichen

Wie Freud vor ihm ging Jung von angeborenen männlichen und weiblichen Komponenten innerhalb einer Persönlichkeit aus. Er sah bei der männlichen Entwicklung die Notwendigkeit, von einer ausschließlichen Identifikation mit männlichen Elementen zu einer Integration des Weiblichen fortzuschreiten. Aus seiner Sicht würde das Erreichen dieser Ganzheitlichkeit symbolisch den Tod des "Helden" beinhalten, jenes Archetypen also, auf dem die konventionelle männliche Identität beruht.

Jung glaubte, daß antike Mysterienkulte, in denen ein Mann einmalig initiiert wurde (wie etwa in den alten ägyptischen Kulten von Isis und Osiris) die Entwicklung der Persönlichkeit in einer Weise wie die moderne Psychotherapie förderten. In einer Kultur wie der unsrigen, so glaubte er, charakterisiert Männlichkteit das "Ego" oder das "Bewußtsein" im Sinne von vorherrschenden Einstellungen, Werten, Zielen und Voranahmen, während das Unbewußte weiblich ist. Dieses Ich oder der Zustand dieses Ichs kann aufgelöst werden, indem es in das Unbewußte eintaucht. Das Ich kann folglich durch die Integration der ehedem unbewußten und in einem hohen Ausmaß weiblichen Impulse transformiert werden. In früheren Zeitaltern war dieser Prozeß wesentlicher Bestandteil des esoterischen Aspekts der Religion und besonders der Initiationsriten des mittleren Lebens. Im Mythos war er symbolisiert durch den Tod des Heldengottes in den Händen der Muttergöttin, der meist seine Zerstükkelung und/oder Kastration und die darauffolgende Wiederauferstehung, Glorifizierung und Unsterblichwerdung herbeiführte.

Jung präsentiert Ideen über die männliche Entwicklung, die der Reifung zum Erwachsenen in der normalen Entwicklung dienlich sind, und versuchte sie als ein besonderes Beispiel einer "Psychologie der zweiten Lebenshälfte" darzustellen. Von einem psychoanalytischen Standpunkt aus betrachtet haben allerdings die großen Mythen von der phallischen und kastrierenden Muttergöttin und ihrem sterbenden und wiedergeborenen Sohn eine große Ähnlichkeit mit Aspekten der präödipalen Entwicklung und Psychopathologie. Obwohl Jung beabsichtigte, seine Ideen als eine Entwicklungspsychologie des Erwachsenenalters zu präsentieren, spiegeln sie die präödipale Psychologie der Regression und besonders der Regression im Dienste des Ichs wider. Als die Psychotherapie ihren Gesichtskreis erweiterte, mußte sie zunehmend die Ubiquität präödipaler Probleme zur Kenntnis nehmen, die tatsächlich weit genug verbreitet sind, um als Norm angesehen werden zu können.[1]

Es gibt genug Gründe, weshalb die Probleme der Selbstheit, wie sie sich in der frühen Kindheit konstellieren, im Übergang zum mittleren Leben wiederauftreten. Individuation, so wie Mahler, Pine u. Bergman (1975) sie beschreiben, ist der Vorgang, durch den das Individuum oder das kohärente Selbst etabliert wird. Individuation, wie Jung sie versteht, ist der Vorgang, durch den unter dem wachsenden Eindruck seiner eigenen Sterblichkeit das Selbst aufgegeben wird. Ein machtvoll abgewehrtes phallisches Omnipotenzerleben, das seinerseits durch eine Reaktionsbildung gegen die Kastrationsangst verstärkt wird, ist vielleicht besonderes Kennzeichen einer "normalen" heroischen männlichen Identität (mehr als der Untergang des Ödipuskomplexes). Kann ein Mann die Sterblichkeit, die er passiv akzeptieren muß, erkennen und sowohl seine präödipalen Kämpfe mit der Omnipotenz als auch seine ödipalen Kastrationsängste im Zuge der Regression wiedererleben, wird er zu einer tieferen Akzeptanz seiner eigenen Weiblichkeit gelangen.

Der Mythos des Gotthelden in der Psychoanalyse

Es existiert eine weit verbreitete anthropologische und psychoanalytische Literatur über die Gestalt des Helden. Jeremias (1918), Briffault (1927), Rank (1914), Neumann (1954) und viele andere Autoren hoben hervor, daß in allen Variationen eine Art "Urmythos" vom sterbenden und wiederauferstandenen Gotthelden auftaucht. Dieser kann folgendermaßen zusammengefaßt werden:

---

[1]Ich glaube nicht, daß narzißtische oder präödipale Störungen heute weiter verbreitet sind als in der Frühzeit der Psychoanalyse. Die religiösen Formen der Bewältigung für diese Art von Problemen sind vielmehr zurückgegangen und wurden durch psychologische ersetzt, so daß auch ihre Präsenz evidenter erscheint (Satinover 1984). In diesem Sinne kommentiert Winnicott (1964) die Jungsche personale Psychopathologie sowie seine psychologischen Konzepte als bezogen auf "Aspekte der psychoanalytischen Theorie, die nunmehr nach einem halben Jahrhundert in die Entwicklung der psychoanalytischen Metapsychologie eintreten" (S. 451). Er fügt hinzu, daß "die Suche nach dem Selbst und einem Weg, sich als real zu empfinden bzw. mehr ein wahres als ein falsches Selbst zu leben, nicht alleine Aufgabe der Schizophrenen ist; sie gilt einem großen Teil der menschlichen Gattung" (S. 455).

Der Held wird von einer heiligen Jungfrau oder von der Muttergöttin selbst geboren. Sein irdischer Vater ist abwesend oder versucht - erschrocken durch die Geburt des Kindes - sich von ihm zu befreien. Das Kind überlebt auf wundersame Weise eine gefährliche Kindheit und wird zu einem frühreifen Retter seines Volkes. Aber er wird in einer Weise verraten, kastriert und zerstückelt, die seine Mutter in seinen Tod hineinzieht. Nichtsdestoweniger wird er durch ihre Hände errettet, unsterblich und göttlich. Der Phallus wird ihm - verändert wie sein glorifizierter Körper - zurückgegeben. In den Riten, die auf diese Mythen zurückgehen, identifiziert sich der Initiand mit dem Leiden, dem Tode und schließlich der Auferstehung des Gottes.

Die ersten analytischen Interpreten der Mythologie betrachteten den Mythos als eine Art Ausdruck des ödipalen Konflikts (Abraham 1909, Reik 1921, Fluegel 1924). Rank (1914) interpretierte so auch die Elemente des Heldenmythos im Sinne einer ödipalen "Familienromanze". Freilich verführten die Aspekte des Heldenmythos, auf die sich Rank (1914) besonders konzentrierte, zu einer solchen Deutung (s. die Geburt des Kindes, die dem Vater als Bedrohung prophezeit wird; die wundersame Rettung von dem selbstverteidigendem Angriff des Vaters und die darauffolgende inzestuöse Vereinigung mit der Mutter). Die weitere Entwicklung im Mythos unterstützt eine solche Interpretation allerdings nicht. Wie Balter (1969) hervorhebt, deutet in vielen dieser Mythen die Macht der weiblichen Figur über den Mann und den Helden als ihren Sohn und Liebhaber auf ihren phallischen Aspekt hin (Frazer 1890). In der Regel ist sie verantwortlich für die Kastration und/oder Verstümmelung des Gotthelden. So muß der Held auch von ihr und nicht etwa vom Vater den Penis und somit seine Ganzheit zurückerhalten. Die weitere Entwicklung im Heldenmythos deutet also auf wichtige Gesichtspunkte der präödipalen Entwicklung hin: Das Motiv der Kastration durch die Mutter zeigt die Gefahren der Passivität auf, und die Bedeutung des Inzestmotivs richtet sich auf die präödipalen Konflikte der Versorgung und Abhängigkeit (Brunswick 1940).

Sowohl in seinen theoretischen Schriften wie auch in der autobiographischen Beschreibung seiner eigenen "Midlife"-Krise setzt Jung (1961) (und später seine Nachfolger) den sterbenden Helden nicht ausschließlich mit dem männlichen Individuum und seiner Psychologie an sich, sondern mit dem in der westlichen Welt vorherrschenden "männlichen" Bewußtseinszustand gleich (Edinger 1980, Perera 1981). Die Jungianer sehen das patriarchalisch männliche Stereotyp als die charakteristische Verkörperung dieses übermächtigen und, wie sie behaupten, sterbenden Systems vorherrschender Werte. Was von einem frühen psychoanalytischen Gesichtspunkt aus als präödipale Pathologie diskutiert wurde, verstehen sie nunmehr als befreiende Akzeptanz des weiblichen innerhalb eines aufgeblähten männlichen Ichs (eine Haltung, die im übrigen mit der gegenwärtigen psychoanalytischen Betrachtung des normalen Narzißmus übereinstimmt). Das Ergebnis dieser Akzeptanz ist ein Ich, das beruhigt und erneuert unter einem Über-Ich ähnlich dem einer Frau, wie es klassich beschrieben wurde, bestehen kann.

Männlichkeit und Weiblichkeit

In der frühen Literatur über die weibliche Psychologie tauchte eine zentrale Frage auf: Gibt es bereits in der präödipalen Zeit eine deutlich unterscheidbare weibliche Psyche? Diejenigen, die behaupteten, daß es keine frühen Unterschiede zwischen Mädchen und Jungen gebe (z.B. Brunswick 1940, Freud 1925, Lampl-de Groot 1927, Riviere 1929), betonten als ein wichtiges Element in ihren Beschreibungen des weiblichen Charakters den sanfteren Übergang von der präödipalen zur postödipalen Entwicklung. Aus dieser Sicht besteht eine wichtige Determinante der Weiblichkeit, sei es bei der Frau oder beim Mann, in einer größeren Zufriedenheit mit Bindung, Passivität und weniger in einer Ablehnung der Mutter bzw. mütterlicher Werte, wie dies beim sogenannten "normalen Mann" der Fall war. Angesichts der Kastrationsangst weist der "normale Mann" die Mutter als Liebesobjekt und mit ihr alle Vorzüge der Passivität zurück, die er ehemals so genossen hat. Wie sein Vater muß er zum Helden werden. (Der homosexuelle Mann hat einen Weg gefunden, die Mutter in seinem Inneren zu bewahren, indem er in die phallische Phase zurückkehrt. In einer der Psychologie der Frau sehr ähnlichen Weise wird der homosexuelle Mann in der phallischen Form viele präödipale Adaptationsmöglichkeiten beibehalten.)

Die klassischen Abhandlungen der frühen Psychoanalyse zu einer weibliche Psychologie präsentierten eine abschätzige Sichtweise von Weiblichkeit sowohl bei Männern als auch bei Frauen. Ähnlich wurde die Regression fast ausschließlich mit pathologischen Begriffen beschrieben. Wenn Freud (1925j, S. 29) das weibliche Über-Ich als "niemals so unerbittlich, so unpersönlich und so unabhängig von seinen affektiven Ursprüngen, wie wir es von einem Manne fordern", beschreibt, so könnten wir denken, daß er es schätzt. Aber er fährt fort:

> Charakterzüge, die die Kritik seit jeher dem Weibe vorgehalten hat, daß es weniger Rechtsgefühl zeigt als der Mann, weniger Neigung zur Unterwerfung unter die großen Notwendigkeiten des Lebens, sich öfter in seinen Entscheidungen von zärtlichen und feindseligen Gefühlen leiten läßt, fanden in der oben abgeleiteten Modifiaktion der Über-Ich-Bildung eine ausreichende Begründung (S. 29).

Nur schwerlich kann man den Wert der Freudschen Einsicht in die weibliche Entwicklung ohne ihren verächtlichen oder vielleicht viktorianischen Beigeschmack beibehalten. Daß das weibliche Über-Ich weniger streng als sein männliches Gegenstück sei und deswegen weniger nach

Gerechtigkeit verlange, mag tatsächlich unseren modernen Ohren weh tun, die nun einmal durch die nukleare Vernichtung bedroht sind, wie einstmals die des Aristophanes mehr von einem Segen berührt als von einem Fluch getroffen waren.[2] Und schließlich verstand Freud das längere Verharren in präödipalen und weiblichen Motiven als Teil einer normalen und kontinuierlich progressiv verlaufenden Entwicklung. Bei Männern jedoch wird im allgemeinen die Verinnerlichung eines substantiellen Grades an Weiblichkeit und das damit einhergehende sanftere Über-Ich als eine regressive Antwort auf die Kastrationsangst und präödipale Fixierung gedeutet. Halten wir uns hier die Regression im Dienste des Ichs vor Augen, können wir uns eine flexible Variante der männlichen Entwicklung vorstellen, die weder das Weibliche so entschieden zurückweist noch so verhängnisvoll inkorporiert, wie es in den klassischen Beschreibungen hetero- oder homosexueller Männer geschieht. Loewald (1978) behauptet in einem anderen Kontext eloquent:

> In der Psychoanalyse mußte der Begriff der "Regression im Dienste des Ichs" erfunden werden, um der Einsicht gerecht werden zu können, daß die Ich-Entwicklung nicht in einer geraden Linie voranschreitet und nicht in einer Bewegung besteht, die sich mehr und mehr vom Es entfernt (S. 22-23).
>
> Was zählt, ist die lebendige Kommunikation, die gegenseitige Gestaltung und Übereinstimmung auf den verschiedenen Ebenen des psychischen Erlebens (S. 31).
>
> Die Spannweite und der Reichtum des menschlichen Lebens sind direkt proportional zum gegenseitigen Austausch zwischen diesen verschiedenen seelischen Phasen und Ebenen. ... Was in solch frühen Phasen primitiv oder archaisch erscheint, verliert diesen Charakter, wenn es nicht isoliert oder zu sehr von einem Standpunkt des bewußten oder rationalen Denkens aus betrachtet wird. Letzteres ist eine späte Entwicklung, die die Perspektive, das Verständnis und die ganze Spannbreite menschlicher Handlungen, Gefühle und Gedanken solange begrenzt und auslaugt (Freud spricht von einem verkümmerten Überbleibsel), bis es wieder in Koordination und Kommunikation mit jenen Erfahrungsmodi zurückgebracht wird, die ihre Wurzel und vielleicht auch ihr ultimatives Ziel sind (S. 61).

Es ist diese Art der Wiedereingliederung eines verlorenen Erfahrungsmodus, an dem sich die Jungschen Theorien einer männlichen Entwicklung orientieren.

---

[2]Der Autor der "Lysistrata", ein Zeitgenosse des Sophokles, beschreibt in seinem Stück, wie Frauen und eine Göttin das Land der Griechen von der Kriegsführung der Männer befreiten.

Die Integration der "Anima"

Jungs (1950) Konzeption der "Anima" oder des weiblichen Teils der männlichen Persönlichkeit ist ein typisches Beispiel für die Konzeptualisierung der Psyche, die sehr verschieden von der klassisch psychoanalytischen Metapsychologie ist. Wie Jung erklärt, gibt er der dramatischen, mythologischen Art zu denken und zu sprechen der abstrakten und wissenschaftlichen Terminologie gegenüber den Vorzug, weil sie nicht nur ausdrucksvoller, sondern auch genauer ist (1950). Jung betrachtete die vorherrschenden Bilder des Mythos wie Personen und auch Götter als Personifikationen von Teilen des Selbst. Freud wandte sich emsig dagegen, als Jung ihm seinen Ansatz vorstellte (s. Freud 1911; Jung 1911, 1912) und als 1909 Silberer ihm einen ähnlichen Vorschlag zum Verständnis von Träumen machte.

Es ist verständlich, daß Freud Einwände gegen die "subjektive" Interpretation des symbolischen Materials hatte. Daß Jung die Götter und Helden im Mythos, in der Phantasie und in der Literatur als Personifikationen betrachtete, entsprach der Theorie der psychischen Dissoziation und somit einer Art des Unbewußten, die sehr verschieden von Verdrängung und dem dynamischen Unbewußten ist (Winnicott 1964, Satinover 1985). In einer neuerlichen Variante desselben Ansatzes implizieren Kohuts "vertikale Spaltungen in der Psyche" und die "Selbstzustandsträume" eine ganz andere psychologische Theorie als die der strukturellen Psychoanalyse.

Die "Anima" ist eine solch typische Personifikation oder archetypische Imago. Das universell wiederkehrende Bild der Frau ist das der eigenen Weiblichkeit des Mannes, das auf die Frau als Person projiziert wird. Nach Jung ist die Imago selbst struktureller Bestandteil der Psyche. So ersetzen in seinem Modell emotional gefärbte Personifikationen, die in der Imagination erlebt werden, die Abstraktionen der psychoanalytischen Metapsychologie. Behandelt man die Personifikation als eine Einheit, wird die Aufmerksamkeit von jenen Faktoren, die sie hervorgebracht haben, abgezogen. Wie wenn man einen Charakter in einem Theaterstück betrachtet, schaut man auf der einen Seite auf seine Rolle innerhalb der Psyche als Ganzes und auf der anderen Seite auf seine Beziehung zu den anderen Akteuren. (Jung bezeichnet diese als subjektive und objektive Interpretationsebenen der Imago; 1921). Jungs archetypische Imago beschreibt nahezu dasselbe Phänomen wie die objektbeziehungstheoretischen Begriffe des "Introjekts" und der "undifferenzierten Selbstobjekt-Repräsentanz". Für Jung ist weniger ausschlaggebend, wie sie auftreten. Er nimmt sie als angeboren an. Aus psychoanalytischer Sicht existieren sie jedoch als nicht integrierte Teile des Selbst, die während oder im

Zuge der Regression auf präödipale Entwicklungsphasen auftreten und die der Etablierung des ganzen Selbst vorangehen.

Jungs Beschreibung der Anima wird besonders deutlich, wenn er sich einem Typ der Psychopathologie zuwendet, dessen Folgen besonders schwer sind: der junge Mann mit einem Mutterkomplex, der *puer aeternus* oder der "ewige Jüngling" (Jung 1936, Satinover 1980). Diese Persönlichkeit zeichnet sich durch präödipale Abhängigkeitskonflikte aus und ist einem Typ des modernen amerikanischen Mannes, über den man in der populären Literatur einen ganzen Chor kritischer Stimmen liest, nicht unähnlich. In der Jungschen Beschreibung klingt dies folgendermaßen:

> Sein Eros ist passiv wie der eines Kindes; er hofft aufgefangen, aufgesogen, verhüllt und verschlungen zu werden, Er sucht gewissermaßen den schützenden, nährenden Bannkreis der Mutter, den jeder Sorge enthobenen Säuglingszustand, in welchem die Umwelt zu ihm kommt und ihm sein Glück aufzwingt. Kein Wunder daher, daß ihm die wirkliche Welt entschwindet. ... Man sieht nicht selten neben dem Söhnchen eine Mutter, der es nicht im geringsten daran zu liegen scheint, ihren Sohn zum Mann werden zu lassen, die, unermüdlich und aufopfernd, besorgt, nichts außer acht läßt, was dem Sohn am Mannwerden und am Heiraten hindern könnte. ... Er möchte Wirkliches berühren, die Erde umarmen und den Acker der Welt befruchten. Er nimmt aber nur ungeduldige Anläufe, denn die geheime Erinnerung daran, daß man die Welt und das Glück auch geschenkt bekommen kann - nämlich von der Mutter - lähmt seine Stoßkraft sowohl wie seine Ausdauer. ... Denn mit letzterer Beziehung erfüllt sich der ebenso hochaltertümliche wie hochheilige Archetypus der Hochzeit von Mutter und Sohn (Jung 1950, S. 20-21).

Jung fährt mit einer kurzen Erklärung zur Metapsychologie dieses Phänomens fort:

> Der projektionsbildende Faktor im Falle des Sohnes ist identisch mit der Mutterimago, und diese wird daher für die wirkliche Mutter gehalten. ... Der projektionsbildende Faktor ist die Anima bzw. das Unbewußte, welches durch die Anima vertreten ist. Sie tritt, wo sie erscheint, in Träumen, Visionen, Phantasien, personifiziert auf und bekundet damit, daß der ihr zugrundeliegende Faktor alle hervorstechenden Eigenschaften eines weiblichen Wesens besitzt (Jung 1950, S. 21-22).

Jung bespricht die "Heirat von Mutter und Sohn" nicht mit sexuellen, ödipalen Begriffen. Der "Inzest" wird vielmehr durch den Wunsch nach Passivität, Schutz und Versorgung beherrscht. In einem solchen Fall bezeichnete Jung (1911, 1912) das Bild des Inzests als eine Metapher für den infantilen Zustand von Abhängigkeit und Passivität.[3] Der "heilige Archetyp" des Mutter-Sohn-Inzests ist somit eine Darstellung präödipaler

---

[3]Dies ist vergleichbar mit Kohuts These, daß der Ödipuskomplex nur als Konsequenz, als eine Art Leinwand bzw. symbolische Darstellung präödipaler Kämpfe um die Selbstdifferenzierung angesehen werden kann (Kohut 1984).

Ereignisse, die eng mit der Kastration durch die Mutter verbunden sind. Jung diskutiert an anderer Stelle das Beispiel eines jungen Mannes mit einem "hochgradigen Mutter- und Kastrationskomplex":

> Er war vom Kindheitsolymp heruntergefallen und war nicht mehr der Heldensohn einer göttlichen Mutter. Seine Kastrationsfurcht war die Furcht vor dem wirklichen Leben, das in keiner Weise der kindlichen Urerwartung entsprach und überall jenes mythologischen Sinnes entbehrte, dessen er sich doch von seiner frühesten Jugend her dunkel erinnerte. ... Er kam sich selbst kastriert vor (Jung 1936, S. 83).

Jungs Behandlungsansatz stimmt mit der synthetischen Weise überein, mit der er das Unbewußte beschrieb. Die Heilung wird nicht in der analytischen Reduktion des "nicht metabolisierten Introjekts" (der phallischen Mutter) gesucht, sondern in der weiteren Synthese von nicht integrierten Aspekten des Anima-Bildes:

> Die Projektion (der Anima-Imago auf die Mutter) kann nur aufgelöst werden, wenn er einsieht, daß es in seinem seelischen Bereich eine Imago der Mutter gibt, und nicht nur dieser, sondern auch der Tochter, der Schwester und der Geliebten, der himmlischen Göttin und der chtonischen Baubo, überall gegenwärtig als alterloses Bild, und daß jede Mutter und jede Geliebte Trägerin und Verwirklicherin dieser gefährlichen Spiegelung ist, welche dem Wesen des Mannes zutiefst eignet (Jung 1950, S. 21).

Die Projektion - oder wie in diesem Fall vielmehr die projektive Identifikation - wird durch die Spaltung aufrechterhalten; die Zurückweisung der Projektion, die Synthese also, ist gleichzeitig die Erkennntnis, daß die Imago zu gleichen Teilen aus liebenden, anziehenden, aggressiven und hassenden Komponenten zusammengesetzt ist. Dies spiegelt erneut die Tatsache wider, daß Jung mit seiner Theorie der Anima selbst dort, wo er sie auf normale Erwachsene bezog, primitive Formen der psychischen Organisation oder Abwehr beschrieben hat.[4]

Jung beschreibt mit diesen Fällen junge Männer, deren schwere Abhängigkeitskonflikte seit der Kindheit fortbestehen und die noch nicht erwachsen geworden sind. Bei ihnen treten die pathologischen Folgen einer dauernden infantilen Bindung an das Weibliche am deutlichsten

---

[4] Im oben beschriebenen Fall präsentierte der Patient einige Zeichnungen, auf denen die Mutter als übermenschliches Wesen dargestellt wird. Später bezeichnete er sie ausdrücklich als kastriert und infolge dieser Verstümmelung als geschwächt. Jung deutete dies als eine direkte (metaphorische) Darstellung der Enttäuschung, die der Sohn durch die Mutter erfahren hatte. Es stimmt mit Brunswicks Ideen (1940) überein, daß diese Enttäuschung auch eine Abwehr gegen das persistierende Bild der phallischen Potenz, das er seiner Mutter zugeschrieben hatte, darstellt. Seine Kastration durch sie stimmt auf der anderen Seite mit einer Reihe von Heldenmythen - wie etwa über Perseus und Medusa (s. Balter 1969) - überein, die als Bewältigung der eigenen Passivität des Sohnes erscheinen.

hervor. Diese Beschreibungen erinnern an seine frühen Analysen (1911, 1912) des psychotischen Prozesses (s. aber auch Perry 1976). Man kann sagen, daß man beim psychotischen Prozeß und auch bei weniger schweren Fällen von Ich-Störungen oder pathologischem Narzißmus einen besonders klaren Einblick ins Unbewußte und in mythenartige Phantasien bekommt, die symbolisch die Beziehung des Ichs zu der Matrix, aus der es hervorging, repräsentieren.

Das Hauptinteresse der späteren Arbeiten Jungs galt, wie bereits erwähnt wurde, nicht so sehr den Formen schwerer Psychopathologie, sondern vor allem der normalen Entwicklung des Erwachsenen. In Hinblick auf Männer glaubte er, daß ein notwendiger Aspekt der Entwicklung im mittleren Leben in der Rückkehr bzw. einer gesunden Regression zu lang vergessenen Wünschen und Konflikten besteht, die durch die präödipale Mutter erweckt worden waren.

Intimität und Generativität

Der Gottheld ist mit der Göttin, seiner Mutter, verstrickt. Er reicht ihr seinen Phallus und ist somit kastriert und stirbt. Daraufhin wird das Organ der Zeugung verwandelt und ihm zurückgegeben. Sein Leben ist erneuert. Diese mythopoeische Formulierung einer grundlegenden und immer wiederkehrenden menschlichen Erfahrung kann mit den modernen Worten eines Erik Erikson zusammengefaßt werden:

> Die Fähigkeit, sich in der Begegnung von Körper und Seele hinzugeben, führt zu einer allmählichen Erweiterung der Ich-Interessen und zu einer libidinösen Besetzung dessen, was gezeugt wurde. (1963, S.261)

Die im allgemeinen unterbewertete Fähigkeit, mit anderen ebenso wie mit dem Unbewußten zu verschmelzen und dann wiederaufzutauchen, war immer bezeichnender für Frauen als für Männer und ist vermutlich die Ursache ihres weniger diskontinuierlichen Erlebens der ödipalen Phase. Aus diesem Grunde übernimmt das Weibliche auch meist die Führung in den Beziehungen. Aber nach Erikson ist die Fähigkeit, sich selbst im anderen zu verlieren, ein notwendiger Aspekt der Entwicklung zum Erwachsenen bei beiden Geschlechtern. In den meisten Fällen gelingt es wahrscheinlich dem jungen, postadoleszenten Mann eher als der Frau, eine starke, heroische Identität zu entwickeln. Er zeigt sein Heldentum in solchen Teilen des Selbst, die er willentlich seiner Karriere opfert. Die junge Frau verzichtet eher als er darauf. In diesen mittleren Lebensphasen, deren Entwicklungsaufgaben Erikson (1963) mit den Stichworten "Intimität versus Isolierung" und "Generativität versus Stagnation" kennzeichnet, gewinnt das Weibliche bei Männern und Frauen mehr und mehr Einfluß. Dies kann von einem Mann als schmerzvoller Tod und als Verwandlung des Helden in ihm sowie besonders seiner phallischen Natur erlebt werden. In ihrer Frühzeit nahm die Psychoanalyse an, daß die Frau sich in einer intimen sexuellen Beziehung, in der Zeugung und der Aufzucht von Kindern den Phallus "erwirbt", den sie begehrte. Es darf in gleicher Weise für den Mann gelten, daß die Aufgabe des Phallus für eine Frau, oder vielleicht für eine Muse, die Vorbedingung für Produktivität, Kreativität und Generativität darstellt.

Eine Zusammenfassung der Jungschen Psychologie des Mannes aus psychoanalytischer Sicht mag folgendermaßen aussehen: Frühe Störungen des Selbst resultieren aus der mangelhaften Bewältigung des ödipalen Konflikts und einer Fixierung an die phallische Phase, zu der eine Regression erfolgt. Die mächtige, archaische Mutter-Imago besteht bis ins Erwachsenenalter fort und erscheint gespalten in fürsorgliche und destruktive Aspekte. Unter dem Druck der Krise des Selbst im mittleren Leben kann der gesunde Mann auf dem Wege der Regression eine ähnliche Instabilität des Selbst ebenso wie jene primitiven Formen des Mütterlichen, von denen er sich früher abgewandt hatte, erleben. Weil er dieser Regression mit einem erwachsenen Ich und oft innerhalb einer intimen Beziehung zu einem geliebten anderen begegnet, sind ihre Folgen vielleicht heilsam. Er wird das Weibliche eher integrieren als ablehnen, von der Intimität folglich zur Generativität voranschreiten und die weibliche Fähigkeit entwickeln, sich im anderen und um des anderen willen zu verlieren.

Literatur

Abraham K (1909) Traum und Mythos. Eine Studie zur Völkerpsychologie. Schriften zur Angewandten Seelenkunde 4: 1-73

Balter L (1969) The mother as source of power: A psychoanalytic study of the Greek myths. Psychoanal Q 38: 217-374

Briffault R (1927) The mothers: A study of the origins of sentiments and institutions. Macmillan, New York

Brunswick R (1940) The preoedipal phase of the libido development. In: Fliess R (ed) (1948) The psychoanalytic reader. Int Univ Press, New York, pp 261-284

Edinger E (1972) Ego and archtype. Putnam and the C. G. Jung Foundation of Analytic Psychology, New York

Erikson E (1963) Childhood and society. Norton, New York (Dt.: Kindheit und Gesellschaft. Klett, Stuttgart)

Fluegel J (1924) Polyphallic symbolism and the castration complex. Int J Psychoanal 5: 155-196

Freud S (1911) Brief an C. G. Jung. In: Freud S, Jung CG (1974) Briefwechsel. Fischer, Frankfurt am Main

Freud S (1925j) Einige psychische Folgen des anatomischen Geschlechtsunterschieds. GW Bd 16, S 17-30

Jeremias A (1918) Allgemeine Religionsgeschichte. Piper, München
Jung CG (1911 1922) The psychology of the unconscious. Moffat, Yard, New York
Jung CG (1921) Psychologische Typen. (Gesammelte Werke Bd 6. Walter, Olten Freiburg i Br.)
Jung CG (1936) Über den Archetypus mit besonderer Berücksichtigung des Animabegriffs. GW Bd 9
Jung CG (1950) Die Szyzygie: Anima und Animus. GW Bd 9
Jung CG (1960) Memories, dreams and reflections. Pantheon, New York
Kohut H (1977) The restoration of the self. Int Univ Press, New York (Dt.: 1979 Die Heilung des Selbst. Suhrkamp, Frankfurt am Main)
Lampl-De Groot J (1927) Zur Entwicklungsgeschichte des Ödipuskomplexes der Frau. Int Z Psychoanal 13
Loewald H (1978) Psychoanalysis and the history of the individual. Yale Univ Press, New Haven
Mahler M, Pine F, Bergman A (1975) The psychological birth of the human infant. Basic Books, New York (Dt. 1978: Die psychische Geburt des Menschen - Symbiose und Individuation. Fischer, Frankfurt am Main)
Neumann E (1954) The origins and history of the individual. Yale Univ Press, New Haven
Perera S (1981) Descent to the goddes. Inner City Books, Toronto
Perry J (1976) Roots of renewal in myth and madness. Jossey-Bass, San Francisco
Rank O (1914) The myth of the birth of the hero, Robert Brunner, New York
Reik T (1921) Oedipus and the Sphinx. Br J Med Psychol 1: 181-194
Riviere J (1929) Womanliness as a masquerade In: Ruitenbeek H (ed) (1966) Psychoanalysis and female sexuality. College Univ Press, New Haven, pp 209-220
Satinover J (1980) Puer aeternus: The narcissistic relation of the self. Quadrant 13: 75-108
Satinover J (1984) The mirror of Dr. Faustus: The decline of art in the pursuit of eternal adolescence. Quadrant 17: 23-38
Satinover J (1985) Jung's lost contribution to the dilemma of narcissism. J Amer Psychoanal Ass 34: 401-438
Winnicott DW (1964) Review to C. G. Jung's "Memories, dreams and reflections". Int J Psychoanal 45: 450-455

Phantasien männlicher Collegestudenten: Früher und Heute

Phebe Cramer

Einleitung

Die heutige akademische Jugend kam zu Beginn der 70er Jahre gerade in den Kindergarten, als sich Eltern und Erzieher zunehmend der Auswirkungen früher Sozialisation und traditioneller, geschlechtsbezogener Rollenstereotypien bewußt wurden. Es war dies die Periode feministischer Bewußtwerdung und des Aktivismus gegen die sexuelle Diskriminierung. Die gegenwärtige Collegegeneration, die auf dem Höhepunkt dieser bedeutenden Veränderungen aufgewachsen ist, reifte Mitte der 80er Jahre zur ersten Generation der "neuen Männer" und "neuen Frauen" heran.

Das Anliegen dieses Beitrags besteht nun darin zu erforschen, wie sich der kulturelle Wandel in den Geschlechterrollen und den Beziehungen zwischen Mann und Frau auf einen wichtigen Aspekt des psychischen Erlebens von Männern ausgewirkt hat, nämlich auf das Phantasieleben von Männern im Collegealter. Einen besonderen Schwerpunkt bilden die Einstellungen der Männer den Frauen gegenüber, so wie sie auf der Phantasieebene zum Ausdruck kommen. Im Hinblick auf diese Fragestellung bilden Collegestudenten insofern eine ergiebige Forschungspopulation, als Tagträume einen aktiven und emotional bedeutsamen Teil ihres geistigen Lebens ausmachen. Verschiedene Studien zeigten unter Zuhilfenahme großangelegter Skalierungen, daß Spätadoleszente und Jugendliche mehr als jede andere Altersgruppe fruchtbare Tagträumer sind, deren Phantasieproduktion relativ leicht zu erheben und zu erforschen ist. So fanden Singer u. Antrobus (1966, 1975), daß nahezu jeder Collegestudent von Tagträumen berichten konnte. Giambra (1979) berichtet von ähnlichen Befunden bei jungen Männern im Alter von 17 bis 24. Viele von ihnen seien gewohnheitsmäßige Tagträumer, oder sie seien so sehr mit dem Inhalt ihrer Phantasien beschäftigt, daß er in die Realität eindringe. Wie nicht anders zu erwarten, betreffen die Tagträume der Männer ihre Zukunft, aber gleichermaßen ihre Vergangenheit. Sie betreffen die Angst vor Versagen und Schuld sowie sexuelle Beziehungen.

Ein interessanter Ansatz bei der Erforschung des Wandels männlicher Phantasien kann durch die Neubetrachtung von Forschungsstudien über Collegestudenten gewonnen werden, die vor 20 bis 50 Jahren veröffentlicht wurden und die dazu geeignet sind, heute an einer einigermaßen vergleichbaren Stichprobe repliziert zu werden. Zu diesem Zweck habe ich 3 bekannte Studien ausgesucht, die ausreichendes Datenmaterial für einen sinnvollen Vergleich bieten. Die erste Studie, die "Dramatic Construction Task", bezieht sich auf die Phantasien von Harward-Studenten, die anhand der Konstruktion dramatischer Szenen erhoben wurden, so wie dies in Henry Murrays *Explorations in Personality* (1938) und davon unabhängig von Erik Erikson (s. Homburger 1937) berichtet wurde. Die zweite Vergleichsstudie bedient sich - ähnlich wie der thematische Apperzeptionstest (TAT) - einer projektiven Methode, wie sie ursprünglich von Robert May vor 20 Jahren bei Harward-Studenten angewendet wurde und die dazu diente, charakteristische, geschlechtstypische Phantasien von Männern und Frauen zu erheben. Es erschien mir sinnvoll, diesen beiden Studien über Phantasien im Wachzustand eine dritte Vergleichsstudie hinzuzufügen, die das Phantasiematerial des manifesten Trauminhalts bei Männern untersucht. Zu diesem Zweck habe ich eine ausführliche Sammlung von Träumen ausgesucht, die in den späten 40er Jahren zusammengestellt wurde (*The Content Analysis of Dreams*, Hall u. van der Castle 1966). Die standardisierten Scoringkriterien können auf die Träume zeitgenössischer Collegestudenten angewendet werden.

Um dieses Forschungsvorhaben durchzuführen, wurde eine Vergleichsstichprobe von Collegestudenten ausgewählt, die ihrerseits einen randomisierten Querschnitt von Studenten einer liberalen Hochschule an der amerikanischen Ostküste repräsentierte. Das Fächerangebot reichte von den Naturwissenschaften bis zur Kunst und Literatur. Obwohl alle Vergleiche notwendigerweise nicht formal durchgeführt werden konnten, ist es sehr interessant, daß sich bestimmte, wichtige Unterschiede zwischen den früheren und den gegenwärtigen Gruppen auf jedem der Gebiete der Phantasieproduktion etabliert haben. Die 3 Erhebungsansätze sollen sich gegenseitig ergänzen und einige bedeutsame Veränderungen in den Beziehungen zwischen jungen Männern und Frauen heutzutage aufzeigen.

Tagträume männlicher Collegestudenten

Dramatic Play Construction

Die erste Reihe von Studien über die zu erörternden männlichen Phantasien wurde anhand der "Dramatic Play Construction Task" gewonnen und in der vorliegenden Studie so weit wie möglich mit 20 Collegestudenten wiederholt. Bei diesem Vorgehen steht jedem Studenten eine Auswahl gewöhnlichen Kinderspielzeugs, das ihm von Kindheit an vertraut war, sowie ein Tisch, auf dem eine dramatische Szene dargestellt werden sollte, zur Verfügung. Das Spielzeug besteht aus typischen menschlichen Gestalten: Vater, Mutter, Sohn, Tochter, einem sehr kleinen und einem jugendlichen Mädchen sowie einem Polizisten. Ebenso stehen andere Gegenstände wie Klötze, Haushaltsgegenstände, Autos, Tiere sowie ein Satz kleiner Cowboys zu Verfügung. Die Versuchspersonen werden gebeten, eine dramatische Szene, so wie sie in einem beweglichen Bild entstehen würde, darzustellen. Sie werden für eine Viertelstunde im Untersuchungsraum alleingelassen, dabei durch eine Einwegscheibe beobachtet und anschließend gebeten, ihre Szene zu erklären. Typischerweise benutzt die große Mehrheit der Männer männliche und weibliche, erwachsene und kindliche Figuren sowie Klötze und Motorfahrzeuge. Unter den Männern sowohl der früheren als auch der gegenwärtigen Untersuchungsgruppe gab es einige wenige, die Szenen produzierten, in denen sich praktisch nichts Dramatisches ereignete. Vielleicht führte bei diesen Personen, wie Erikson vermutete, das Bedürfnis, aufsteigende Gefühle abzuschneiden, dazu, jede kreative Reaktion zu unterdrücken.

Der Vergleich der beiden Gruppen von Männern zeigt, daß das am häufigsten gefundene Thema ihrer Dramenkonstruktion ein aktueller oder gerade noch vermiedener Autounfall war (59 % der früheren Stichprobe; 45 % der heutigen Stichprobe.) Allerdings erscheint zwischen den Männern heute und denen vor 50 Jahren ein bedeutsamer Unterschied: das Geschlecht der Person, die in den Unfall verwickelt oder von ihm bedroht ist. Bei der früheren Gruppe zeigten erstaunliche 82 % der Darstellungen Frauen, die irgendwie bedroht, verletzt oder getötet wurden, während nicht eine einzige Darstellung zu dieser Zeit einen Mann in einer solchen Situation präsentierte. Wie Erikson kommentierte, könnte man die typische dramatische Phantasie von Collegestudenten der 30er Jahre so zusammenfassen: "Laß ruhig etwas passieren, aber laß es einem Mädchen passieren!" (s. Homburger 1937, S. 199). In der heutigen Stichprobe wurde ein ebenfalls bemerkenswertes, aber genau entgegengesetztes Muster gefunden. Nun wurden bei 65 % der Darstellungen einer oder mehrere männliche Charaktere verletzt oder getötet; in nur einer einzigen Szene wurde ein Mädchen zusammen mit dem Vater verletzt. (Dieses Muster erschien sogar bei den Tieren: 1938 war ein Opfer der Hund eines Mädchens; in der heutigen Studie wurde der Hund eines Jungen verletzt.) Die zentrale Phantasie der derzeitgen Gruppe könnte somit folgendermaßen umschrieben werden: "Wenn etwas passiert, passiert es einem Mann!"

Zwei andere signifikante Muster, die bei den heutigen Darstellungen auftauchen, scheinen für das Erleben heutiger Collegestudenten relevant zu sein. Erstens stellten bestimmte dramatische Szenen in auffälliger Weise eine Gruppe von Männern dar, die in allgemeiner Unternehmungslust dabei waren, irgendwelche Blockkonstruktionen zu errichten. So bauten beispielsweise in einer dieser ausschließlich männlichen Szenen die Arbeiter einen Atzteken- oder Inkatempel, der in den Himmel ragte; oder sie gruben einen Minenschacht in die Erde. Es herrscht ein bezeichnendes Gefühl männlicher Kameraderie in diesen Phantasien, selbst wenn sie negative Konsequenzen beinhalten sollten. Dies hebt sie geradezu ab von anderen gemischten oder Familienszenen. Zweitens tauchten in mehr als einem Drittel der von heutigen Versuchspersonen dargestellten Szenen Personen auf, die sich in einer Situation psychischer Isolation befanden. In einem Fall rebellierte die mütterliche Figur gegen ihre Rolle als Dienerin der Familie, forderte Beachtung und rief somit das Mißfallen der männlichen Familienmitglieder hervor. In einer noch stärkeren Szene sagte ein Teilnehmer, "daß es sich um eine Mutter handelte, deren Mann nicht bei ihr zu Hause war. Es war ein Gefühl der Sehnsucht, aber ebenso des Gefangenseins und der Einsamkeit. ... Etwas, das vielleicht zur Scheidung führen würde." In anderen Beispielen war es der männliche Darsteller, der Isolation und Entfremdung erleiden mußte. In dem beeindruckendsten dieser Beispiele "kam der hart arbeitende, aber nicht sehr erfolgreiche Ehemann spät abends heim. Alles, selbst der Hund, schlief. Ein kaltes Abendessen stand für ihn bereit. ... Er entschied, daß das Leben wirklich nicht lebenswert war. ... Er brachte sich um."

Wie können wir nun den dramatischen Wandel erklären, der sich bei den männlichen Phantasiekonstruktionen von der Frau als Opfer zum Mann als Opfer vollzogen hat? Vor 50 Jahren hat Erikson die Gewalt gedeutet, die gegenüber den Frauen, besonders gegenüber denen, die als kleines Mädchen wahrgenommen wurden, ausgedrückt wurde. Sie resultierte, so nahm Erikson an, aus der Frustration der intrusiven Komponente der männlichen Sexualität, wie sie den sexuellen Verboten jener Zeit entsprach. Von diesem Standpunkt aus betrachtet könnte das derzeitige Verschwinden des weiblichen Opfers aus der zunehmenden sexuellen Freiheit resultieren und folglich den offeneren Ausdruck der männlichen Sexualität anzeigen. Allerdings scheint diese Erklärung kaum mit dem erheblichen Zuwachs an männlichen Opfern übereinzustimmen und bedarf weiterer Klärung.

Projektive Erzählungen

Der zweite Typ von Vergleichsstudien verwendet standardisierte TAT-Tafeln mit dem Ziel, geschlechtsspezifische Phantasiegeschichten hervorzubringen. Dieser Forschungsansatz wurde von Robert May (1966) eingeführt und in seinem Buch *Sex and Phantasy* (1980) weiterentwickelt. Ich selbst habe ihn in Studien über die Phantasien der Kindheit, der Adoleszenz und des Erwachsenenalters verwendet (Cramer 1975, 1979; Cramer u. Carter 1978). Bei dieser Methode wird Teilnehmern beiderlei Geschlechts das Bild von einem Mann und einer Frau gezeigt, die sich auf dem Trapez in den oberen Regionen eines Zirkuszeltes schwingen. Nachdem sie das Bild für einige Minuten angeschaut haben, werden sie darum gebeten, eine kurze Geschichte aufzuschreiben, die erzählt, wie es zu der dargestellten Situation gekommen ist, was weiterhin passieren wird, was die Darsteller denken und fühlen und wie die Geschichte schließlich enden wird. In der Studie von May (1966), die vor 20 Jahren mit Harward-Studenten durchgeführt wurde, unterschieden sich die von Männern und Frauen hervorgebrachten Phantasien insgesamt in einer typischen Weise. Die typisch männliche Geschichte begann auf dem Höhepunkt eines relativen Erfolgs, von Leistung und positivem Affekt. Nach einem dramatischen Wendepunkt aber nahm die Geschichte einen negativen Verlauf und führte zu Enttäuschung, Versagen oder Tod und schließlich zu einem negativen Affekt. Im Gegensatz dazu war das typisch weibliche Muster im wesentlichen umgekehrt: Es begann mit einem relativen Tiefpunkt, und die Auflösung erfolgte in eine positive Richtung. Dem Mayschen Evaluationsverfahren entsprechend erreichte das männliche Muster einen negativen und das weibliche Muster einen positiven Wert.

Für die vorliegende Vergleichsstudie wurden in einer 1974 durchgeführten Baselineerhebung 100 fortgeschrittene Studenten derselben Hochschule an der Ostküste untersucht (Johnson 1974). Zum Zeitpunkt ihrer Aufnahme war die Hochschule ausschließlich für Männer zugänglich und hatte eine stark männlich orientierte Tradition. Die Studie bestätigte die früheren Befunde von May und brachte ein typisch männliches Phantasiemuster hervor. Hier sind Auszüge aus zwei solcher Geschichten. In der ersten "sind Jill und John seit drei Jahren Darsteller in dem Zirkus. Heute aber gibt es eine besondere Vorführung für den Präsidenten der Vereinigten Staaten. An einem kritischen Punkt der Vorführung holt John nach Jill aus. Er bekommt Angst. Er schafft es nicht, die Nummer zu beenden, und Jill muß an fürchterlichen Konsequenzen leiden" (Bewertung: -4). In der zweiten Geschichte führt ein Paar - beide waren als Teenager von zu Hause fortgelaufen - den Hochseilakt vor. Sie lieben die Aufregung, und es kümmert sie nicht, daß sie sich bereits die meisten Knochen gebrochen haben. Im Fortgang der

Geschichte haben beide außereheliche Beziehungen und planen jeweils, den anderen fallen zu lassen. Beide befürchten dies vom anderen. (Bewertung: -3).

Ein bedeutsamer Vergleich konnte angestellt werden, indem die Studie von 1974 im Jahre 1984 mit männlichen Studenten derselben Hochschule mit einem ähnlichen sozioökonomischen Hintergrund wiederholt wurde. Was diesen Vergleich so interessant macht, ist, daß an dieser Hochschule im vergangenen Jahrzehnt neben Männern auch Frauen zugelassen wurden. Es gab nunmehr dieselbe Anzahl von Männern und Frauen und nur noch wenige Anzeichen der vornehmlich männlichen Tradition. Einige Befunde sind bemerkenswert. Zunächst zeigten die Collegestudenten weiterhin das typisch männliche Muster, allerdings nicht in so krasser Weise wie die frühere Gruppe von Studenten (Bewertung der heutigen Stichprobe: - 0,22; Bewertung der damaligen Stichprobe: - 1,54). Es wurden zusätzlich in einer kleinen Stichprobe Geschichten von Frauen erhoben. Aber diese zeigten nicht einen einzigen vergleichbaren Rückgang der typisch weiblichen Muster.

Ein besonderer und sehr bemerkenswerter Unterschied zwischen den früheren und den späteren Gruppen von Männern betrifft die phantasierten Beziehungen zwischen männlichen und weiblichen Personen. Bei der 1974 untersuchten Gruppe endete ein Viertel der Erzählungen mit der Verletzung oder dem Tod eines oder beider Partner. Keine männliche Figur war jemals das einzige Opfer eines Unfalls. In der Hälfte der Fälle erduldete dies allein die Frau, und in der anderen Hälfte wurden beide zusammen zum Opfer. 66 % der Unfälle wurden durch einen Mann und nur 17 % durch eine Frau verursacht. Darüber hinaus gab es noch andere Geschichten ohne solche offensichtlichen Tragödien, aber mit derart vorherrschenden Themen wie gegenseitiger Uneinigkeit und anderen Antagonismen. Faßt man diese Ergebnisse zusammen, scheint es so zu sein, daß die frühere Stichprobe der von den Studenten hervorgebrachten Phantasiegeschichten vornehmlich charakterisiert ist durch ein hohes Vorkommen (37 %) an mißlungenen und erfolglosen Beziehungen zwischen Männern und Frauen, wobei praktisch keine Beispiele positiver Gemeinsamkeit auftreten.

Betrachtet man nun die Studentenstichprobe von 1984, so scheinen wesentliche Veränderungen stattgefunden zu haben. Diese Veränderungen konnten bereits in einer getrennten Untersuchung von Cramer u. Carter (1978), die die Befunde von 1974 replizierten, beobachtet werden, mit Ausnahme der Tatsache, daß die Verantwortung für den Mißerfolg nicht mehr den Männern, sondern dem Zufall zugeschrieben wurde und die Männer nunmehr als Opfer solcher zufälligen Ereignisse erschienen. 1984 finden wir überhaupt keine Erzählung, in der irgendeine Person verletzt wird oder stirbt, und praktisch keine Erzählung, in der von Uneinigkeit oder Antagonismen zwischen den Partnern die Rede ist. In nur einer einzigen Geschichte sterben die Darsteller durch Kräfte von außen; in einer anderen Geschichte wollte die Frau den Akt verlassen, und der Mann fügte sich. Zur gleichen Zeit wurde die Spannung zwischen den Geschlechtern ersetzt durch einen Zuwachs solchen Themen wie Gegenseitigkeit und wechselseitiger Abhängigkeit (von wenigstens 1 bis 15 %). Ein Beispiel hierfür ist die folgende Geschichte:

Zwei Akrobaten, Bruder und Schwester, haben lange und hart dafür gearbeitet, um bei einem Wanderzirkus mitmachen zu können. Sie versuchten es und bekamen eine Chance. Die anderen Künstler begegneten ihnen mit Feindseligkeit und Herablassung. Es bedurfte eines hohen Maßes an gegenseitiger Unterstützung und wochenlanger Proben, bis die Nummer von Bruder und Schwester aufgeführt werden konnte. Auf diesen Moment hatten sie gewartet und dafür die emotionalen und physischen Spannungen der letzten Wochen ertragen. Und in diesem Moment klappt alles. Sie arbeiten zusammen, fühlen sich sicher und vertrauen darauf, daß sie das tun, was sie lieben, und daß diese Liebe zu ihrem Beruf sich in der Brillanz dieser Show widerspiegelt. Bruder und Schwester fühlen sich in dem Wissen um Leistung und Freude ineinander ein. Die Freude dieses Augenblicks, die Erinnerung daran und die Selbstsicherheit geben ihnen beiden mehr Kraft, den widerstrebenden Kollegen im Zirkus standzuhalten (über ihre Feindseligkeit hinaus sind jene auch noch eifersüchtig) (Bewertung: 0).

Die Zusammenarbeit, die Erfahrung des "Einsseins" und das Wissen um Empathie und Gegenseitigkeit war bei dieser Phantasie von Anfang bis zum Ende durchsichtig. Obwohl dieses gegenseitige Abhängigkeit von Mann und Frau eine Kraftquelle ist, ist sie nicht konfliktfrei, wie dies durch die feindseligen Reaktionen der "anderen" dargestellt wurde.

Den Vergleich von Phantasiegeschichten während der letzten 10 Jahre zusammenfassend kann gesagt werden, daß die charakteristischen männlichen Muster immer weniger zutage treten. Bemerkenswerter ist die Beobachtung, daß die früheren Themen der negativen Beziehungen zwischen den Geschlechtern, wie etwa Versagen, Feindseligkeit oder Tragik - immer einhergehend mit der Verantwortung des Mannes für ihr Ergebnis - verschwunden sind. Gelegentlich wurden diese Themen durch die positiver Gegenseitigkeit und wechselseitiger Abhängigkeit ersetzt.

Die nächtlichen Träume von Collegestudenten

In der letzten Vergleichsstudie wurden die Träume von 21 Studenten, die an einem Seminar teilnahmen, aufgezeichnet. Sie wurden anhand einer inhaltsanalytischen Methode ausgewählt und bewertet, wie sie schon 1940 in der von Hall u. van der Castle (1966) durchgeführten Studie angewendet wurde. Die manifesten Inhalte dieser Träume wurden hinsichtlich verschiedener Aspekte, die einen Wandel der sozialen Rollen und interpersonalen Beziehungen zwischen Männern und Frauen reflektieren können, evaluiert. Vorangegangene Studien (zusammengefaßt von Hall 1984) zeigten für alle Männer, daß sie mehr von Männern als von Frauen träumen. Die heutige Stichprobe zeigte allerdings ein ausgewogenes Verhältnis zwischen den Geschlechtern. Ehedem verhielt es sich so, daß die sozialen Interaktionen in nahezu der Hälfte der Männerträume aggressiver und wenig freundlicher Natur waren. Während jedoch in den früheren Träumen physische und nicht physische Aggression in gleicher Weise auftraten, zeigen die Männerträume heute einen signifikanten Rückgang physisch aggressiver Handlungen, die entweder durch den Träumenden verursacht wurden oder ihm selbst zustießen. Wenn sie auftraten, so traten sie für gewöhnlich zwischen Männern auf.

Der Vergleich der freundlichen Interaktionen im Traum zeigt einige interessante Veränderungen in den Beziehungen zwischen Mann und Frau an. Bleibt das Gesamtverhältnis solcher Interaktionen identisch, so zeigen sich doch die Studenten, die an der derzeitigen Studie teilnahmen, eher als Initiatoren freundlicher Handlungen denn als Empfänger. Darüber hinaus ist es bedeutsam, daß männliche Traumfiguren sich dreimal so häufig Frauen als Männern gegenüber freundlich erwiesen. Wenn ein Mann Freundschaft erfuhr, ging diese für gewöhnlich von einer Frau aus. Diese Befunde zusammmenfassend kann behauptet werden, daß offenbar die freundlichen Interaktionen in den Träumen männlicher Collegestudenten von heute sich fast völlig auf das andere Geschlecht beziehen. Gleichzeitig sind diese Interaktionen nicht konfliktfrei, weil die Frauen in diesen Männerträumen häufig Empfänger einer Art nicht physischer Aggression sind.

Andere Befunde sprechen dafür, daß Männer sich zunehmend als relativ schwach, ängstlich und ineffektiv empfinden. So gab es beispielsweise einen bemerkenswerten Anstieg solchen Materials, das Hall u. van der Castle (1966) als Anzeichen von Kastrationsangst kategorisierten. In der heutigen Gruppe äußerten 38 % der Männer eine oder mehrere Hinweise tatsächlicher oder potentieller körperlicher Verletzung. Dies war in der früheren Stichprobe nur bei 20 % der Fall. Das Gefühl der Schwäche oder Impotenz ist ebenso an der Zunahme solcher Träume zu bemerken, in denen der Träumende es nicht schafft, das zu vollenden, was er angefangen hat. Hier zeigen besonders die heutigen Collegestudenten mehr Träume über den Mißerfolg beim Erreichen eines Ziels (50 %), als dies bei der früheren Gruppe der Fall war (15 %).

In den neueren Traumstichproben werden bei einer Anzahl gehaltvoller Träume Männer porträtiert, die versuchen, ein positives Ziel zu erreichen, aber in einer Welt ohne entsprechende emotionale Unterstützung auf Frustration und Mißerfolg stoßen. In einem Traum z. B. kann ein männlicher Krankenwagenfahrer einem Stadtplan nicht folgen, um zum Unfallort zu gelangen. Er verfährt sich in einer Serie oval verlaufender Straßen. Später trifft er auf ein verletztes Kind, aber seine

Bemühungen werden durch eine unsympathische weibliche Schaulustige behindert. Vielleicht repräsentiert dieser Traum die Unfähigkeit des Mannes, sich mit einer kooperativen Frau zu verbinden, einhergehend mit der Feindseligkeit von seiten einer nicht empathischen Frau. Während einige dieser Mißerfolgsträume auf den Mangel an Unterstützung durch Frauen beruhten, traten andere Mißerfolge in solchen Träumen auf, die hauptsächlich von Männern bevölkert wurden, wobei der Mißerfolg von der männlichen Impotenz herrührte. In dem deutlichsten dieser Beispiele hielt ein Mann einen Schlauch und versuchte, ein Feuer zu löschen. Doch der Schlauch führte kein Wasser. Der Schlauch kam von einem altmodischen Feuerwehrwagen, an dem gesichtslose Männer aus langen Tanks pumpten. Es kam immer noch kein Wasser, und der Mann verbrannte sich stark dabei, als er versuchte, das Feuer mit den bloßen Händen zu löschen. Dieser Traum zeigt wohl die Angst vor der männlichen Impotenz in einer Welt ohne gefällige Frauen. Der Träumende möchte den alten Männerbund wieder einrichten, dessen vereinte Kraft alle Hindernisse überwinden kann; aber der alte Weg ist auch nicht erfolgreich und hinterläßt ein massives Gefühl der Schwäche und Verletzung.

Zusammenfassung und Überblick

Welche Schlußfolgerungen können aus den Unterschieden zwischen den Phantasien junger Männer von heute und früher gezogen werden? Ich glaube, daß in jedem dieser Vergleiche der dramatischen Darstellungen, projektiven Erzählungen und manifesten Trauminhalte bedeutsame Unterschiede hervortreten, die einen Wandel in der Rolle der Frau und der wahrgenommenen Stärke von Frauen betreffen. In der zeitgenössischen Gesellschaft erscheinen mehr Frauen in der Öffentlichkeit und besetzen Positionen mit professioneller, politischer und ökonomischer Macht. Die Folge davon ist, so glaube ich, eine ängstliche Reaktion auf die zunehmende Stärke der Frauen (sowohl hinsichtlich der Häufigkeit als auch des Status im öffentlichen Leben), die in den Phantasien der Generation der neuen Männer ihren Ausdruck findet.

Wodurch kann nun die Evidenz dieser Schlußfolgerung unterstützt werden? Insoweit Stärke überhaupt durch dürftige Zahlen gemessen werden kann, enthalten die Träume heutiger Collegestudenten - verglichen mit denen vorheriger Studien - die gleiche Anzahl männlicher und weiblicher Personen. Dasselbe gilt für die in der "Dramatic Play Construction" auftretenden Phantasien. Die Frauen bevölkern nun die Träume und Phantasien der Männer in derselben Weise wie im öffentlichen Sektor des alltäglichen Lebens. Eine Folge dieser zunehmenden Macht der

Frauen ist, daß der frühere lärmende Ausdruck der Aggressionen Frauen gegenüber größtenteils verklungen ist. Lang waren wir uns der Sündenbockmechanismen bewußt, bei denen die Angst vor dem stärkeren Gegner auf ein schwächeres Opfer verschoben wurde. Innerhalb einer sozialen Rangordnung, in der Frauen und Kinder in der Machthierarchie weit unten rangieren, ist das "kleine Mädchen" sicherlich das schwächste von allen und somit die erste Zielscheibe der übertragenen Feindseligkeit. Dieser Mechanismus war früher in den Phantasien der jungen Männer weit verbreitet. 1974 handelte ein Viertel der Erzählungen der jungen Männer vom Tod oder der Verletzung einer Frau, wobei die Mehrzahl dieser Zwischenfälle von einem Mann verursacht wurde. Bereits zwei Jahre später wurde die Verantwortlichkeit für diese Unglücksfälle von den Männern auf den bloßen Zufall verschoben. Von der heutigen Gruppe der Männer schließlich wurde nicht eine einzige Frau als Opfer von Aggression beschrieben. Darüber hinaus bezogen sich frühere Geschichten einer weiteren Gruppe von Männern auf die offenbare Feindseligkeit zwischen Männern und Frauen, wie sie etwa in mißlungenen Beziehungen, Untreue und gegenseitigem Mißtrauen zum Ausdruck kommt. Bei der gegenwärtigen Gruppe beinhaltete keine Geschichte eine feindselige Interaktion. Diese Muster wurden zwingend in den Studien der "Dramatic Play Construction" wiederholt. Vor 50 Jahren phantasierten nahezu alle Männer (88 %) Szenen mit weiblichen Opfern, während heute keine einzige Versuchsperson eine Frau als Opfer von Aggression porträtierte. Im Großen und Ganzen scheint der Ausdruck an Aggressionen den Frauen gegenüber in den bewußten Tagesphantasien dieser Collegestudenten vollständig unterdrückt zu werden.

Unter der Annahme, daß die inneren Quellen aggressiver Reaktionen auch bei den heutigen jungen Männern noch aktiv sind, könnte man sich fragen: Worauf richten sich solche Gefühle jetzt, wo die Frauen als Objekte der phantasierten Aggressionen heutzutage verschwunden sind? Das Phantasiematerial legt die Vermutung nahe, daß die jungen Männer ihre Aggression nicht so sehr gegen andere Männer als gegen sich selbst richten. In der ursprünglichen Studie war kein männlicher Charakter das Opfer irgendeines Unglücks, während heute 65 % der untersuchten Männer einen Mann als Opfer darstellten. Diese Tendenz kann ebenso dem großen Zuwachs an Träumen zugrundeliegen, in denen der Träumende verletzt oder zum Opfer körperlicher Bedrohungen wird oder bei dem versagt, was er gerade im Begriff zu tun ist. Die jungen Männer von heute zeichnen ein Bild von sich als schwach, verletzt, unfähig und als Objekte sich selbst zugefügter gewalttätiger Aggression.

Gleichzeitig gibt es Grund zu der Annahme, daß Frauen als weniger fürsorglich, zunehmend frustrierend und in einer vagen Form als Quelle der Schwierigkeiten von Männern wahrgenommen werden. In ihren Träumen stellen sich diese Männer eher vor, in einer nicht physisch aggressiven Beziehung verstrickt zu sein, in der das vornehmliche Objekt eine Frau ist. Interessanterweise lebten einige wenige Männer ihre aggressiven Interaktionen mit einer weiblichen Person während der 15minütigen Vorbereitungszeit aus, die sie aber dann in der abschließenden Darbietung unterdrückten. Verschiedene projektive Phantasien kreisten um die negativen Folgen für den Mann einer Frau, die die Rolle der gefügsamen Selbstopferung nicht länger spielen wollte. In einem Traumprotokoll wurde die Frustration eines Mannes der Frau zugeschrieben, die sich auf ihre eigenen Bedürfnisse besann. In einem anderen dramatischen Szenario beging ein Mann Selbstmord, nachdem seine Frau schlafen ging, anstatt auf ihn zu warten. Gelegentlich wurde die Vorstellung, daß der Mann das Opfer einer Frau sei, offener ausgedrückt. Viel öfter aber wurde das Thema in der Art einer frei flottierenden Feindseligkeit mit einer mangelnden Klarheit hinsichtlich der Quelle der undefinierten Schwierigkeit, die diese Phantasie durchdrang, ausgetragen. Offenbar ist die Frau als das alte Objekt der Aggression nicht länger verfügbar. Aber sie konnte nicht durch eine geeignete Alternative ersetzt werden.

Inmitten dieser unbequemen Situation bemerken wir eine Vielzahl von Möglichkeiten, mit denen die jungen Männer versuchen, sie zu bewältigen. Wie in früheren Jahren bewältigen einige Männer womöglich unerträgliche Gefühle durch den Einsatz des Abwehrmechanismus der Isolation, mit denen Lebensereignisse und Gefühle abgespalten werden. Andere halten noch zusammen, indem sie sich Männergruppen anschließen, um die weibliche Gegnerschaft durch gemeinsame Kraft zu überstehen. Diese Versuche, so wie sie sowohl in der "Dramatic Play Construction" als auch in den manifesten Trauminhalten sichtbar wurden, waren nicht erfolgreich. Es tauchte allerdings eine andere Lösung in solchen männlichen Phantasien auf, in denen der Machtkampf aufgegeben werden konnte. Dort verhielten sich Mann und Frau in einer wechselseitigen Abhängigkeit und gegenseitigen Achtung zueinander. Auch in den Traumphantasien gibt es Anzeichen für den wachsenden Wunsch einiger Männer, freundliche Interaktionen mit Frauen einzugehen. Gemeinsame Stärke, das Aufhören von Selbstzerstörung und der Verzicht auf das Bedürfnis, einen Sündenbock zu suchen, könnten nunmehr neue, wachstumsfördernde Alternativen werden.

Literatur

Cramer P (1975) The development of play and fantasy in boys and girls. Psychoanal and Contemp Sci 4: 529-567

Cramer P (1979) Defense mechanisms in adolescence. Develop Psychol 15: 476-477

Cramer P, Carter T (1978) The relationship between sexual identification and the use of defense mechanisms. J Person Asses 42: 63-73

Erikson E (see Homburger E)

Giambra M (1979) Sex differences in daydreaming and related mental activity from the late teens to the early nineties. Int J Aging and Human Develop 10: 1-34

Hall CS (1984) "A ubiquitous sex difference in dreams" revisited. J Person and Social Psychol 46: 1109-1117

Hall CS, van der Castle R (1966) The content analysis of dreams. Appleton-Century-Crofts, New York

Homburger E (1937) Configurations in play - Clinical notes. Psychoanal Q 6: 139-214

Johnson J (1974) The measurement of the development of sex differences. Honor's thesis, Williams College

May R (1966) Sex differences in fantasy patterns. J Projective Techniques and Person Asses 30: 576-586

May R (1980) Sex and fantasy. Norton, New York

Murray H (1938) Explorations in personality. Oxford Univ Press, New York

Singer GL (1975) The inner world of daydreaming. Harper & Row, New York

Singer GL, Antrobus JJ (1966) Imaginal processes inventory. Educational Testing Services 1970, Princeton/NJ

Männlichkeit aus psychoanalytischer Sicht

Robert May

Einleitung

Das Anliegen dieses Aufsatzes besteht weder darin, neue Aspekte zum Verständnis von Männlichkeit zu entwickeln, noch darin, eine systematischen Annäherung an dieses Thema vorzunehmen (dazu habe ich früher Stellung genommen, s. May 1980). Vielmehr will ich von einigen mehr oder weniger miteinander verbundenen Beobachtungen berichten, die sich mit dem Problem der Entwicklung einer psychoanalytischen Theorie der Männlichkeit auseinandersetzen. Dabei möchte ich den besonderen Schwerpunkt auf zwei ihrer Unterthemen lenken, nämlich auf das Konzept der Identität und das der Geschlechtsidentität.

In den letzten Jahren war die Diskussion über die Geschlechterdifferenz durch einen außergewöhnlichen und alamierenden Grad an Schärfe gekennzeichnet. Wieder und wieder wurde dieselbe Schlacht zwischen Feminismus und Psychoanalyse gefochten. Warum aber ist ein sinnvoller Dialog auf diesem Gebiet so schwierig? Im Klartext bedeutet die Unterscheidung zwischen Mann und Frau eine vermeintliche soziale Grenzziehung, die eine große kulturelle und ökonomische Spannung mit sich bringt. Darüber hinaus provoziert schon die bloße Erwähnung von Geschlechtsunterschieden ein typisch amerikanisches Unbehagen gegenüber jeglichem Unterschied, der stets ein verhaßter Unterschied ist. Dies geht mit der amerikanischen Illusion einher, daß Homogenität allein schon die Garantie für Gleichheit sei.

Abgesehen davon scheint mir, daß wir oft zu solch polemischen Äußerungen aus der Abneigung heraus kommen, zwischen verschiedenen Arten von Theorien zu unterscheiden. Wir sind zu oft der Überzeugung, daß es eine einzige wahre Realität gibt und eine wahre Theorie darüber, was ein Mann und was eine Frau ist. Aber es gibt nicht die "Psychologie der Männlichkeit". Es gibt vielmehr viele abgesicherte, unterschiedliche Theorien, die wir uns aneignen können, wenn wir dieses Thema diskutieren. Eine Theorie ist eine besondere Sicht der Welt, die durch eine besondere Sprache verkörpert wird. Wir nehmen eine Theorie auf der Grundlage einer persönlichen Erfahrung an, die in unser tägliches Leben, unsere Arbeit oder sogar in unsere politische Überzeugung und unseren intellektuellen Anspruch eingebettet ist. Es gibt keinen Grund zu erwarten, daß irgendeine Theorie der Männlichkeit - sei sie eine soziologische, eine literarische oder eine sozialpsychologische, eine biologische oder eine psychoanalytische Theorie - zu denselben Schlußfolgerungen kommt oder wenigstens an denselben "Fakten" interessiert ist. Azkeptiert man dies, erübrigen sich unfruchtbare Argumentationen.

Anforderungen an ein psychoanalytisches Verständnis von Männlichkeit

Was ist für eine psychoanalytische Theorie charakteristisch? Eine minimale Anforderung besteht in der Beachtung des Unbewußten sowie im Glauben an die Unvermeidbarkeit des Konflikts, einem entwicklungsgeschichtlichen und historischen Ansatz sowie in der Beachtung des Körpers.[1] Das Konzept des Unbewußten spiegelt die Annahme wider, daß wichtige Aspekte der menschlichen Erfahrung, entscheidende Bilder, Impulse, Gedanken oder Gefühle außerhalb des gewöhnlichen Bewußtseins existieren. Sartres Kritik an der Psychoanalyse, daß sie von einem Ich ausgeht, das gleichzeitig wissend und nichtwissend ist, sollte als eine ernstzunehmende Würdigung eines Teils der psychoanalytischen Theorie aufgefaßt werden. Es ist dies tatsächlich eine Sicht der menschlichen Natur als von Grund auf und im großen und ganzen gespalten. Der dem Unbewußten unterstellte Inhalt variiert von der Kleinianischen "verschlingenden Brust" zum Jungschen "Archetypus" oder dem "dissoziierten Angstzustand" nach Sullivan. Aber ohne ein solches Konzept hat das Unbewußte als Theorie wenig Anspruch darauf, psychoanalytisch genannt zu werden.

Die zentrale Bedeutung des Konflikts folgt der Vorstellung des Unbewußten. Wir sprechen eher von einem dynamischen Unbewußten als einfach vom Äquivalent eines besonderen Gedächtnisspeichers innerhalb eines Computers oder einem metaphorischen Äquivalent im Sinne eines Behältnisses, das all das enthält, was vergessen wurde und unwichtig geworden ist. Darüber hinaus reden wir von einem kontinuierlichen Prozess, innerhalb dessen bestimmte Erfahrungen oder Gedanken in

[1]Diese Kriterien bereiten zunächst Schwierigkeiten. Soweit ich weiß, würde Lacan die letzten beiden Anforderungen unterhalb der Grenzen des Psychoanalytischen ansetzen. Ob dies nun ein Problem der anzulegenden Kriterien oder eines von Lacan selbst ist, bleibt Ansichtssache. Zur berechtigten Kritik an der These Lacans von der Vermeidung des Körpers verweise ich auf Parker (1986).

Konflikt mit unseren Alltagserfahrungen und der bequem gewordenen Sicht von uns selbst geraten. Konflikte existieren sowohl intrapsychisch als auch zwischen den Individuen und der sie umgebenden sozialen Welt. Würden einige Aspekte des Unbewußten nicht als von Grund auf "antisozial" oder, wie Freud sagen würde, "unzivilisiert" gelten, dann würden wir es eher mit einer Theorie der sozialen Anpassung als mit einer psychoanalytischen Theorie zu tun haben. (Es sei hier an die Kritik Jacobys von 1976 erinnert, der - ausgehend von einem marxistischen Standpunkt - den Neofreudianern vorwirft, sie hätten bei ihrem Versuch, eine vornehmlich soziale und weniger eine Libidotheorie zu entwickeln, die wesentliche Freudsche Grundauffassung von der radikalen Unabhängigkeit des Individuums übergangen. Darüber hinaus präsentierte die Freudsche Theorie sowohl eine potentiell kritische Sichtweise der Gesellschaft und des Reservoirs von Phantasien und Impulsen, die sozialen Wandel und Erneuerung herbeiführen können.)

Eine psychoanalytische Theorie selbst ist historischen und anderen Entwicklungsphänomenen unterworfen. Daraus folgt, daß Phänomene am besten in Begriffen ihrer Herkunft und ihrer Veränderungen über die Zeit hinweg verstanden werden können. Eine analytische Theorie ist demnach bestrebt, eine Genealogie von Formen des Denkens und des Verhaltens aufzustellen. So erklärt sich die Heiligkeit der "Geschichte" bei klinischen Präsentationen.[2] Die Annahme der Wichtigkeit von Kindheit impliziert nicht nur die kritische Relevanz der gesammelten frühen Erfahrungen des einzelnen und die Überzeugung, daß viele Vorgänge des derzeitigen Lebens doch nur ein Ausspielen oder die Wiederauflage früher Erfahrung bzw. das erneute Schreiben eines bereits existierenden inneren Textes seien. Sie geht aber von bestimmten "primitiven" oder kindlichen Formen des Denkens aus, die in uns - vom Unbewußten abgesegnet - verbleiben.

Die letzte Anforderung auf dieser kurzen Liste besagt, eine psychoanalytische Theorie möge der Bedeutung des Körpers gerecht werden. Freuds Verständnis, daß das Ich ursprünglich ein Körper-Ich war, mag als Epigraph des analytischen Interesses an den Vergnügungen, den Enttäuschungen und anderen Details des Körpers dienen. Eine entkörperte Sprache ist keine psychoanalytische Sprache.

Die Grundannahmen der Psychoanalyse sind den amerikanischen Formen des Denkens sehr fremd, und sie widersprechen in radikaler

---

[2]Die analytische Praxis als Konstruktion einer Geschichte zu verstehen, erfordert nicht notwendig die Annahme realer Traumata oder Ereignisse, die auf diese Weise rekonstruiert werden. Spences (1982) und Schafers (1983) Vorsicht sind in dieser Hinsicht berechtigt.

Weise den vorherrschenden Grundannahmen der amerikanischen Psychologie. Die scheinbare Popularität der Psychoanalyse in Amerika basierte auf einer fälschlich verbesserten Version oder einer populären Fehlinterpretation der Theorie. Janet Malcolm (1983) schreibt diese Version "der Gemeinschaft von umgänglichen und kleinbürgerlichen Praktikern zu, die überwiegend diesen Beruf seit seiner Medikalisierung in Amerika ausüben" (S. 96).

Spätestens seit Emerson bewundert die in unserer Kultur vorherrschende Ideologie die ihr unterstellten grenzenlosen Fähigkeiten und sieht das Selbst und die Willenskraft als die Quellen für Glück und Erfolg an (Weiss 1969). Die amerikanische Psychologie in ihrem kulturellen, wenn nicht gar in ihrem intellektuellen Anspruch leitet sich von dem sogenannten neuen Denken oder den Geisteswissenschaften des 19. Jahrhunderts her. Dieses Amalgan des entgifteten Puritanismus, des amerikanischen Optimismus und Pragmatismus bestand auf Heiterkeit, positives Denken, Entspannung und die Überwindung morbider Gedanken und anderer solch innerer Hindernisse. Dies war der Weg zum Erfolg für alles. In seiner populären Gestalt geht dies auf die Verfechter harter Arbeit und moralischer Erbauung im 19. Jahrhundert zurück, namentlich auf Dale Carnegie und Norman Vincent Peale, und führt von dort zu den tiefschürfenden Betrachtungen eines Wayne Dyer und zur unübersehbaren Flut der Selbsthilfeliteratur.

Solche populären Exzesse sind jedoch letztlich folgendes: Die Übertreibungen dessen, was selbst bei unseren seriöseren Versuchen, menschliches Erleben zu verstehen, als Grundannahmen zurückbleibt. Die vorherrschenden Auffassungen der amerikanischen Psychologie sind Varianten der Theorie des sozialen Lernens. Die Menschen werden angesehen als relativ ungeformt und hineingeboren in eine Familie und Gesellschaft, die sie dann lehrt, sich in bestimmter Weise zu verhalten, zu denken und zu fühlen. Das Konzept der "Rolle" ist in diesem Ansatz zentral. Die meisten Diskussionen zur Männlichkeit bedienen sich der Begriffe "Geschlechterrolle" oder "männliche Rolle". Diese Vorstellung geht immer von dem Prinzip der Verursachung von außen aus. Implizit herrscht ein Meliorismus. Die Psychologie wird zur Angelegenheit des Arrangements einer sozialen Struktur. Das Individuum soll sich selbst der eigene Lehrer sein und eine neue Rolle lernen, wie etwa ein Schauspieler seinen Text lernt. Kein Wunder, daß Freud, als er diese optimistischen Gestade erreichte, ausrief: "Ich bringe Euch die Pest" (zit. nach Kestemberg 1974, S. 450). Wie finster und bar jeder Hoffnung müssen wir sein Hilfsangebot verstehen, das "Elend der Hysterie in allgemeines Unglück zu verwandeln" (Freud 1895d). Dasselbe gilt für Anna Freud, wenn sie schreibt: "Die Analyse bietet nichts anderes als die Erkenntnis der inneren Welt, des Kampfes des Menschen mit sich selbst und der Tatsache, daß er selbst sein ärgster Feind ist" (1969). Schafer (1976) bezeichnet dies als eine tragische Vision, die der Suche der amerikanischen Psychologie nach dem Neuen und Hoffnungsvollen widerspricht.

Ein psychoanalytisches Verständnis von Männlichkeit mit der Beachtung der Unvermeidlichkeit des Konflikts, der Schwäche der menschlichen Selbsterkenntnis, der lebendigen Bedeutung von Geschichte und der begrenzenden Realitäten des Körpers scheint ziemlich in Verruch gekommen und wahrscheinlich überholt und unbequem geworden zu sein. Aber vielleicht zeigt es im Dickicht der Theorien eine offensive Präsenz.

Identität

Identität ist ein Begriff, der sich großer Beliebtheit erfreut, seitdem er von Erikson eingeführt wurde. Er scheint nunmehr ein unverzichtbarer Bestandteil unserer klinischen Sprache geworden zu sein und taucht so in unzähligen analytischen Aufsätzen auf. Identität ist ein zentrales Konzept bei vielen Diskussionen über Männer und Frauen und wird für gewöhnlich mit dem Begriff "Geschlecht" in Verbindung gebracht. Er ist einer jener Begriffe, deren Fülle an Konnotationen ihn in vielfältiger Weise nutzbar macht. Gleichzeitig bereitet diese Ambiguität Probleme. Erikson äußert zu dieser Ambiguität folgendermaßen:

> Es wird sich dadurch einmal um ein bewußtes Gefühl der individuellen Identität, ein andermal um das unbewußte Streben nach einer Kontinuität des persönlichen Charakters zu handeln scheinen; einmal wird die Identität als Kriterium der stillschweigenden Akte der Ich-Synthese, dann wieder als das Festhalten an einer inneren Solidarität mit den Idealen und der Identität einer Gruppe erscheinen. Manchmal wird der Begriff völlig naiv im Sinne der Umgangssprache benutzt werden, um dann wieder vage an vorhandene Begriffe der Psychoanalyse und Soziologie anzuknüpfen. So wird zwar am Ende unserer Untersuchung der Begriff selbst immer noch einigermaßen mehrdeutig erscheinen, aber man darf hoffen, daß ein wichtiges Problem und eine notwendiger Gesichtspunkt in seinen Umrissen schärfer hervorgetreten sein wird (1966, S. 125).

"Identität" ist ein Begriff, dessen Anziehung ausgesprochen amerikanisch ist. Im europäischen oder britischen analytischen Denken taucht er nur selten auf. Die große Mehrheit der vielen Schriften zu diesem Thema ist nach Grinsteins (1956-1975) *Index of Psychoanalytic Writings* amerikanisch; auf der anderen Seite gilt dies nicht für das in Europa und England verwendete Wörterbuch von Laplanche u. Pontalis (1973). Die besondere kulturelle Anziehung dieses Begriffs kommt nicht von ungefähr. Erikson war ein Einwanderer, der seinen Namen sofort bei der Ankunft in diesem Lande änderte und der, wie er selbst berichtet, stets verschiedene Berufe ausübte. Dies veranlaßte ihn, einen Begriff zu ersinnen, der die Wünsche und Ängste einer ganzen Nation von Einwanderern ausdrückte, einer Nation, die sich auf die Fiktion, daß der Platz eines jeden nicht determiniert ist, stützt und die versucht, aus der Verleugnung der Verbindlichkeiten von Familie, Klasse und Ort eine Tugend zu machen. "Identität" eröffnet gerade das, was in unserer Kultur oftmals als ein so schmerzhafter Mangel empfunden wird, nämlich ein "sicheres Wissen von der inneren Kontinuität und der sozialen Gleichheit" (Erikson 1959).

Im großen und ganzen decken sich Eriksons positive Sprache und seine Betonung der Einheit und Ganzheit von Identität sehr wohl mit dem amerikanischen Optimismus und Meliorismus. Die Obertöne der Identität vermischen sich mit der Melodie des "self-made-man" samt allen Illusionen der Selbstkontrolle, Konsistenz und Unabhängigkeit. Nach Schafer (1973) besteht kein Zweifel an der Anziehungskraft einer solchen Übertreibung der Ich-Autonomie von Autoren wie Erikson.

Das Risiko sowohl auf dem Gebiet des theoretischen Denkens wie der klinischen Arbeit ist, daß ein Begriff wie Identität eine Kohärenz und Konsistenz ausdrücken kann, die nicht dem aktuellen Fluß und dem Widerspruch der inneren Welt- und Selbsterfahrung des Menschen entspricht. Ich denke, wir nehmen sowohl bei den Patienten als auch bei uns selbst Erscheinungsweisen der Identität, oder was auch immer für Identität gehalten wird, wahr, um uns gegen die Erfahrung von verschiedenen und konflikthaften Wünschen und unterschiedlichen und konfliktreichen Aspekten des Selbst zu schützen. Ideen wie die von der "Identität" dienen als stützende Verblendung angesichts des äußeren Zufalls und des inneren Chaos.

Eine der Möglichkeiten, wie "Identität" gedacht werden kann, ist in der Tat diese: als eine notwendige Abwehr, als unvermeidlicher und universeller Ausdruck des psychischen Bedürfnisses nach Ordnung und Kohärenz in der Sicht des einzelnen von sich selbst. Es ist wichtig darauf zu achten, daß selbst diese Verwendung mit einem definitiven Bedeutungswandel von Eriksons eher positiver Beschreibung einhergeht. Aber selbst wenn wir diesen Bedeutungswandel akzeptieren und den Begriff der Identität mit der traditionellen Ich-Psychologie in Einklang zu bringen versuchen, bleiben Fragen offen.

Diejenigen von uns, die - psychoanalytisch gesprochen - mit den Begrenzungen der amerikanischen Ich-Psychologie groß geworden sind, gehen selbstverständlich davon aus, daß eine Theorie vor allem den Themen der Struktur und Organisation große Bedeutung beimessen muß. Vielleicht stimmt dies aber nicht. Wir sind an die bequemen architektonischen und neurologischen Konnotationen des Begriffs "Struktur" gewöhnt. Aber die Notwendigkeit eines solchen Konzepts ist zum großen Teil ein Artefakt der ursprünglichen Psychoanalyse als Libidotheorie. Wenn die hauptsächliche Vorstellung einer Theorie im Bildnis einer gestaltlosen Energie besteht, die hierhin und dorthin fließt, dann wird diese Theorie sehr schnell Strukturen in Form von Dämmen, Kanälen und ähnlichem errichten. Die Verantwortung für Stabilität und Dauerhaftigkeit im psychischen Leben ist nur ein Problem, wenn die ursprünglichen Begriffe einer Theorie diese ausschließen.

Hier gibt es wieder den verblüffenden Faktor der Nationalität. Selbstverständlich ist die Kleinianische Theorie aus derselben Libidotheorie hervorgegangen, aber sie zeigt, daß man eine komplexe und nützliche analytische Theorie haben kann, die den Themen der Struktur und Organisation keinerlei Beachtung schenkt. Es ist Amerika, wo sich die Ich-Psychologie mit ihrer Leidenschaft für Struktur so stark durchgesetzt hat. Es besteht kein Zweifel an der Anziehungskraft einer solchen Theorie innerhalb einer Kultur des Flusses und der Desorganisation.

Die wichtigsten theoretischen Alternativen zu dem Konzept der Identität finden sich in den vertrauten Ich-psychologischen Konzepten der Identifikationen und Selbstrepräsentanzen oder - mehr im Rahmen einer Objektbeziehungstheorie - in der Sicht der inneren Welt, die zusammengesetzt ist aus verschiedenen Teilen von Selbst- und Objektrepräsentanzen oder mehr oder weniger unverbundenen Phantasieknoten, die eine Version des Selbst in einigen gefühlvollen Interaktionen mit dem wichtigen anderen darstellen. In diesem vergleichbaren Kontext ist die differenzierende Qualität des Konzepts der Identität die, daß sie einen substantiellen Grad an Organisation und Einheit des inneren Erlebens postuliert. Es gibt mehrere irrtümliche Auslegungen dieses Begriffs. Er kann ein Verständnis vom Selbst implizieren, das zu sehr zielbezogen, glatt und konfliktfrei ist, um unserer klinischen (und persönlichen) Erfahrung gerecht zu werden. Die Unterscheidung zwischen "bewußt" und "unbewußt" wird außer acht gelassen, wenn die "Identität" zum Großteil nur aufgrund bewußter, ja sogar selbstreflexiver Erfahrung als wahr betrachtet wird, denn dabei werden die unbewußten, weniger organisierten Aspekte des Erlebens nicht berücksichtigt.[3] Und Eriksons lobenswerter Versuch, die soziale und kulturelle Welt in die analytische Welt zu integrieren, verführt dazu, von einer zu einfachen Verbindung zwischen Individuum und Gesellschaft auszugehen.

Obwohl Erikson die Identitätskrise als einen normativen Aspekt der Adoleszenz ansah, scheint mir, daß Kernbergs Betonung der Identitätsdiffusion als ein Phänomen der Borderlinestörung mit der klinischen

---

[3]In Glovers (1966) angenehm verschrobener Perspektive lautet dies: "... die Vielfältigkeiten der Charakter- und Persönlichkeitsbildung sind viel beeindruckender als das naive Konzept der Identität", und "bei den Begriffen Identitätsdiffusion und Identitätsstörung sagt meiner Meinung nach das letztere, was das erste meint. Entweder sagen beide wenig oder nichts aus oder sie enthalten das Ganze der psychoanalytischen Psychologie" (S. 187-188). Zur Kritk an Eriksons Theorie aus sozialer und historischer Sicht verweise ich auf Roazen (1980).

Erfahrung konsistenter ist. Identität hat wie der verwandte Begriff des Selbst nur dann eine Bedeutung, wenn im Leben des einzelnen etwas schief gegangen ist. So wie die maßlose Bewunderung des Selbst ein Ausdruck bedeutender narzißtischer Schwierigkeiten ist, so ist die quälende Frage nach dem "Wer bin ich?", jenseits existentieller Sprachspiele, der Ausdruck bedeutender entwicklungsmäßiger und struktureller Spannungen. Es ist die Frage, ob die "Identität" genug Variation über die Spannbreite des menschlichen Erlebens zeigt, um als ein grundlegendes Konzept nützlich zu sein.

Um den Begriff der Identitätskrise für die klinisch psychoanalytische Anwendung sinnvoll erscheinen zu lassen, müssen wir annehmen, daß der typische Student - gesehen im Lichte der analytischen Psychotherapie - signifikant und sogar qualitativ eine größere Desorganisation, Unverbundenheit und innere Fragmentierung der Selbstrepräsentanzen zeigt als der typische Mann mit 30 oder 40 Jahren. Wenn man sich einmal unter die Oberfläche der sozialen Präsentation und des Rituals begibt, dann erscheint die innere Welt der Objekte beim Erwachsenen genauso chaotisch wie die des Heranwachsenden. Beeindruckt von Eriksons wohlklingender Prosa werden wir vielleicht zur Überschätzung des inneren, psychischen Gewinns durch das Konzept der Identität verleitet. Seine korrekte Bedeutung betrifft zunächst Fragen der Berufswahl, die Erikson als erste behandelte, oder dem sozialen Artefakt, daß die Collegezeit der Auswahl dient (in einer Gesellschaft, die dem Wahn der unbegrenzten Wahlmöglichkeiten unterliegt). All dies ist verquickt mit der europäischen Ansicht von der Jugendzeit als einem romantischem Kampf und mit der geheimnisvollen Vorstellung, daß das Erwachsenalter eine Zeit für dessen Lösung ist (vergleiche die Perspektive nach Levinson).

Schließlich bringt diese Vorstellung von Identität die Schwierigkeit mit sich, das Subjektive und das Objektive sowie die Erfahrung von Qualität und Kontinuität zu verwischen. Wir sehen andere Personen als Einheiten an, die bestimmte Eigenschaften besitzen, die vom Temperament bis zur beruflichen, ethnischen oder Klassenherkunft reichen. Wir sehen solche Aspekte als mehr oder weniger konstant an und glauben, daß sie die "Identität" einer Person definieren. Offensichtlich hat dies wenig mit ihrer eigenen (womöglich mangelhaften) Wahrnehmung ihrer Eigenschaften und Qualitäten zu tun. Die Art und Weise, in der sich diese Ebenen vermischen, wird deutlicher, wenn wir uns nun dem spezifischeren Konzept der "Geschlechtsidentität" zuwenden.

Geschlechtsidentität

Wir wollen uns zunächst anschauen, in welcher Weise das Konzept der Geschlechtsidentität in zwei bekannten Arbeiten verwendet wird. In *Sex and gender* benutzt Robert Stoller (1968) den Begriff *gender* zur Kennzeichnung psychischer Aspekte des Mann- und Frauseins. Er unterscheidet *gender* von *sex*, der biologischen Männlichkeit oder Weiblichkeit. Wenn er auf das "Geschlechtsverhalten" eingeht, scheint er über die Konzepte "Maskulinität" oder "Geschlechterrolle" zu sprechen. Dies entspricht einem gelernten Set von Verhaltensweisen und Einstellungen, die die vertrauten und kulturellen Stereotypen des Männlichen und des Weiblichen widerspiegeln. Nach der Auffassung Stollers ist der Begriff der Geschlechtsidentität ein globaler und kann nur unklar von Begriffen wie Selbst, Ich-Identität oder Selbstrepräsentanz unterschieden werden. Er muß bezogen werden auf die "Gesamtpersönlichkeit". Im Kapitel *The sense of maleness* bestimmt er das "Bewußtsein, daß ich ein Mann bin" als den "im wesentlichen unveränderbaren Kern der Geschlechtsidentität" (S. 40). In einer neueren Arbeit (Stoller 1977), die sich zwar mit Frauen befaßt, aber dasselbe theoretische Vokabular benutzt, bezeichnet er die Geschlechtsidentität als die "bei jeder Person vorgefundene Mischung von Männlichkeit und Weiblichkeit." Das Zentrum der Geschlechtsidentität ist die "Kerngeschlechtsidentität", die ihrerseits aus "automatisierten Verhaltensweisen, Überzeugungen, Einstellungen und Phantasien besteht und noch keine Implikationen für die Rolle und die Objektbeziehungen hat" (Stoller 1977, S. 61).[4]

Bei dem gründlichen Versuch, die klassische Sichtweise von der männlichen und weiblichen Entwicklung zu revidieren und aufzupolieren, verwendet Irene Fast das Konzept der Geschlechtsidentität in einer ähnlichen Weise. In ihrer Arbeit *Developments in gender identity: The original matrix* (1978) gebraucht sie die Bezeichnung von der psychoanalytischen Theorie der Entwicklung der Geschlechtsidentität als Äquivalent zur klassischen Theorie über die Veränderungen in der ödipalen Phase. In diesem Sinne scheint der Begriff der Geschlechtsidentität die sexuelle Objektwahl, geschlechtsbezogene Identifikationen und Selbstrepräsentanzen sowie das Geschlechtsrollenverhalten abzudecken. Insbesondere verwendet Fast den Begriff der Geschlechtsrollenidentität zur Kennzeich-

---

[4]Hier scheint mir ein Widerspruch zu bestehen, denn die grundlegenden Bausteine der Psyche sind die Phantasien eines bestimmten Selbst zu einem bestimmten anderen. Somit könnte niemand "Phantasien" bezüglich seiner Kerngeschlechtsidentität haben, ohne auch über Andeutungen von Objektbeziehungen zu verfügen. Diese Diskussion führt an dieser Stelle jedoch zu weit.

nung der Summe von Identifikationen und der schließlichen Vorherrschaft einer einzigen, bewußt kohärenten und dem Geschlecht entsprechenden Sicht von sich selbst. Ein verständliches Unbehagen mit diesem proteischen Begriff wird dadurch offenkundig, daß Fast ihn fallen läßt, als sie sich daran macht, ihre Revisionen und Erweiterungen der klassischen Theorie zu erklären. In einer späteren Arbeit (Fast 1984) betont sie wiederum die organisierenden und einigenden Aspekte des Konzepts der Geschlechtsidentität. Sie sieht es nunmehr als eine neue Kategorie an, die aus dem ehemaligen Aufgebot an Selbstrepräsentanzen hervorgeht. Dies sind nun aufgegebene inkongruente Selbstrepräsentanzen. Sie verwendet darüber hinaus ähnlich wie Stoller eine Formulierung, nach der eine Korrespondenz zwischen der Geschlechtsidentität und dem Zusammenspiel von Männlichkeit und Weiblichkeit innerhalb der Persönlichkeit angenommen wird.

Insofern die "Geschlechtsidentität" verwendet wird, um die Kategorisierung unserer selbst als männlich oder weiblich vorzunehmen (d.i. die vornehmliche Anwendung in ihrer sozialen Bedeutung unter Außerachtlassung der verschiedenen, konkreteren und phantastischen Bedeutungen des Unbewußten), bleibt es ein Konzept von nur begrenztem klinischen und theoretischen Interesse. In diesem Sinne nämlich hat jedes menschliche Wesen im Alter von 5 Jahren eine deutliche und deswegen stabile Geschlechtsidentität. Die einzig signifikante Variation wird nach der Stollerschen Definition bei den Transsexuellen und bei besonderen Wahnzuständen aufgefunden. Sowohl die Verlockung als auch die Probleme dieses Begriffs rühren offenbar daher, daß er in einem breiteren Sinne verwendet wird.

Das erste Problem besteht darin, daß die Unterscheidung zwischen Geschlechtsidentität als Definition des Selbst und Geschlechtsidentität als "männliche" und "weibliche" Wünsche und Verhaltensweisen verwischt wird. Die Tatsache, daß sich ein Mann in einer Weise verhält, die als unmännlich eingeschätzt wird, sagt nicht notwendig etwas über die bewußte (und, wie ich annehme, auch die unbewußte) Wahrnehmung von sich als männlich oder maskulin aus. Selbst ohne die Arbeit von Evelyn Hooker (1965) ist es offensichtlich, daß die sexuelle Bevorzugung von Männern einen Mann sich selbst nicht als Frau oder als "effeminiert" erleben läßt. Bei einer besonderen homosexuellen Orientierung können Konflikte der Geschlechtsidentität auftreten, sie bestehen aber längst nicht automatisch und notwendigerweise. Gehen wir davon aus, so behaupten wir, die betreffende Peron müsse sich so sehen, wie wir sie sehen. Damit aber vermischen wir die subjektive und objektive Bedeutung von "Identität".

Es soll wie bei Stoller und bei Fast der Versuch gemacht werden, eine Verbindung zwischen Geschlechtsidentität als Definition des Selbst und Geschlechtsidentität im Sinne eines "männlichen" oder "weiblichen"

Verhaltens herzustellen. Der Hang zur idealistischen Philosophie, ganz zu schweigen zum amerikanischen Optimismus, macht uns glauben, wir seien das, was wir denken, und unser inneres Bild würde unser äußeres Verhalten bestimmen.

Ein Beispiel hierfür ist die gängige Fehlinterpretation der Arbeit von John Money und seiner Gruppe (s. Money u. Ehrhardt 1972). Money denkt, daß die Geschlechtsidentität durch die Eltern und die Gesellschaft während der ersten Lebensjahre bestimmt wird. Diese Bestimmung sei gegenüber Veränderungen, selbst angesichts späterer genetischer und hormoneller "Fakten", resistent. Dieser Begriff wird aber manchmal in der Bedeutung verwendet, nach der "männliches" oder "weibliches" Verhalten bloß eine soziale Konvention sei. Stoller (1968) bezieht sich auf Moneys Studien des adrenogenitalen Syndroms, bei dem ein Mensch in genetischer Hinsicht zwar weiblich, als Fötus allerdings androgenisiert wurde. Er führt aus, daß bei diesen Fällen mit zweideutigen Geschlechtsteilen die Geschlechtsidentität des Kindes (im Sinne der späteren Selbstdefinition) dadurch bestimmt wird, was immer ihm bei der Geburt zugeschrieben wurde. Dann jedoch geht er zu der Behauptung über, daß das, was das Geschlechtsverhalten dieser Kinder determiniert hat, nicht ihr Geschlecht, sondern ihre Lebenserfahrungen seien. Ehrhardts (s. Ehrhardt u. Money 1972, S. 101-113) weitere Untersuchungen - und das macht dieses Beispiel so interessant - zeigten, daß sich in der Tat das Geschlechtsverhalten dieser androgenisierten Frauen signifikant von dem ähnlicher, jedoch nicht-androgenisierter Frauen unterschied. Erstere zeigten eher stereotype männliche Verhaltensweisen und Einstellungen (s. zusammenfassend May 1980, S. 88). Wir müssen nicht zuletzt davon ausgehen, daß die Verbindungen zwischen Geschlechtsidentität als Selbstkonzept oder Selbstrepräsentanz und Geschlechtsidentität als geschlechtsspezifisches Verhalten komplex und indirekt sind. Deswegen sollten wir solchen Konzepten, die diese Unterschiede verwischen, vorsichtig gegenübertreten.

Ein zweites Problem ist folgendes: Was machen wir mit den Implikationen der "Ganzheitlichkeit" und der Einheit, die mit dem Begriff der Geschlechtsidentität einhergehen? Insbesondere auf einem kognitiven Niveau bildet das Kind im Alter von 5 Jahren ein stabiles und kohärentes Konzept seiner bzw. ihrer selbst als männlich oder weiblich aus (Kohlberg 1966). Von einem analytischen Standpunkt aus ist diese Tatsache allerdings von wenig Interesse. Wir haben es hier vielmehr mit dem Für und Wider einer Vorstellung von Kohärenz zu tun, die Ordnung in die verschiedenen auf das Geschlecht bezogenen Repräsentanzen des Selbst bringt.

Wir sollten uns zunächst darüber klar werden, wie umfassend das Gebiet ist, das mit dem Konzept einer einheitlichen Geschlechtsidentität erfaßt werden soll. Wegen der Wichtigkeit der Kategorie des Männlichen und des Weiblichen für die Konstruktion unseres Weltbildes wird praktisch jede Selbst- oder Objektrepräsentanz mit Attributen des Geschlechts versehen. Diese Repräsentanzen führen zum Erreichen der Fähigkeit, ganze Objekte (und selbst solche, deren Bilder in der frühen Phase der Partialobjekte wurzeln) zu repräsentieren. Auf einer Vielzahl von Ebenen mag das Geschlecht durch Symbole und Konnotationen gekennzeichnet sein. Die Geschlechtsteile und ihre zahlreichen symbolischen Abkömmlinge, körperliche Zustände wie voll oder leer und weich oder hart, Eigenschaften wie Freundlichkeit, Dauerhaftigkeit, Stolz oder Verantwortlichkeit und schließlich Beziehungsqualitäten wie Dominanz, Fürsorglichkeit und Demütigung tragen allesamt Konnotationen des Männlichen oder Weiblichen in einer besonderen Lebensgeschichte oder Weltsicht.

Die Vorstellung, daß dieses reichliche Durcheinander von Imagination und Erleben (vieles davon ist in sich widersprüchlich, phantastisch und widerspricht der Realität) sinnvoll als einheitlich und geordnet anzusehen sei, sollte uns nachdenklich stimmen. Unsere komplexe Beziehung zu Photographien und Tonbändern, solchen Momenten also, in denen wir mit bemerkenswerten, gemischten Gefühlen einer einzigartigen und objektivierten Vision von uns selbst begegnen, rechtfertigt die Annahme, daß wir für gewöhnlich nicht mit irgendeiner festen Vorstellung von uns selbst leben. Eine solche Vorstellung hat oft Abwehrcharakter. Wenn beispielsweise ein junger Mann in der analytischen Therapie sich allmählich auf das Gebiet "homosexueller" Vorstellungen einläßt, beteuert er häufig, daß er sich aber über seine sexuelle Identität im klaren sei und keine Zweifel diesbezüglich kenne. Die Vorstellung von einer einzigen sexuellen Identität dient dazu, einige dieser Gedanken von der Erfahrung auszuschließen. Die feste Vorstellung der einen Identität macht vielmehr und kategorisch das Brechen der Barrieren zur Bedrohung.

Fast (1984) bezieht sich auf diskrepante Selbstrepräsentanzen, die im Verlauf der Bildung der Geschlechtsidentität aufgegeben werden. Was bedeutet dies? Bestimmt nicht, daß sie einfach verschwinden. Höchstens können wir sagen, daß es eine Ebene des Bewußtseins, sogar des Selbstbewußtseins, gibt, auf der wir unser genaues Geschlecht kennen und wissen, daß das, was wir über dieses Geschlecht denken, angemessen ist. Aber keine frühe Phantasie wird aufgegeben im Sinne von endgültig beendet. Ein lebendiges Beispiel ist etwa die Phantasie des Jungen, die Fähigkeit zu besitzen, Kinder auf die Welt zu bringen. Sie wird nur verworfen in dem Sinne, daß sie auf ein weniger bewußtes Niveau verwiesen wird und mehr mit Neid und Traurigkeit als mit Aufregung und Stolz besetzt wird (s. May 1979).

Die zentralen, unser Leben bewegenden Phantasien handeln von Personen oder von Anteilen von Personen, die einander oder miteinander Dinge tun. In diesem Sinne beinhaltet jede Phantasie eine Polarität oder komplementäre Möglichkeiten für das Fühlen und Handeln. Wenn der kleine Junge, auf den wir gerade angespielt haben, seine schöne Phantasie, ein Kind zu bemuttern, aufgeben muß infolge der bitteren Erkenntnis, daß Männer keine Kinder bekommen können, stehen ihm einige Alternativen zur Verfügung (z. B., indem er eine frühe Karriereentscheidung vornimmt, in die Pädiatrie zu gehen). Er kann seine Aufmerksamkeit auf den Genuß des Kindes in dieser Mutter-Kind-Partnerschaft intensivieren. Oder er kann eine andere Figur in seine Phantasie einführen, einen Vater etwa, dessen Penis eine zentrale Rolle bei der Entstehung von Kindern spielt und dessen Wunsch nach einem Kind durch die Beziehung zur Mutter ausgedrückt wird. Oder diese Phantasie wird transformiert in Dominanz und Ausbeutung. In jedem Fall aber bleibt das Interesse am Muttersein lebendig und wird sich endlos im weiteren Phantasieleben fortpflanzen.

Obwohl man für die einheitliche Geschlechtsidentität sensibel geworden ist, gerade wenn man der Ich-Psychologie mit ihrer Betonung von Organisation und Hierarchie zugeneigt ist, frage ich mich, ob dieses Konzept eine große Hilfe (oder gar ein Hindernis) beim Verständnis der Phänomene ist, die uns während der Arbeit als Therapeuten am meisten beschäftigen und durcheinanderbringen. Wir wollen uns für einen Augenblick einen jungen Mann während einer analytischen Psychotherapie vorstellen. Von außen betrachtet besteht kein Zweifel daran, daß er ein Mann ist. Er ist gut gebaut, athletisch und talentiert, erfolgreich auf einem begehrten Gebiet anerkannter "Männlichkeit", vollkommen heterosexuell und glücklich in seiner Ehe. Während der Therapie wird er laufend gequält von Gedanken sexueller Unterwerfung seinem (männlichen) Therapeuten gegenüber. Er stellt sich insbesondere vor, der Therapeut würde neben ihm auf der Couch liegen, ihn umarmen und mit ihm von hinten Geschlechtsverkehr haben. Er empfindet große Wärme und Wohlbehagen und eine bemerkenswerte Angst wegen dieser Phantasie. Zwar sieht er sich selber nicht als eine Frau mit einer Vagina, aber die Angst, die er wegen dieser Phantasie empfindet, drückt sich in Worten wie "Unterwerfung" und "Verwandlung in eine Frau" aus. Er hatte über Monate hinweg, in denen er und sein Therapeut gemeinsam gearbeitet haben, eine Reihe von Phantasien über eine junge Frau, die Opfer einer brutalen, ja verstümmelnden Vergewaltigungstat wird. Seine Faszination über diese Szenen haben ihn durcheinandergebracht. Bei diesen Phantasien ist er stets der unsichtbare und distanzierte Beobachter, obwohl klar ist, daß er sich eher als der Vergewaltigende als die Vergewaltigte sieht.

Einige relevante lebensgeschichtliche Aspekte, die durch die Assoziationen zu den Phantasien wiederbelebt werden, betreffen den Vater, den er als eine Mischung aus beängstigender Macht und erschütterndem Mißerfolg ansah. Seine Mutter erlebte er als schwach, unfähig und unwillig, ihn vor den Ausbrüchen seines ihn manchmal körperlich mißhandelnden Vaters zu schützen. Gleichzeitig wurde deutlich, daß sie mehr Kraft besaß, als es sein Bild von ihr glauben machte. Seine Karriere hatte auch mehr Verbindungen zu ihrer Arbeit als zu der seines Vaters.

Unter den Übertragungsphantasien, wie er seinen Therapeuten erlebte, waren die folgenden: ein gewaltsamer, dominierender und demütigender Vater; ein starker und ein bewundernswerter Vater; eine verantwortungsvolle Mutter, die auf seine Gefühle achtet; eine edle Mutter, die bereit ist, für ihn zu sterben; eine erwürgende, erstickende Mutter; ein aufgeregter Vater, der ihn bewundert und ihn berühren möchte; ein leidender, erfolgloser Vater; eine niedergeschlagene Mutter oder ein einsames Kind, das sterben wird, wenn man es nicht beachtet. Jedem dieser Bilder vom Therapeuten entspricht ein komplementäres Bild von sich selbst, seinem eigenen Muster verschiedener schmerzlicher und lustvoller Gefühle und seiner eigenen mehr oder weniger versteckten und konflikthaften Wünsche. Dem Therapeuten als grausamem Vater gegenüber ist er der gedemütigte kleine Junge, der das Gefühl hat, wegen seines Penis ausgelacht und verspottet zu werden. Dem Therapeuten als starkem und bewundernswertem Vater gegenüber ist er der kleine Junge mit seinem Idol oder die entzückende, junge Frau, die das Interesse des Therapeuten erobern und ihn erregen will. Dem schmerzlich erfolglosen Therapeuten gegenüber ist er der verächtliche Triumphator. Diese dramatischen Erlebnisfragmente wechseln und alternieren nicht nur im gesamten Therapieverlauf, sondern auch innerhalb einer Sitzung. Die besondere Phantasie, daß der Therapeut ihn festhält und den Beischlaf mit ihm vollzieht, verkörpert zumindest folgendes: 1. seinen Wunsch nach Wärme und körperlichem Kontakt mit dem Therapeuten als einer Mischung von Mutter und Vater, die sich zu ihm wie zu einem Kind verhalten; 2. sein Bedürfnis, sich sexuell einem Vater zu unterwerfen als eine Art Rückversicherung gegen seine eigene Aggression und Eifersucht; 3. sein Versuch, ein süßes und anziehendes Mädchen zu sein, dem die Wut des Therapeuten erspart bleibt; sein Wunsch, sich die von ihm so wahrgenommene, phallische Kraft des Therapeuten einzuverleiben (bzw. zu stehlen); 4. der Versuch, dem Therapeuten eine Frau zu sein, um ihn aus einer tiefen Depression zu erwecken, die er selbst so sehr befürchtet.

Wo liegt nun in diesem vertrauten und erkennbaren klinischen Bild die "Geschlechtsidentität"? In einigen dieser Phantasien erlebt sich der Patient so, als ob er eine Frau wäre. Vielleicht sieht er sich selbst sogar mit einem Frauenkörper. In anderen Phantasien agiert er auf eine Art und Weise, die ihm weiblich erscheint. Er ist aber ganz klar ein Mann wie in dem Drama eines Jungen, der sich mit Erregung und Demütigung den Anweisungen eines brutalen und aufgeregten Vaters unterwirft. Verschiedene Charaktereigenschaften wie etwa Stärke und Fürsorglichkeit erscheinen in seinen Phantasien als Eigenschaften sowohl von Männern als auch von Frauen. In jedem dieser phantasierten Dramen ist das Ich beweglich. Das Bild vom dominanten Vater und dem unterwürfigen Sohn zeigt die Möglichkeit, jeder von beiden sein zu können. Ein festgefügtes "Ich" sich aufzuerlegen, bedeutet hingegen, die Möglichkeiten zu begrenzen. Die Bezeichnung "Identität" überdeckt nur den Strom seiner Gedanken, wenn er besonders furchtsam aufgrund seiner Phantasien war und sich angstvoll fragte, wohin sie ihn führen würden. Die Reaktion ist dann "Das bin ich nicht", und seine Assoziationen drehen sich zum gegenüberliegenden Pol.

Gibt es hier eine Einheit oder eine "Ganzheitlichkeit"? Ich glaube kaum, wenigstens im nicht analytisch relevanten Sinne. Dies würden wir auch nicht wollen. Diese disparaten Identifikationen, die verschiedenen und wechselnden Bilder von sich selbst und anderen, dieses chaotische und sich widersprechende Gemisch von Wünschen und Ängsten, dies ist in der Tat unsere charakterologische Schatzkammer. Die Fähigkeit zum Wandel und zur Entwicklung hängt davon ab, ob wir einen Fundus von solchen widersprüchlichen Bildern und phantastischen Bestrebungen besitzen.[5] Das vornehmliche Anliegen der psychoanalytischen Psychotherapie besteht in der Erforschung dieser abgewehrten Fragmente mit der Überzeugung, daß sie wertvolle Ressourcen sind. In diesem Sinne kann "Geschlechtsidentität" nur als ein Widerstand in der Behandlung und als eine Verarmung des Charakters betrachtet werden.

Das Thema der Destruktivität

Das Thema der Destruktivität ist in der Psychologie der Männer als ein Beispiel für multiple Verursachung und der verschiedenen Aspekte, die bei einer analytischen Betrachtung berücksichtigt werden müssen, von Interesse. Mit einem eigenen Anspruch muß es bei jeder analytischen Betrachtung von Männlichkeit dargestellt werden. Das Thema der Destruktivität ist sowohl hinsichtlich des männlichen Erlebens wie auch des männlichen Funktionierens in der Gesellschaft von Bedeutung.

Die zentrale Bedeutung der Destruktivität im Leben des Mannes rührt von dem sich verbreitenden und verstärkenden Effekt von Einflüssen auf einigen verschiedenen Ebenen her. Die unmittelbarste Folge der genetisch bedingten Männlichkeit ist die Produktion bedeutender Mengen Testosterons. Man kann von einer Verbindung zwischen Testo-

[5]Diese Auffassung wurde in vielen Diskussionen mit Malcolm Slavin bestärkt. Zum selben Sachverhalt in den Begriffen der Biologie der Evolution verweise ich auf Slavin (1985).

steron und bestimmten Formen der Aggressivität ausgehen (May 1980, S. 85-89). Auf einer anderen Ebene, nämlich der des Erlebens und der Symbolisierung des eigenen Körpers, wird der Besitz des Penis zum Hauptgegenstand stolzer und aggressiver Gefühle und sexueller Wünsche. Die obszöne Umgangssprache sowie die Assoziationen unserer Patienten unterstreichen das Ausmaß, in dem der Penis mit Qualitäten wie Macht und selbst Angriff ausgestattet ist. Hilflosigkeit hingegen wird mit seinem Gegenteil, nämlich Bildern von Impotenz und Kastration, assoziiert. Weil das Organ als solches so exponiert ist, lädt es geradezu dazu ein, an ihm Größe und Erfolg zu messen, was den rivalisierenden Konflikt der Männer untereinander verstärkt.

Der Hauptunterschied in der frühen Erfahrung liegt darin, daß ein wirkliches Charakteristikum von Männlichkeit in den oben erwähnten körperlichen Faktoren besteht. Zusätzlich kommt noch ein weiteres, mindestens genau so wichtiges Unterscheidungsmonent hinzu: Die erste und die wichtigste Bezugsperson ist eine Person des anderen Geschlechts. Aus Verletzung und Neid, die der Junge bei der Entdeckung empfindet, daß er keine Mutter sein kann, wendet er sich von der Mutter ab. Dies führt bei vielen Männern zum Kern eines Charakterstils, der in der Verleugnung dieser Verletzung, einer kompensatorischen Versicherung der Macht und einer Abneigung gegen die "weiblichen" Eigenschaften wie Bindung und Zärtlichkeit besteht. Der Versuch, die Gegenwart des Weiblichen in unserer inneren Welt zu verringern und zu unterdrücken, verkompliziert die Frage nach der Entwicklung einer Kontrolle für die eigenen destruktiven Impulse. Dies macht es schwieriger, Schuldgefühle zu erfahren, die eine Integration von Liebe und Haß erlauben (was die Kleinianer mit dem Erreichen der depressiven Position meinen). Eine andere Möglichkeit, Kontrolle zu haben, besteht in der angstvollen Identifikation mit einem mächtigeren Mann. Sie ist verantwortlich für die Verstärkung des inneren Dramas von Dominanz und Unterwerfung. Am Ende steht ein Mann, der auf unglücklichem Wege anderen das antut, was ihm selbst angetan wurde.

Auf den oberen Schichten unserer Ausgrabungen finden wir schließlich, was in der Regel mit der "männlichen Rolle" umschrieben wird und womit das Gesamt der kulturellen Zwänge und Verbote, nach dem Männer zu handeln haben, gemeint ist. Die Betonung liegt auf Härte und Eroberung, die beide das männliche Interesse an den Möglichkeiten und Grenzen der Destruktivität widerspiegeln und verstärken.

Elliott Jacques *Death and the Mid-Life Crisis* (1965) ist eine elegante und ausführliche Erörterung der Konfrontation mit dem Tod und der menschlichen Destruktivität, die seiner Ansicht nach den Kern des Übergangs zum Erwachsensein darstellt.

> Der Idealismus und der Optimismus eines jungen Erwachsenen werden von einem abgespaltenen und projizierten Haß begleitet, der aufgegeben und durch einen kontemplativen Pessimismus ersetzt wird. Es kommt zu einem Wechsel von dem radikalen Begehren und der Ungeduld zu einem mehr reflexiven und toleranten Konservatismus. Der Glaube daran, daß der Mensch im Innersten gut sei, wird ersetzt durch die Erkenntnis und die Akzeptanz der Tatsache, daß die innewohnende Güte von Haß und destruktiven Kräften begleitet wird, die zum eigenen Elend und zur eigenen Tragödie des Menschen beitragen können (S. 504-505).

Nach Jacques Auffassung ist das junge Erwachsenenalter durch Aktivität, Optimismus und solche Eigenschaften gekennzeichnet, die die Kleinianer als manische Abwehr bezeichnen. Aber die wachsende Erkenntnis, daß die eigene Zeit begrenzt ist und es einen Tod gibt, betrifft das eigene, einzigartige Leben und ist gleichzeitig eine Metapher für unser eigenes destruktives Potential. Diese Erkenntnis stürzt uns in einen inneren Kampf, der nur auf Kosten der Verarmung des Innenlebens und einer "Fortführung der Überschwenglichkeit des Gefühlsausdrucks des jungen Erwachsenen vermieden werden kann" (Jacques 1965, S. 512).

Wie es sich für einen Kleinianer schickt, hat Jacques wenig Interesse an Geschlechtsunterschieden (denn eine Theorie, die alle wichtigen Ereignisse der psychischen Entwicklung in die ersten 6 Monate verlegt, ist über Geschlechtsunterschiede nicht erfreut). Daraufhin angesprochen sagt er, seine Beschreibung betreffe sowohl Männer als auch Frauen. Es ist allerdings ein kurioses Faktum, daß von den vielen in seiner Arbeit angeführten Beispielen nur eines von einer Frau handelt. Dies unterstützt mein Gefühl, daß der Kampf mit der Destruktivität, den Jacques beschreibt, vielleicht eher Männer als Frauen betrifft.

Wie schafft es ein Mann, mit seiner Rivalität und seinem Wetteifer fertig zu werden und die Grenzen seines Ehrgeizes zu akzeptieren? Wie geht es zu, daß jemand einen Penis haben kann, ohne ein Angreifer zu sein? Wie steht es um die Jahrhunderte alte Tradition männlicher Gewalt? Wie können wir unsere eigene Fähigkeit zu hassen entdecken? Können wir die Tatsache ertragen, daß wir selbst - manchmal willentlich, manchmal in aus einer Laune heraus - andere, sogar die, die wir am meisten mögen, verletzt haben? Ist ein Mann unfähig, das schlechte Gewissen zu ertragen, das ihm die Erkenntnis dieser destruktiven Aspekte seines Selbst macht, und verleugnet er statt dessen seine eigene Aggression, so wird das Ergebnis schlimmste Aspekte der manischen Abwehr aufweisen: nämlich Selbstgerechtigkeit, Grausamkeit und manische Omnipotenz.[6]

---

[6]Wem all dies hypothetisch erscheint, möge einen flüchtigen Blick in Richtung Washington D.C. werfen. Dort gibt es eine Administration, die mehr als üblich von Männern und für Männer geführt wird (Reagan bekam die Stimmen von 70 % der Männer im Alter von 18 bis 24). Reagans Stil ist das lebendige Beispiel der Folge einer nicht bewältigten Midlifekrise: ein manischer Optimismus, der verblendet Fakten ignoriert; eine Selbst-

Viele der schmerzvollen, aber alltäglichen und vertrauten Dramen des Mannes im mittleren Leben können mit diesen Begriffen verstanden werden. So z.B. das Drama der anderen Frau, das oft das der jüngeren Frau ist. Diese Episoden sind in der Regel für alle verletzend, die in sie verwickelt sind, und werden im Leben eines Mannes oft zur Gewohnheit. Sie hinterlassen oft jemanden, der im nachhinein über die ganze Aufregung, die deswegen entstanden war, verwirrt ist. Wir sind daran gewöhnt, diese leidenschaftlichen Wiedereintritte in die Adoleszenz als Versuch, das eigene Altern zu verleugnen, und als narzißtische Suche nach dem idealen Partner zu verstehen. Darüber hinaus handelt es sich um die Vermeidung der eigenen Destruktivität. Von daher bin ich der Meinung, daß eine der Unvermeidlichkeiten einer kontinuierlichen Beziehung in der Erfahrung der eigenen Fähigkeit zum Verlangen und zur Enttäuschung besteht. Bei dem Zorn, der uns am vertrautesten ist, können wir unsere Fähigkeit zur Entwertung und zum Angriff beobachten. Halten wir dies nicht aus, wähnen wir uns selbst in dem Gedanken, daß dies ein dem Partner unterstellter Fehler ist. Wir verfolgen die Illusion von dem perfekten anderen, um die eigene Fähigkeit abzuwehren, innerlich das zeitweilig zu zerstören, was wir am meisten schätzen. Indem wir dies tun, geben wir auf, was Dick (1984, S. 31) als zentrales Element menschlicher Beziehungen bezeichnet hat, nämlich den Kampf, den Haß in die Liebe zu integrieren.

Die Beziehungsfähigkeit des Mannes ist symbolisiert und verkörpert durch die innere Welt der Objekte. Ein Mann kann entweder seinen Haß integrieren oder nicht. Er kann ihn entweder moderieren oder nicht. Mit einigem Glück können wir die ermordeten inneren Objekte wieder auferstehen lassen und uns um sie kümmern. Wir kümmern uns dann um die Visionen des Selbst und des anderen, die im wesentlichen zwar weiblich, deswegen aber nicht "unmännlich" sind.

Für das psychoanalytische Auge sind diese Sachverhalte nicht allein Fragen eines falschen oder unheilvollen sozialen Trainings. Sie lassen sich auch nicht mit Hilfe einer "Androgynie" lösen, die angeblich nur die besten Eigenschaften des Männlichen und Weiblichen umfaßt oder "männlich" und "weiblich" als flüssige Kategorien betrachtet, die einfach vermischt und homogenisiert werden können. Wir sind vielmehr an einer inneren Welt der Objekte interessiert, die widersprüchlich, phantastisch,

---

gerechtigkeit, die sich Feinde schafft und nach solchen verlangt; eine Religiösität, die die demütige Bedeutung von dem, was Sünde ist, nicht mehr kennt; und schließlich eine gütige Freundlichkeit, die auf bizarre Weise mit bemerkenswerter Grausamkeit und potentieller Destruktivität koexistiert.

konkret und in ihrer Körpersprache sogar obszön ist. Dies ist bei weitem nicht die einzige, aber eine entscheidende Sichtweise.

Literatur

Dicks H (1984) Marital tensions: Clinical studies towards a psychological theory of interaction. Routledge & Kegan, Boston

Erikson E (1959) Identity and life cycle. Int Univ Press, New York (Dt. 1966: Identität und Lebenszyklus. Suhrkamp, Frankfurt am Main)

Fast I (1978) Developments in gender identity: The original matrix. Int R Psychoanal 5: 265-273

Fast I (1984) Gender identity: A differentiation model. Analytic Press, Hillsdale/NJ (Dt. 1991: Von der Einheit zu Differenz. Psychoanalyse der Geschlechtsidentität. Springer, Berlin Heidelberg New York)

Freud A (1969) Difficulties in the path of psychoanalysis. Int Univ Press, New York

Freud S (1895d) Studien über Hysterie. GW Bd 1, S 75-312

Glover E (1966) Metapsychology or metaphysics: A psychoanalytic essay. Psychoanal Q 35: 173-190

Grinstein A (1956-1975) Index of psychoanalytic writings. Int Univ Press, New York

Hooker E (1965) An empirical study of some relations between sexual patterns and gender identity in male homosexuality. In: Money J (ed) Sex research: New developments. Holt, Rinehart & Winston, New York

Jacoby R (1976) Social amnesia. Beacon Press, Boston

Jaques, E (1965) Death and the mid-life crisis. Int J Psychoanal 46: 502-514

Kestemberg E (1974) Some remarks in the present state of psychoanalysis in France. Int J Psychoanal 55: 449-454

Kohlberg L (1966) A cognitive-developmental analysis of children's sex-role concepts and attitudes. In: Maccoby E (ed) The development of sex differences. Stanford Univ Press, Stanford, pp 82-173

Laplanche J, Pontalis JB (1973) The language of psychoanalysis. Norton, New York (Dt.: Das Vokabular der Psychoanalyse. Suhrkamp, Frankfurt am Main)

Levinson D, Darrow C, Klein E, Lewinson M, McKee B (1978) The seasons of a man's life. Knopf, New York

Malcolm J (1983, January 24) Six Roses ou Cirrhoses? The New Yorker pp 96-104

May R (1979) Freud and the phallic defense. Psychiatry 42: 147-156

May R (1980) Sex and fantasy. Norton, New York

Money J, Ehrhardt A (1972) Man and woman, boy and girl. John Hopkins Univ Press, Baltimore

Parker A (1986) Mom. The Oxford Literary Review 8: 105-112

Roazen P (1980) Erik Erikson's America: The political implications of Ego Psychology. J Hist Behav Sci 16: 333-341

Schafer R (1973) Concepts of self and identity and the experience of separation-individuation in adolescence. Psychoanal Q 42: 42-59

Schafer R (1976) A new language for psychoanalysis. Yale Univ Press, New Haven/CT (Dt. Eine neue Sprache für die Psychoanalyse. Klett, Stuttgart)

Schafer R (1983) The analytic attitude. Basic Books, New York

Slavin M (1985) The origins of psychic conflict and the adaptive function of repression: An evolutionary biological view. Psychoanalysis and Contemporary Thought 8: 407-440

Spence D (1968) Narrative truth and historical truth. Norton, New York

Stoller R (1968) Sex and gender. Science House, New York

Stoller R (1968) Primary femininity. In: Blum H (ed) Female psychology: Contemporary psychoanalytic views. Int Univ Pres, New York
Weiss R (1969) The American myth of success. Basic Books, New York

Symposium: Männer und Frauen

Bei der Vorbereitung dieses Buchs planten die Herausgeber einen Beitrag über die Beziehungen von Männern zu Frauen und wie diese von den jüngsten psychosozialen Veränderungen berührt werden. Es wurde sehr bald deutlich, daß ein einzelner Beitrag der Weite und Bedeutung dieses Gegenstands nicht gerecht werden kann. Als eine angemessene Form erschien ein Symposium, in dem eine Vielzahl von Sichtweisen zusammengebracht werden könnte. Darüber hinaus erschien es wichtig, daß die Autoren Frauen sind, denn die meisten Beiträge dieses Bandes sind von Männern verfaßt worden. So baten wir die Psychiaterin und Psychoanalytikerin Carol Nadelson, die Soziologinnen Nancy Chodorow und Mirra Komarovsky und die beiden Psychoanalytikerinnen Esther Menaker und Ann Belford Ulanov um kurze Beiträge zu folgender Fragestellung:

In den letzten 25 Jahren haben die feministische und andere kulturelle Bewegungen zu Veränderungen im öffentlichen und privaten Leben von Frauen geführt. Bislang ist der fortlaufende Einfluß dieser Prozesse auf das Selbstbild von Frauen und der Natur ihrer Psychologie noch nicht untersucht worden. Welchen Einfluß haben aus der Sicht Ihrer professionellen Arbeit und Ihrer persönlichen Erfahrungen diese Ereignisse auf die Beziehungen zwischen Männern und Frauen?

Zum Wandel der Beziehungen zwischen Männern und Frauen in den letzten 600 Jahren

Carol C. Nadelson

Als ich damit begann, über die Beziehungen zwischen Männern und Frauen während der letzten Jahrzehnte nachzudenken, warf ich einen flüchtigen Blick in die Geschichte und entdeckte eine heftige Diskussion über die Beziehungen zwischen den Geschlechtern und ihre Rollen während der letzten 600 Jahre. Christine de Pisan veranlaßte zu Beginn des 15. Jahrhunderts einen anregenden Dialog über dieses Thema mit der Veröffentlichung von *The book of the City of Ladies* (1405). Dieses Buch initiierte die *querelles des femmes*, eine literarische Debatte, die von Männern und Frauen hohen Adels und hoher Bildung geführt wurde. Vorher wurden diese Themen nur von Männern definiert und diskutiert. De Pisan und ihre Anhängerinnen bemühten sich um klassische Bildung, um sich Raum für eine neue intellektuelle Position zu schaffen, die der erdrückenden Autorität dessen, was über Frauen gelehrt wurde, etwas entgegen setzen sollte.

In ihrem Buch konzentrierte sie sich auf die Natur der Weiblichkeit und auf geschlechtsbezogene Fragestellungen. Sie nahm an, daß Geschlechterrollen sowohl kulturelle als auch biologische Wurzeln haben und argumentierte gegen frauenfeindliche Thesen von der weiblichen Mangelhaftigkeit und stellte diesen die gesellschaftliche Verformung der Frau entgegen. Es muß die Tatsache betont werden, daß ihre Arbeit größtenteils, mit Ausnahme von einigen mittelalterlichen Historikern und Wissenschaftlern, ignoriert wurde. Feministische Historikerinnen und Wissenschaftlerinnen gehen davon aus, daß die Weltgeschichte zum großen Teil von Männern geschrieben wurde, männlich orientiert ist und von der Macht und dem Einfluß der Männer erzählt. Die Geschichte der Frauen ging oftmals verlustig, wurde außer acht gelassen und anderen zugeschrieben. Unser Wissen von der weiblichen Geschichte basiert auf fragmentarischen und unvollständigen Erzählungen und wird durch Bewertungen und Sichtweisen verfälscht, die häufig eher literarisch und ungenau sind.

Das Problem dieser Fehleinschätzung wurde unlängst von Wissenschaftlerinnen aufgegriffen. Sie beschreiben es auf Gebieten, die wir in der Regel als objektiv und wertfrei betrachten (Bleier 1984, Keller 1985). Die Arbeiten von Frauen in der Geschichte der Medizin, der Wissenschaft und der Psychologie enthüllen eine Anzahl beachtlicher Frauen, die wie ihre literarischen Schwestern zwar bedeutende, aber nicht zur Kenntnis genommene Beiträge leisteten. Das 12. Jahrhundert brachte Troctula di Ruggiero hervor, deren Arbeit ihrem Mann zugeschrieben wurde. Sie schrieb Dutzende von Büchern über Geburtshilfe und Frauenheilkunde, Pädiatrie und Dermatologie. Ebenso arbeitete sie mit ihrem Mann und ihren Söhnen an einer Reihe von Enzyklopädien. Sie lehrte an der medizinischen Hochschule von Salerno und war als größte Lehrerin ihrer Zeit angesehen. Tatsächlich berichtete ein Student, daß einer unter den 15 Lehrern der Fakultät, der weise genug war, um alle Fragen zu beantworten, eine Frau war (Rich 1967).

Auf die Anregung von Feministinnen und Historikerinnen haben wir diese frühe Geschichte der weiblichen Errungenschaften ausgegraben. Wir haben erfahren, daß diese Frauen die biologische Grundlage der Geschlechterrollendifferenzierung und die rigiden und polarisierten Definitionen männlicher und weiblicher Eigenschaften, Einstellungen und Charakteristika in Frage stellten. Indem sie aber auch die komplexen intrinsischen Unterschiede, die zwischen Männern und Frauen existieren, zur Kenntnis nahmen, verstanden sie sehr wohl, daß die Natur und die Implikationen dieser Unterschiede nicht eindeutig sind.

Eine sorgfältige Analyse der Literatur zur Geschlechterdifferenz erinnert an die Geschichte vom blinden Mann und dem Elefanten. Jede Forschung fügt unserer Erfahrung etwas hinzu. Die Daten sind gleichwohl fragmentarisch und können die Vergangenheit und ihre Ideen nicht angemessen darstellen oder Bestandteile aus verschiedenen Gebieten zusammenfasssen. Oft nehmen wir nur Bruchteile wahr, ohne jemals die ganze Komplexität erfassen zu können.

Während der letzten Jahrzehnte wurden wichtige Beobachtungen über die Natur der Beziehungen zwischen Männern und Frauen und über die Unterschiede, wie Beziehungen verstanden und bewertet werden, gemacht. Mein eigenes Interesse an weiblichen Führungsrollen führte mich zur Betrachtung der Natur ihres Wandels. Die Entwicklung von Änderungen bei grundlegenden Überzeugungen, Einstellungen und Werthaltungen vollzieht sich ausnehmend langsam. Während es enorme Veränderungen in den Beziehungsmustern, in der Familienstruktur und dem persönlichen Leben gegeben hat, bestehen nach wie vor große Unterschiede in den Führungsrollen und im Leistungsbereich zwischen Männern und Frauen. Es gibt Gründe für die Annahme, daß diese Unterschiede nicht auf Kohorteneffekten beruhen, sondern auf unbeugsame, internalisierte Verhaltensweisen und Erwartungen sowohl auf seiten der Männer als auch auf seiten der Frauen zurückgehen. Wie wir gesehen haben, belegt die Geschichte der geistigen Vorreiterinnen tatsächlich, daß diese auf jedem Gebiet wichtige Beiträge geleistet haben. Ihre Bedeutung hingegen ist oft vergessen worden.

Dies sollte uns gegenüber der Annahme zurückhaltend stimmen, nach der offensichtliche gesellschaftliche Veränderungen Indikatoren für einen grundlegenden gesellschaftlichen Wandel sind. Natürlich gibt es heute mehr berufstätige Frauen als früher. Werden sie aber Führungsrollen übernehmen? Die jungen Frauen von heute, die sich zufrieden fühlen und glauben, daß sie nicht mehr so wie ihre Mütter früher unterdrückt werden, sollten vorsichtig sein. Die Straße muß wieder neu gepflastert werden, der Kies muß geglättet und das Unkraut muß wieder gejätet werden. Ansonsten kommt man vom Weg ab.

Neue Formen des Familienlebens wie die Partnerschaft mit Doppelkarriere, späte Eheschließungen, sogenannte *commuting relationships* (in denen die Partner an verschiedenen Orten leben) und ebenso die ansteigenden Scheidungsraten deuten eine erhöhte Gleichheit und Autonomie innerhalb der Beziehungen an. Die Interaktionsmuster innerhalb der Beziehungen zeigen allerdings immer noch, daß die Art des Alltagslebens von Grund auf geschlechtsspezifisch gestaltet ist. Tatsächlich haben neuere Untersuchungen über das Leben von Ärztinnen gezeigt, daß sie, obwohl sie genauso viele Stunden täglich wie ihre männlichen Kollegen arbeiten, immer noch die größte Last der familialen Verantwortlichkeit tragen (Heins, Smock, Martindale u. Jacobs 1977).

Die psychoanalytische Theorie hat den Versuch unternommen, die Persönlichkeitsunterschiede zwischen Männern und Frauen vor allem durch biologische Faktoren und Erfahrungen in der frühen Entwicklung zu erklären. Trotz Freuds (1933a) Warnung vor der Unterschätzung des Einflusses sozialer Faktoren und seiner Vorsicht gegenüber der Polarisierung von Männlichkeit und Weiblichkeit, wird die Bedeutung dieser Polarisierung in der klinischen Arbeit genauso wie im Alltagsleben immer noch unterschätzt.

In der klinischen Arbeit wie im Alltagsleben sehen wir zahllose Beispiele solcher Polarisierungen und Wertzuschreibungen, die auf Geschlecht und Persönlichkeitseigenschaften beruhen, die oft unbewußt sind und an denen stark festgehalten wird. Auch wenn wir die Gleichberechtigung unterstützen, sehen wir immer noch die Frauen aus den Machtpositionen und von der Verantwortung ausgeschlossen, weil sie sich nicht an ein Stereotyp oder an einen männlichen Lebensstil anpassen.

Heute ist deutlich geworden, daß die *nature-nurture* Debatte unauflösbar ist und es wahrscheinlich bleiben wird. Die Persönlichkeitsentwicklung hat ihre biologischen Grundlagen und ist gleichzeitig in einem soziokulturellen, intrapsychischen und interpersonellen Kontext verwurzelt. Deswegen sind solche Befunde, die frühe geschlechtsbezogene Unterschiede im elterlichen Verhalten indizieren, von großer Bedeutung. Die Tatsache, daß schon in der frühen Kindheit Mütter und Väter unterschiedlich auf ihre männlichen oder weiblichen Kinder reagieren, macht es notwendig anzunehmen, daß diese und andere Verhaltensweisen die enstehenden Persönlichkeitseigenschaften verstärken. Die häufigeren Reaktionen der Mütter auf ihre Töchter können nicht als nur interessant abgetan werden. Es mag sein, daß die so oft bei Frauen beschriebene Eigenschaft einer größeren Zugänglichkeit für die Effekte sozialer Verstärkung und eine größere Bewertung von Bindungen und Verwandtschaftsbeziehungen ihre Wurzeln in diesem Verhalten hat. Tatsächlich kann dies die Angst von Frauen vor dem Verlust von Beziehungen und damit ihre Aggressionshemmung beeinflußen (Horner, Nadelson u. Notman 1983; Lerner 1983; Notman, Zilbach, Baker, Miller u. Nadelson 1986). Ebenso mag dies dafür verantwortlich sein, daß wir den Beitrag von Frauen vergessen und selbst falsche Zuschreibungen und Anerkennungen dulden.

Die Tatsache, daß Jungen und Mädchen bereits in ihren frühesten Interaktionen unterschiedliche Erfahrungen machen, darf nicht ignoriert werden. Ebensowenig dürfen die Unterschiede in den sich herausbildenden Beziehungen zwischen Eltern und Kindern, die von Grund auf geschlechtsbestimmt sind, übersehen werden. Die Implikationen von Wünschen, Phantasien, Erwartungen und Identifikationen, die auf dem Geschlecht basieren, sind ins Auge springende Umstände. Im Klartext heißt dies, daß die Identifikation und die Bindungen zwischen Mutter oder Vater und Tochter nicht die gleichen sind wie zwischen Mutter oder Vater und Sohn. Diese Unterschiede leiten bereits zukünftige Beziehungen in die Wege.

Unser zunehmendes Wissen über die Depression bei Frauen ist bei der Betrachtung der Beziehungen zwischen Männern und Frauen ebenso von Bedeutung. Weil wir wissen, daß bei jungen Müttern mit kleinen Kindern die höchste Depressionsrate vorliegt, müssen wir davon ausgehen, daß das Kind einer depressiven Mutter von dieser Erfahrung berührt wird. Gibt es Unterschiede zwischen Söhnen und Töchtern hinsichtlich dieses Affekts? Was sind die späteren Auswirkungen dieser frühen Erlebnisse? Wie beeinflußt dies zukünftige Generationen?

Was wir als "natürliche Phänomene" betrachten, impliziert einen festgelegten oder unbeweglichen Standpunkt. Wenn wir uns auf die Sichtweise einer "Natur des Mannes" oder "realer Unterschiede" zurückziehen, begehen wir einen Fehler. Hodding Carter behauptete, daß wir unseren Kindern zwei bleibende Vermächtnisse hinterlassen sollten: zum einen sind es die Wurzeln, zum anderen die Flügel (s. Block 1982). Block (1982) nimmt an, daß Frauen dazu ermutigt werden, Wurzeln zu schlagen, während ihre Flügel klein gehalten werden. Bei den Männern ist das Gegenteil der Fall. Dies ist eine Behauptung über Beziehungen und den Einfluß von Sozialisation. Sie ergänzt die Objektbeziehungstheorie insofern, als sie einen Internalisierungsvorgang impliziert. Block schreibt weiter:

Flügel ohne Wurzeln können freie und waghalsige Seelen hervorbringen - freie Geister, denen es jedoch an Bindung, Höflichkeit und Bezogenheit mangelt. Auf der anderen Seite sind Wurzeln ohne Flügel vorsichtig, fähig zur Abhängigkeit und versorgend. Sie sind jedoch auch angebundene Individuen, verantwortliche Wesen, denen es an Unabhängigkeit mangelt, die sich selbst keine Richtung geben und kein Abenteuer erleben können. Bei der Literaturdurchsicht über die Sozialisation von weiblichen Kindern und Jugendlichen kann man sich nur schwer gegen die Schlußfolgerung wehren, daß zumindest bis vor kurzem die Frauen in unserer Gesellschaft "übersozialisiert" sind und Wurzeln statt Flügel geerbt haben.

Von einer anderen Perspektive ist dies eine Neuformulierung Freuds pessimistischer Ansicht über die Frauen und fügt den traditionellen Modellen der weiblichen Psychologie eine Dimension hinzu. Sie eröffnet einen wichtigen und fortdauernden Dialog über die "intrinsische" Natur der Geschlechterdifferenz.

Rapaport u. Rapaport (1971) behaupten:

In den Humanwissenschaften werden Argumente, daß ein durchschnittliches, gegebenes Muster auftritt, in primitiven Gesellschaften aufgefunden werden kann und bei Tiere ebenfalls anzutreffen ist, herangezogen, um Behauptungen über die Begrenztheit der menschlichen Natur zu untermauern. Weil die Männer immer schon die wirtschaftlichen Versorger waren und die Frauen sich um die Kinder kümmerten, wird behauptet, daß die Babys ihrer Mütter bedürfen und die Männer die Ernährer sein müssen. Weil die Kernfamilie in der letzten Zeit die Grundform der sozialen Organisation gewesen ist, wurde davon ausgegangen, daß diese Form die beste Anpassung an die moderne Gesellschaft darstelle. Weil die Männer in der zeitgenössischen Gesellschaft ehrgeiziger und im Berufsleben eingebundener sind als die Frauen, wird davon ausgegangen, daß Männer und Frauen von Grund auf so sind.

Neuere Erkenntnisse aus dem Bereich der Neurologie versprechen mehr Aufschluß über die Ähnlichkeiten und Unterschiede zwischen Männern und Frauen. Wir dürfen jedoch nicht glauben, daß wir ein Paradigma wählen und dies dem anderen entgegensetzen können. So würden wir die für das Verständnis menschlichen Denkens und Verhaltens notwendige Integration aus dem Blick verlieren. Wir können nicht komplexe Entwicklungsprozesse konzeptualisieren, indem wir bewertende Vergleiche vornehmen, die zwischen reif und unreif, stark und schwach, maskulin und feminin und schließlich zwischen Leistung und Versorgung polarisieren. Wir sollten nach einer Synthese von Ätiologie und Phänomenologie Ausschau halten und uns daran erinnern, daß selbst die wissenschaftliche Forschung eine Auswahl von Fragen, Parametern, Methoden und Interpretationen vornimmt, die auf Bewertungen, Hypothesen und Fakten beruht.

Simone de Beauvoir (1953) behauptete, daß die Repräsentation der Welt wie die Welt selbst ein Werk der Männer ist. Sie beschreiben sie von ihrem Standpunkt aus, den sie mit der absoluten Wahrheit verwechseln.

Literatur

Bleier R (1984) Science and gender. Pergamon Press, New York

Block JH (1982) Psychological development of female children and adolescence. In: Berman P, Rainey E (eds) Women: A developmental perspective. Department of Health and Human Services, Public Health Service, National Institute of Health, NIH Publ. #82-2298, Washington/DC

De Beauvoir S (1953) Das andere Geschlecht. Eine Deutung der Frau. Rowohlt, Reinbek bei Hamburg

De Pisan C (1405) The book of the city of ladies. Persea Books 1982, New York

Freud S (1933a) Neue Folgen der Vorlesungen zur Einführung in die Psychoanalyse. GW Bd 15

Heins M, Smock M, Martindale L, Stein B, Jacobs J (1977) A profile of the woman physician. J Amer Med Assoc 32: 421-427

Horner M, Nadelson C, Notman M (eds) (1983) The challenge of change: Perspectives of family, work, and education. Plenum Press, New York

Keller EF (1985) Reflections on gender and science. Yale Univ Press, New Haven/CT

Lerner H (1983) Female dependency in context: Some theoretical and technical considerations. Amer J Orthopsychiatry 55

Notman M, Zilbach J, Baker Miller J, Nadelson C (1986) Themes in psychoanalytic understanding of women: Some reconsiderations of autonomy and affiliation. J Amer Acad Psychoanal 14

Rapaport R, Rapaport R (1971) Dual career families. Penguin, Middlesex UK

Rich J (1967) Women behind men of medicine. Julian Messner, New York

Scheidung, ödipale Asymmetrien und der Altersunterschied in der Ehe

Nancy Julia Chodorow

Die meisten Ehen in unserer Gesellschaft sind hypergam. Das bedeutet, daß ein Mann eine Frau heiratet, die jünger ist als er. 69 % der Ehen zeigen dieses Muster. Bei weiteren 11 % der Fälle ist das Alter gleich, und nur in 20 % ist die Frau älter als der Mann.[1] Der Altersunterschied bei der Erstheirat beträgt im Median 1,8 Jahre und bei einer Wiederheirat 3,7 Jahre. Der Median der Wiederheirat zeigt einen Schwerpunkt bei Frauen und Männern in ihren 20er und frühen 30er Jahren, wenn die meisten Wiederverheiratungen auftreten. Ein Mann in den 40ern, der wieder heiratet, wird wahrscheinlich eine Partnerin wählen, die 9 oder 10 Jahre jünger ist als er. Weil die Scheidungsrate und mit ihr die serielle Monogamie zunimmt, können wir eine wachsende Zahl von altersunterschiedlichen Eheschließungen erwarten. Solch ein Muster kann bedeuten, daß einige junge Männer mit einer Eheschließung solange warten, bis jüngere Frauen verfügbar werden. Demographische Statistiken zeigen ebenso an, daß die Anzahl der als Singles lebenden Frauen oder Frauen, die geschieden sind, aber nicht wieder heiraten, weiterhin anwächst und mit dem Alter zunehmen wird. Frauen und Männer im Alter von 25 werden mit gleicher Wahrscheinlichkeit wieder heiraten. Frauen in der Altersgruppe von 25 bis 44 Jahren werden wahrscheinlich zu 65 % eher wieder heiraten als die Männer der gleichen Altersgruppe. Diejenigen zwischen 45 und 65 Jahren werden zu 38 % wieder eine Ehe eingehen, während diejenigen über 65 Jahre dies nur in 22 % der Fälle tun.

Obschon der Altersunterschied bei der Erstheirat noch gering ist, reflektiert er die nicht hinterfragte kulturelle Vorannahme, daß ein Mann in einer "egalitären" Ehe zumindest etwas höher stehen sollte (im Durchschnitt sind Männer hinsichtlich ihrer Bildung und ihres Einkommens den Frauen etwas überlegen oder stehen ihnen zumindest gleich). Es gibt

[1]Die von mir zitierten Daten stammen aus dem "Advance Report of Final Marriage Statistics 1980", Monthly Vital Statistics Report, Vol 32, No. 5, August 18, 1983. Für ihre Hilfe bei der Einschätzung und Interpretation der Ehestatistiken danke ich Scott Coltrane und Michael Reich.

auch soziale, kulturelle und selbst angeblich biologische Gründe für den zunehmenden Altersunterschied bei den darauffolgenden Ehen: das noch immer vorherrschende Vorurteil von der männlichen Überlegenheit; der den Männern unterstellte Wunsch nach fruchtbarenr Frauen, die sie dazu bewegt, jüngere Frauen zu heiraten; die Tatsache, daß Frauen den heterosexuellen Heiratsmarkt mit den zugeschriebenen Eigenschaften wie Schönheit und Jugend, die mit dem Alter abnehmen, betreten, Männer hingegen mit Errungenschaften wie Prestige und Einkommen, die mit dem Alter eher zunehmen. Diese Erklärungen decken sicherlich einen Großteil dieses Vorgangs ab (obwohl ich beobachtet habe, daß es vom Altersunterschied abhängt, ob Männer besonders in nicht altersgleichen Beziehungen einen Kinderwunsch haben oder nicht). In dieser Diskussion werde ich jedoch einige psychodynamische Gründe für dieses Muster betrachten. Männer, die jüngere Frauen heiraten, und Frauen, die jüngere Männer heiraten, zeigen beide die Muster einer psychischen Lösung für die wiederauftretenden Spannungen in ihren heterosexuellen Beziehungen.

In *Oedipal asymmetries and heterosexual knots* (1976) ging ich von systematischen Asymmetrien aus, die sich bei männlichen und weiblichen Beziehungsbedürfnissen und -fähigkeiten entwickeln. Diese Asymmetrien resultieren aus den Herkunftsfamilien, in denen überwiegend die Mütter die elterlichen Funktionen übernehmen und die Väter in der Regel relativ abwesend sind (das bedeutet, daß in den Familien, die wir als die normale Kernfamilie ansehen, die Mutter, selbst wenn sie einer bezahlten Arbeit nachgeht, diejenige ist, die bemuttert, während der Vater tatsächlich arbeitet). Für den Mann ist die Ausschließlichkeit einer heterosexuellen Beziehung eine Rekapitulation der frühen Beziehung zur Mutter, und aus diesem Grunde wird beides erwünscht und gefürchtet.[2] Männer haben wie alle Menschen besondere Bedürfnisse nach Intimität und Versorgung. Ihre Entwicklung hat sie jedoch dazu gebracht, die Abhängigkeit von der Mutter und die Verbindung zu ihr (sowie zu Frauen, die sie an sie erinnern) besonders zu fürchten und solche Beziehungswünsche bei sich und besonders bei anderen zu unterdrücken, zu verleugnen oder mit Unlust zu erleben (Chodorow 1978). Die Liebe zu Frauen, insofern sie die Liebe zur Mutter repräsentiert, stellt eine grundlegende Bedrohung der Identität und der Männlichkeit dar und führt zu Ambivalenz und Widersprüchen in den heterosexuellen Beziehungen von Männern.

---

[2]Wie Johnson (1981) ausführt, kommt es bei dieser Rekapitulation zu einer bedeutenden Machtumkehrung. Einen Aspekt dieser Machtumkehrung werde ich weiter unten diskutieren.

Die weibliche Entwicklung nimmt ebenso ihren Ausgang von der Beziehung zu einer Mutter und berührt, ähnlich wie bei den Männern, die heterosexuellen Erfahrungen und Wünsche von erwachsenen Frauen. Wie Freud ausführte, suchen Frauen in erwachsenen heterosexuellen Beziehungen nicht allein nach der Wiederherstellung der Beziehung zum Vater, sondern ebenso der Beziehung zu ihrer Mutter. Auf der anderen Seite stellt der Vater (und der Mann) eine Fluchtmöglichkeit von der ausschließlichen Bindung an die Mutter und ihre Omnipotenz dar. Ebenso reflektiert er (oder der Mann) die Macht und die Distanz, die er durch seine familiäre Autorität und seine kulturelle Rolle erreicht. Andererseits möchten Frauen in heterosexuellen Beziehungen die Intimität und die Versorgung, die sie bei ihren Müttern erfahren haben, wieder erleben (ich gehe davon aus, daß sie dies ebenso in den Beziehungen zu ihren Kindern und zu anderen Frauen suchen). Aufgrund ihrer Entwicklungslösungen, die ich oben diskutiere, sind jedoch Männer solchen Wünschen von Frauen gegenüber besonders intolerant und fürchten die Intimität, die Frauen sich so sehr wünschen.[3]

In *Oedipal asymmetries and heterosexual knots* gehe ich davon aus, daß diese konfliktreichen und ambivalenten Bedürfnisse die Menschen dazu bringen, heterosexuelle Beziehungen einzugehen, in denen sie jedoch regelmäßig Spannungen produzieren. Ich nehme an, daß diese Spannungen - im Gegensatz zu früheren Annahmen, daß die Intimität nicht das vorrangige Ziel einer Ehe weder bei den Männern noch bei den Frauen war - durch zeitgenössische Erwartungen ausschließlicher heterosexueller Intimität verschlimmert werden. Dies mag ebenso bei der Erklärung der in unserem Jahrhundert kontinuierlich ansteigenden Scheidungsrate hilfreich sein. Die Unzufriedenheit mit der Ehe bei einem Teil der Frauen hat ebenso zum Aufkommen des Feminismus beigetragen, denn die Frauen suchen die Intimität, die sie einst mit anderen Frauen erlebt hatten und fordern gleichzeitig mehr von den Männern. Die Hypergamie wird in diesem Kontext besonders bedeutsam: Die steigende Scheidungsrate zeigt, daß mehr ältere Männer und Frauen wieder den Heiratsmarkt betreten. Die kulturelle und psychologische Bedeutung des Feminismus und der Wandel in den Frauenrollen den Männern gegenüber erteilt der altersdifferenzierten Wahl der Männer einen zusätzlichen Impetus.

Eine altersungleiche Beziehung zwischen Mann und Frau scheint beiden etwas zu bringen. Erinnern wir uns daran, daß ein Mann, wenn er erwachsen wird, die Intimität mit Frauen und die Versorgung durch sie

---

[3]Bei Rubin (1983) finden sich weitere Diskussionen und Fallbeispiele für diese Dilemmata.

sowohl braucht als auch fürchtet. In der Beziehung mit einer jüngeren Frau wird diese Angst weniger angeregt, denn das Machtverhältnis in der normalen Heterosexualität nimmt mit der Altersdisparität zu. Diese jüngere Frau wird weniger die mütterliche Bedrohung repräsentieren als eine Frau gleichen Alters oder womöglich eine ältere Frau (nach der oben von mir zitierten Statistik sind Beziehungen zwischen einem jüngeren Mann und einer älteren Frau verhältnismäßig selten). Wie wir weiterhin aus klinischen, soziologischen und journalistischen Berichten wissen, haben der Anbruch des Feminsimus und die damit einhergehende wachsende Stärke von Frauen zu einer Bedrohung des männlichen Selbstwertgefühls und der männlichen Potenz geführt. Einige Männer sind allein, entweder weil sie nicht in der Lage waren, die Verbindung mit einer unabhängigen Frau zu ertragen, oder weil die Frauen selbst in dem Maße, in dem sie eine zunehmende finanzielle Selbstsicherheit und ein feministisches Selbstwertgefühl erlangten, eher als sonst eine Scheidung in die Wege leiteten. Solche Männer werden sich vermutlich Frauen zuwenden, die weniger bedrohlich sind (selbst eine im Beruf erfolgreiche Frau ist, wenn sie 15 Jahre jünger ist, keine solche Bedrohung). Eine hypergame Ehe bietet einem Mann somit eine heterosexuelle Intimität und Versorgung, ohne daß sein Selbstgefühl bedroht wäre und er in eine zu große Abhängigkeit geraten könnte.

Eine junge Frau möchte ebenso in einer solchen Beziehung wachsen. Sie sucht in der Beziehung zu einem Mann nach einer heterosexuellen Intimität, die auch die Primärbeziehung zur Mutter und die Versorgung durch sie wiederherstellt. Ich ging jedoch davon aus, daß Männer solche Bedürfnisse nicht tolerieren können. Aus verschiedenen Gründen fühlen sich ältere Männer in einer intimen Beziehung (besonders zu einer Frau, die keine Bedrohung darstellt) wahrscheinlich weniger unwohl. Vermutlich genießen sie aufgrund ihrer Lebenserfahrung ihre Vorteile. So wird vielleicht jeder Mann gegenüber der Intimität zunehmend toleranter als früher werden. Daniel Levinson (1978) vermutet, daß Männer allmählich realisieren, daß sie durch die Arbeit allein keine Befriedigung im Leben finden. David Gutmann (1975) zeigt, daß die Persönlichkeitsunterschiede zwischen Männern und Frauen im mittleren Lebensalter abnehmen. Aus der Perspektive einer jüngeren Frau ist ein älterer Mann wahrscheinlich mehr versorgend und hat eher die Fähigkeit zur Intimität als ein Mann ihres eigenen Alters.

Weil die Scheidungsrate weiterhin zunimmt und starke Frauen nach wie vor eine Bedrohung für die Männer darstellen, können wir erwarten, daß altersungleiche Beziehungen ebenso zunehmen. Solche Beziehungen scheinen älteren Männern und jüngeren Frauen Lösungen für Dilemmata zu bieten, die durch die ödipalen Asymmetrien und die daraus resultierenden heterosexuellen Knoten entstehen. Viele solcher Beziehungen sind natürlich in individueller Hinsicht und für beide Seiten erfüllend und bedeutungsvoll, und sie bieten mehr als nur eine Lösung für ungelöste Konflikte aus der Kindheit. Als eine generelles Muster ist eine solche Lösung jedoch in soziologischer als auch in psychologischer Hinsicht extrem problematisch. Soziologisch betrachtet bringt es eine Anzahl heterosexueller Frauen hervor, die von ihren 30er Jahren bis ins Alter allein bleiben. Mit zunehmenden Alter gibt es immer weniger verfügbare Partner. Männer im gleichen Alter werden wahrscheinlich hinsichtlich des Alters nach unten heiraten. Jüngere Männer verfügen vielleicht über kulturelle und psychologische Tabus, die sie davon abhalten, sich eine ältere Frau zu suchen.

In psychologischer Hinsicht erweist sich die vorliegende Lösung als eine Scheinlösung. Durch sie werden im erwachsenen Leben frühkindliche Konflikte beibehalten anstatt gelöst. Jede Seite (und vielleicht besonders die Männer, von denen nach wie vor bei der Werbung die Initiative ausgeht) ist unfähig, die Menschen entsprechend ihren individuellen Besonderheiten zu betrachten. Jede ist abgeschnitten von einer Anzahl potentieller Partner. Eine solche Beziehung stellt vielmehr Überlegenheit und Macht auf der einen Seite als Preis für eine adäquate männliche Versorgung her. Auf der anderen Seite entstehen eine relative Unreife und ein Mangel an Erwachsenheit. Solche Kompromißlösungen, die auf Abwehr und Verleugnung beruhen, untergraben die genuine Intimität, selbst wenn sie den Anschein erwecken, sie zu erzeugen. Es muß eine bessere Lösung für die Dilemmata der ödipalen Asymmetrien und heterosexuellen Knoten gefunden werden, eine, die befriedigt und die reife Beziehungswünsche und -fähigkeiten bei Frauen und Männern jeden Alters herzustellen hilft.

Literatur

Chodorow N (1976) Oedipal asymmetries and heterosexual knots. Social Problems 23: 454-468

Chodorow N (1978) The reproduction of mothering. Psychoanalysis and the sociology of gender. Univ California Press, Berkeley (Dt. 1985: Das Erbe der Mütter. Frauenoffensive München)

Gutmann D (1975) Parenthood: Key to the comparative psychology of the life cycle? In: Datan N, Ginsberg L (eds) Life-span developmental psychology: Normative life crises. Academic Press, New York

Johnson M (1981) Heterosexuality, male dominance and the father image. Sociological Inquiry 51

Levinson D (1978) The seasons of a man's life. Knopf, New York

Rubin L (1983) Intimate strangers. Harper, New York

Die Collegejugend: Geschlechterrollen im Fluß

Mirra Komarovsky

Die Bitte der Herausgeber bestand darin, die Auswirkungen der jüngsten sozialen Veränderungen auf die Beziehungen zwischen Männern und Frauen zu kommentieren. Der Schwerpunkt sowohl in der Literatur als auch bei meinen eigenen Untersuchungen an der Collegejugend betraf bislang die Prävalenz intrapsychischer und interpersoneller Konflikte. Ich werde einige Aspekte aufzeigen. Gleichzeitig möchte ich aber meine Überzeugung ausdrücken, daß das, was heute als eine schwere Disharmonie erscheint, die Gelegenheit für eine sehr viel vollkommenere Harmonie innerhalb der Beziehungen zwischen den Geschlechtern darstellt, als es sie jemals gegeben hat.

Wohl keine Gesellschaft ist frei von Störungen in den Beziehungen zwischen den Geschlechtern - von nicht erwiderter Liebe, Eifersucht, Zurückweisung usw. Meine Untersuchungen betreffen jedoch Konflikte, die meiner Ansicht nach der menschlichen Natur eigen sind. Sie stammen von der rapide verlaufenden Transformation des traditionellen Systems der Geschlechterrollen in ein eher gleichwertiges System. An den Wurzeln beobachten wir das vertraute, langsame Muster sozialen Wandels. Einige Elemente eines aufeinanderbezognen Komplexes wandeln sich, während andere sich gegen die Adaptationen sträuben, die für ein neues soziales Gleichgewicht notwendig sind. Einige dieser Adaptationen verlangen nach kulturellen Veränderungen wie einer Klärung und Veränderung der Werthaltungen. Andere verlangen institutionelle Neuorganisation und eine Vielzahl sozialer Interventionen, die es beiden Geschlechtern ermöglichen, Arbeit und Familienleben miteinander zu verbinden.

Ich möchte einige Vignetten aus meinen Untersuchungen zitieren, um die sozialen Wurzeln solcher gegenwärtiger Konflikte aufzuzeigen.

Eine Ursache der Spannungen stammt aus der Differenzierung bislang einzelner und gemeinsamer moralischer Vorschriften, die eine gegebene soziale Situation regulieren. In der Vergangenheit sind z. B. beide Partner davon ausgegangen, daß vom Mann die Initiative ausgeht, daß er die Ausgaben zahlt und die Privilegien genießt, die diese Verpflichtugnen ihm verleihen. Heute bemerken einige junge Frauen ihre Verwirrung im ersten Kontakt bei einer Verabredung: "Was wird er denken, wenn ich selber zahle, oder erwartet er es etwa? Wenn ich zahle, wird er glauben, ich hätte kein romantisches Interesse an ihm und will vielleicht nur, daß wir gute Freunde sind?" Männer äußern sich mit ähnlicher Unsicherheit über die abwesenden Normen.

Wenn es wie heutzutage traditionelle und egalitäre Rollenaufteilungen gibt, versucht jedes Geschlecht für sich, doppelte Privilegien zu erlangen: "Was hat es mit Deiner Unabhängigkeit auf sich, wenn Du nicht einmal deine Auslagen selber zahlen kannst", beschwerte sich ein Mann, der sogar alle traditionell männlichen Privilegien bei der Verabredung als garantiert annahm. Diese Anomie eröffnet oft den Weg zu einem unregulierten Spiel des Selbstinteresses. Seltener führt eine masochistische Einstellung entweder einen Mann oder eine Frau dazu, die sowohl den traditionellen als auch den egalitären Rollen eigenen Opfer auf sich zu nehmen, um so ihre Partner in den Genuß doppelter Privilegien zu bringen.

Ein anderer Problemtyp spiegelt bei beiden Geschlechtern die verwirrende Wahrnehmung des neuen Gleichheitsideals, das die so tief im sozialen Bewußtsein verwurzelten, traditionellen sozialen Rollen ersetzt, wider. Die Rede von der Unabhängigkeit wird manchmal gleichgesetzt mit einem Zustand der Beziehungslosigkeit zu Männern: "Wenn ich diese Sicherheit von meinem Freund möchte, verrate ich dann meine Unabhängigkeit?" Eine andere Frau ärgerte sich: "Die flüchtigen Kontakte für eine Nacht widern mich an - verleugne ich meine Sexualität?" Die männlichen Studenten waren nicht weniger verunsichert: "Wenn ich meiner Freundin nicht vermitteln kann, daß ich stark und zuverlässig bin, muß ich dann nicht zugeben, daß ich von ihr abhängig bin?" "Wenn der Ehemann nicht das Oberhaupt der Familie ist, wird die Frau der Boss sein?" Von vermeintlichen Problemen in die Irre geführt, spiegeln die jungen Männer stereotype Dualitäten ihrer Gesellschaft, die ihnen kein Modell mit einer anderen Option anbietet. Zwischen Mut und Wärme, moralischer Stärke und der Fähigkeit zur Versorgung muß nicht notwendig ein innerer Widerspruch bestehen. Idealerweise sind dies Attribute, die in verschiedenem Maße bei allen menschlichen Wesen kombiniert werden und angemessen in verschiedenen Situationen auftreten können.

Die Sehnsucht von Collegestudentinnen nach expressiven Eigenschaften bei Männern wurde deutlich in der Darstellung "My Ideal Man" auf der *Gough Adjective Check List*. Bei 85 % meiner Stichprobe waren "warm" und "sensibel" die erwünschten Merkmale. Als der Freund einer befragten Studentin ihre Antworten auf der Checkliste betrachtete, sagte er ungläubig: "Aber du hast eine Frau, nicht einen Mann beschrieben. Was du offenbar willst, ist eine Schwester, aber nicht einen Mann." Wenn Männer weiterhin den Ausdruck von Gefühlen aufgrund der Angst, als verweiblicht angesehen zu werden, unterdrücken, werden sie nicht nur ihre Sehnsucht nach den Frauen frustrieren, sondern ebenso um den Gewinn emotionaler Intimität gebracht.

Die männlichen Studenten hatten, selbst wenn sie glaubten, expressive Eigenschaften zu besitzen, sehr viel mehr Angst vor der Erfüllung der traditionell männlichen Ideale von Selbstsicherheit, Entscheidungsfähigkeit und anderer instrumenteller Eigenschaften. Dies ist verständlich. Die Gesellschaft proklamiert tagtäglich, daß Brücken zu bauen, Firmen zu leiten und Bücher zu schreiben nicht mehr wert ist als die Erziehung eines kleinen Kindes. Männer aber finden, daß eine solche Botschaft ausschließlich an Frauen gerichtet ist. Unlängst wurde in einem Zeitungsartikel die schwierige Lage von männlichen Kindergärtnern beschrieben. Wenn sie in Gesprächen mit Fremden danach befragt wurden, was sie tun, fanden sie es angebracht zu erwidern, daß sie Grundschullehrer seien. Ein Prüfstein einer menschlichen Gesellschaft wäre die ehrliche Antwort eines männlichen Kindergärtners ungeachtet der Verachtung und des Argwohns, die sie heute hervorruft. In einer solchen Gesellschaft würden Männer oder Frauen, die finanzielle oder berufliche Ambitionen gegen die Erziehung von Kindern eintauschen, sich mit einer solchen anerkannten Alternative zufrieden fühlen.

Veränderungen in den Werthaltungen bringen nicht schon notwendigerweise Reformen mit sich. Ich nahm früher zur institutionellen Neustrukturierung Stellung. Aus Platzgründen ist hier eine vollständige Diskussion nicht möglich. Aber ein Beispiel wird die anzustrebende Richtung einer Sozialpolitik verdeutlichen. Die derzeitigen Probleme können nicht ohne Veränderungen am Arbeitsplatz gelöst werden. Die öffentliche Meinung ist solchen Veränderungen nicht abgeneigt, wie eine abschließende Beobachtung zeigt. Eine Befragung von Harris im Jahre 1981 ergab, daß 84 % der arbeitenden Männer, die eigene Kinder hatten, der Meinung waren, daß es gut sei, wenn Arbeitgeber arbeitenden Eltern die Möglichkeit zur Gleitzeit oder zum Jobsharing ermöglichten.

Einige Beobachtungen zu den Ansichten der Männer von heute über Frauen

Esther Menaker

Mir scheint, daß angesichts des Mangels an empirischen Daten die Anmerkungen zu einem Gebiet, das psychosoziale Dinge berührt, mit einer einschränkenden Bemerkung beginnen müssen. Zum einen basieren die von mir zu erörternden Beobachtungen zum Teil auf einer sehr kleinen Stichprobe, namentlich auf die 5 sich derzeit bei mir in Behandlung befindenden Patienten. Darüber hinaus beziehe ich mich auf wenigstens 5 weitere Studenten, die ich supervidiere. Natürlich hört man sowohl die Ansichten über Frauen von Patienten als auch von Studenten. Diese Quellen und zusätzlich die allgemeinen Eindrücke, die ich in meinem gesellschaftlichen Leben mache, bilden die Grundlage meiner Beobachtungen. Die Daten sind in jeder Hinsicht subjektiv und deswegen nicht reliabel. Darüber hinaus stammen die Daten von einem begrenzten und sehr atypischen Sektor der Population westlicher Gesellschaften. Es handelt sich um eine sehr gebildete, im allgemeinen intellektuelle Gruppe des urbanen Mittelstands. Schließlich werden die Daten durch die Tatsache kontaminiert, daß wir es mit Individuen zu tun haben, die sich mit wohldefinierten psychischen Konflikten, um nicht zu sagen einer Pathologie, auseinandersetzen, die vornehmlich auf Erfahrungen in der frühen Kindheit zurückgehen. In vollem Bewußtsein dieser Einschränkungen scheint es der Mühe wert, meine Beobachtungen zu erläutern, die vor dem Hintergrund meiner eigenen historischen Lebenserfahrungen gemacht wurden. Im Vergleich bestätigen sie den Einfluß des jüngsten und rapiden sozialen Wandels auf die Psychologie des Individuums.

Es kann kein Zweifel daran bestehen, daß sich die soziale und psychologische Stellung der Frauen radikal während der letzten beiden Jahrzehnte gewandelt hat. Dieser Wandel ist gradueller, als er erscheint, und viele in der Vergangenheit zurückliegende Faktoren spielten dabei eine Roll: 1. der technologische Fortschritt - Pläne sowohl zum Arbeitsplatzschutz als auch zur Geburtenkontrolle - befreite die Frauen von der ausschließlichen Verpflichtung zur Hausarbeit und Kindererziehung und ermöglichte es ihnen, anderen Interessen nachzugehen; 2. zwei Weltkriege, an denen die Frauen in verschiedenen Rollen teilnahmen, machten deutlich, daß ihre Talente und Fähigkeiten weit über die familialen Funktionen hinausgehen; und 3. das Wahlrecht der Frauen machte die

Teilnahme der Frauen am sozialen und politischen Leben der Nation unvermeidlich. Dies sind nur einige Faktoren, die zur sogenannten Befreiung der Frauen beitrugen. Am wichtigsten ist jedoch das unaufhaltsame menschliche Streben nach Autonomie und Selbstverwirklichung, das die Frauen zum Kampf für die Gleichberechtigung mit den Männern antrieb. Nicht länger wollten sie als Besitz der Männer gelten und vielmehr unabhängige Personen mit eigenem Recht werden.

Freilich möchte ich nicht mißverstanden werden. In menschlichen Dingen sind Gefühle niemals rein und einseitig. Der Wunsch nach Autonomie wird durch die Wünsche nach Versorgtwerden und Schutz ausgeglichen. Und so verhält es sich auch mit dem Wunsch der Frauen, von den Männern unabhängig zu sein. Das Ausmaß, in dem der eine oder der andere Aspekt dieses Wunsches vorherrscht, ist eine sehr individuelle Angelegenheit. Das allgemeine soziologische Bild verdeutlicht, daß ungeachtet persönlicher Präferenzen die Stellung der Frauen in Beziehung zur Sexualmoral, zur ökonomischen Unabhängigkeit, zur Mutterschaft, zur Karriere, zum Selbstbild und zu Männern einschließlich der Erwartungen an sie einen Wandel erfahren hat und sich in der Tat im Übergang befindet. Sozioökonomischer und psychologischer Wandel gehen Hand in Hand.

Natürlich verändern sich ebenso die Psychologie der Männer und insbesondere deren Einstellungen Frauen gegenüber. Lange bevor Männer in der Erwachsenenwelt Frauen begegnen, sind sie Jungen im familialen Setting, und ihre Einstellungen dem anderen Geschlecht gegenüber werden durch die Interaktion mit ihren Müttern oder Ersatzmüttern und schließlich durch die Erfahrung des Umgangs und der Einstellung der Eltern miteinander geformt. Nach meiner Erfahrung tragen viele Männer immer noch an der Erblast mütterlicher Einstellungen, die aus einer anderen Zeit stammen. Oft wurden sie von den Müttern, deren eigene Ziele außerhalb der Mutterschaft frustriert wurden und die eine Ersatzbefriedigung im Leben ihrer Söhne suchten, zu Idolen erhoben, verhätschelt und verwöhnt. Dieses Männer wenden sich mit gemischten Gefühlen der Welt der Frauen von heute zu. Auf der einen Seite hoffen sie auf eine Wiederholung der Genüsse, die sie durch die Mütter erfahren haben. Auf der anderen Seite möchten sie davon wegkommen und wählen Frauen als Kameraden und Partner, die selbstgenügsam sind und deren Befriedigung aus dem Ausdruck ihrer eigenen Persönlichkeit herrührt.

Es gibt bei Männern und Frauen in der westlichen Welt eine starke Tendenz, die Befriedigung sexueller Impulse von gefühlsmäßigen Verbindungen und Bedürfnissen nach Kameradschaft zu trennen. Die klassische psychoanalytische Theorie betrachtete diese Tendenz als Symptom einer Pathologie oder im günstigsten Fall als Stillstand der Entwicklung. Dieses Phänomen ist jedoch so weit verbreitet, daß man ein solches

Urteil nicht als bedeutungslos abtun kann. Besonders die gewandelte Stellung der Frau vermag dies nicht vollständig zu erklären. Ich würde diesen Wandel einhergehend mit der weniger strengen Sexualmoral als einer wichtigen sozialen Komponente betrachten. In der Übergangsphase des Kampfes um die Gleichberechtigung mit den Männern versuchten die Frauen, insbesondere die militanten, das zu imitieren, was im allgemeinen als akzeptiertes männliches Sexualverhalten betrachtet wurde. Die Auswirkung auf die Psychologie der Männer war die Erwartung einer bereitwilligen, sexuellen Zustimmung seitens der Frauen, mit nur wenig (wenn überhaupt) Bereitschaft zu einer Beziehung.

Es ist hingegen positiv, daß trotz der fortgesetzten Diskriminierung und dem gelegentlichen Ausdruck von Verachtung eine wachsende Anzahl junger Männer die Frauen als gleichberechtigt ansieht und sowohl Arbeit als auch Liebesleben mit ihnen gleichwertiger denn je teilt. Sie beteiligen sich mit ihren Partnerinnen an den häuslichen Aufgaben und an der Kindererziehung und erfreuen sich der Vaterschaft oft mehr, als dies die Männer früherer Generationen taten. An meiner sehr begrenzten Erfahrungsstichprobe war ich beeindruckt durch die Abhängigkeit der Männer von ihren Frauen, wenn es im Falle einer Bedrohung des Ehe- oder Familienstatus darum ging, ein Zuhause zu schaffen und die Familie zusammenzuhalten. Anders, als man es vielleicht erwarten würde, scheinen sie weniger gut allein zurechtzukommen wie die Frauen.

Einhergehend mit einer gleichberechtigten Beziehung zwischen den Geschlechtern, die sich in größerem gegenseitigen Respekt und gegenseitiger Achtung äußert, kommt es zu einer Verringerung besonderer Ängste des einzelnen. Bei den Männern wird dies deutlich an der abnehmenden Angst vor den weiblichen Aspekten ihrer Persönlichkeit. Trotz einer gewissen Prävalenz des Machosyndroms erlauben sich die Männer mehr als früher Sanftheit, Zärtlichkeit und Freude an ästhetischen Genüssen. Es ist, als ob die Identifikation mit der Mutter nicht länger als derartige Bedrohung für die Männlichkeit erfahren und deswegen weniger verdrängt wird. Die größere Akzeptanz weiblicher Identifikationen bei den Männern erweitert die gemeinsamen Erlebnismöglichkeiten im sexuellen Bereich, denn daraus geht ein empathisches Verständnis des weiblichen Erlebens seitens der Männer hervor. Dasselbe gilt natürlich umgekehrt, wenn Frauen zur Empathie mit den Männern in der Lage sind.

Es ist wichtig zur Kenntnis zu nehmen, daß sich die sozialen und psychologischen Veränderungen in einer Übergangsphase und noch vor der Konsolidierung und Stabilisierung befinden. Sie haben zwar bereits zu positiven Ergebnissen geführt, erzeugen aber auch Angst und Ambivalenz. Deswegen sind die Männer verärgert und fürchten sich vor dem Verlust der Dominanz, bevor sie sich über die Früchte der Gleichberechtigung freuen können. Es springt allerdings bei diesen kurzen und kursorischen Beobachtungen sofort ins Auge, in welchem Ausmaß sowohl beim Verhalten als auch in den Einstellungen soziale Faktoren die psychologischen Strukturen beeinflussen. Dies stellt eine relativ neue Dimension für die psychoanalytische Theoriebildung dar, denn in der Vergangenheit, zumindest in der klassischen Theorie, konzentrierten sich die Erklärungen der Psychologie der Geschlechter auf die psychosexuelle Entwicklung des Individuums. Es ist sehr schön, daß uns die zeitgenössische soziale Szene mit ihren vielen Veränderungen des menschlichen Denkens und der menschlichen Interaktion ein Laboratorium zur Verfügung stellt, in dem wir die Interdependenzen des Sozialen und des Psychischen in ihren unterschiedlichen Kontexten beobachten können.

In guten und in schlechten Tagen

Ann Belford Ulanov

Die Ernsthaftigkeit meines Titels, der sich an das Eheversprechen anlehnt, verlangt eine angemessene Ernsthaftigkeit der Behandlung dieses Themas, denn in den Beziehungen zwischen Männern und Frauen sind aufgrund der jüngsten, grundlegenden Veränderungen in der Wahrnehmung der Identität von Frauen sowohl mehr als auch weniger Möglichkeiten gegeben. Ich verwende das "sowohl als auch" für die Beziehungsmöglichkeiten, weil sich die Grenzen der wahrgenommenen Person so sehr ausgedehnt haben. Frauen werfen die Projektionen fixierter Bilder des Weiblichen über Bord, was zur Folge hat, daß Männer diese Bilder als Teil ihrer eigenen Psychologie, den sie bisher auf die Frauen projiziert haben, erkennen müssen. Sie sind nunmehr mit der Aufgabe konfrontiert, ihre eigene Beziehung zu den weiblichen Daseinsformen zu gestalten, so wie sie sie bei sich selbst und anderen Menschen erleben. Die Frauen haben die Aufgabe, sich auf alle Teile ihrer Weiblichkeit zu beziehen, nicht allein auf jene, deren sie sich voll bewußt sind oder die unsere Kultur als weiblich etikettiert. Sowohl Männer als auch Frauen müssen ihre männlichen und weiblichen Aspekte zusammenfügen.

Ein Verständnis der Beziehung zwischen den Geschlechtern liegt sowohl im intrapsychischen Leben als auch im Leben zwischen Personen. Jungs Standpunkt ist hier angemessen, indem er die ganze Person als "gegengeschlechtlich" und niemals als allein männlich oder weiblich betrachtet (d.h. jeder Mensch hat eine zunächst noch unbewußte gegengeschlechtliche Seite in sich). Ebensowenig ist sie bisexuell mit austauschbaren Teilen und auch nicht androgyn, wenn damit gemeint ist, daß eine Person weder über eine männliche noch über eine weibliche Geschlechtsidentität verfügt. Wir sind weiblich mit einem männlichen Aspekt, der durch die Imagination und die Symbole verstanden wird, die sowohl den Körper als auch die Seele berühren. Oder wir sind männlich mit einem weiblichen Aspekt und vergleichbarem "gegengeschlechtlichen" Erleben. Das eigene Ich begegnet dem Archetyp des anderen Geschlechts, das sich im Unbewußten an der Pforte zum Selbst, dem Zentrum des gesamten Psyche, aufhält. Die Verbindungen und die Trennungen zwischen dem eigenen Ich und dem "gegengeschlechtlichen" Archetyp verbinden oder trennen sowohl das Bewußtsein als auch das Unbewußte. Wir müssen verstehen, daß die Beziehungen zwischen den Geschlechtern Höhen und Tiefen haben. Diese Unergründlichkeit zeigt die gewaltige Macht solcher Beziehungen. Sie können uns verwunden und unseren Glauben an das einfache Glück im Sein wierderherstellen.

Obwohl die Archetypen durch die persönliche Biographie (die Objektbeziehungen) und die Kultur konditioniert sind, verhalten sie sich als effektive Ressourcen gegenüber sexuellen Stereotypen. In der Psyche einer Person können sie Bilder, Energien und Affekte bilden, die er oder sie als charakteristisch für das Gegengeschlecht erlebt hat und die sich dennoch radikal von den konventionellen Bildern unterscheiden. Es gibt ein inhärentes Verlangen danach, daß jede Person sich zu ihm als Teil seines bzw. ihres eigenen Selbst verhält. So träumte beispielsweise ein Analysand von dem Weiblichen, das wie ein Donner über ihn kommt. Dies ist ein Bild sowohl seiner eigenen Psyche als auch der äußeren Welt. Ihre Majestät und stürmische Kraft unterscheiden sich von den üblichen Auffassungen des Weiblichen als versorgend, zärtlich, Halt gebend und vornehmlich mit mütterlichen Tugenden verbunden. Eine der Tatsachen unserer Zeit ist der Einbruch der dunklen Seite des Weiblichen in unsere Welt, die durch ihre durcheinandergebrachte Mischung der Elemente, ihre Ambiguitätstoleranz gegenüber dem schönen Äußeren oder den Unterschieden symbolisiert wird. All dies erleben wir im Unterschied zum patriarchalen im matriarchalen Über-Ich. Wir erkennen, um ein einfaches Beispiel zu nennen, im Symbol der Maria des Neuen Testaments nicht allein das Bild der Einigkeit, das in der lebenden Madonna und dem Kind zum Ausdruck kommt, sondern ebenfalls die Mutter der Revolution.

Während der letzten Jahrzehnte haben durch die Veränderungen im weiblichen Leben das Selbstvertrauen und die Forderungen der Frauen zugenommen. Das Selbstvertrauen und die Vorherrschaft der Männer nahmen ebenso ab, was an und für sich noch nicht gutzuheißen wäre, wenn es nicht den Frauen dazu verholfen hätte, der Macht der selbstzerstörerischen Depression zu entkommen und ihre Wut auf die kulturellen Zwänge zu richten, die, wie etwa ungleiche Gesetze, ungleiche Bezahlung für gleiche Arbeit und Diskriminierung im Arbeitsleben, abgeschafft werden mußten. Diese Veränderungen haben die Frauen ebenso dazu gebracht, die Bilder der inneren Konflikte nebensächlichen Ursachen zuzuschreiben. Dies ließ die Frauen oft unglücklich in derselben selbstzerstörerischen Depression zurück.

Die Aufgabe alter Stereotypen setzt bei den einzelnen die Improvisation neuer Wege frei, um bislang getrennte Persönlichkeitsanteile miteinander zu verbinden. Allerdings kann die Annahme neuer Stereotypen zu neuen Belastungen führen und jene Kräfte ebenso lähmen wie die alten Stereotypen. Junge Frauen können sich durch feministische Gruppen so unter Druck gesetzt fühlen, daß sie eine Karriere beginnen, die sie gar nicht wollen oder für die sie nicht geeignet sind. In einigen Fällen können sie sogar lesbisch werden und sich von ihren männlichen Liebhabern trennen, um die Zustimmung ihrer feministischen Kolleginnen zu gewinnen und deren Forderungen zu befriedigen. In ähnlicher Weise kann die politische Forderung der Rechte, der Bedürfnisse, der Verantwortlichkeit und des Kampfes die Frauen wie für einen bewaffneten Kampf ausrüsten und ihre eigenen Wünsche nach Intimität zunichte machen. Auf seiten des Mannes kann vielfach eine oberflächliche Rationalisierung und eine oberflächliche Zustimmung seinen Schrecken und seinen Zorn angesichts der wütenden Frau, von der er sich heimlich bereits zurückgezogen hat, maskieren. So hat für einige der Prinz das Mädchen noch nicht befreit. Er überließ sie dem Drachen der Meinungen und Bewegungen, damit dieser sie umso begieriger verschlinge. Desgleichen wird sich die Prinzessin nicht die Mühen der langen Reise machen, auf der sie den Mann von der Gefangenschaft des Steins, des Eises oder des Reptils befreien kann. Sie läßt ihn sein, zum Froschsein verdammt.

In einer günstigeren Version jedoch erblicken sowohl Männer als auch Frauen im Dickicht der Forderungen und Ängste, der Wut und Beschwichtigungen die wunderbare Gelegenheit, die sich ihnen nun bietet, ihre menschliche Identität auf dem Wege der gegenseitigen Liebe und der gemeinsamen Arbeit zu pflegen und zu vertiefen. Wenn die Frauen sich selbst in ihrem eigenen Recht und nicht als Umkehrung der männlichen Psychologie ansehen, können die Männer die weiblichen Anteile bei sich gestalten und nicht allein durch projektive Identifikation auf die Frauen abladen. Ein Mann mag dieser Möglichkeit mit dem Gefühl der Bedrohung und der Wut, oder aber mit Erleichterung, Heiterkeit und Freude oder einer Mischung aus beiden Gefühlsarten begegnen. Was immer die Antwort darauf sein mag, so eröffnet dieser Weg der Frau und dem Mann mehr Raum, um zu den verschiedenen Anteilen von sich und dem anderen zurückzukehren und diese anzunehmen. Sie können dem jeweils anderen Lebensfreude schenken und an ihr teilnehmen und neue Formen des uralten Wunders erleben, durch das Licht in das Dickicht gebracht wird und einer den anderen mit Freude als ein Wesen derselben Gattung, ein Gefährte mit Seele und Körper, erkennt.